Sabine Nägler

REITEN GEHT IMMER

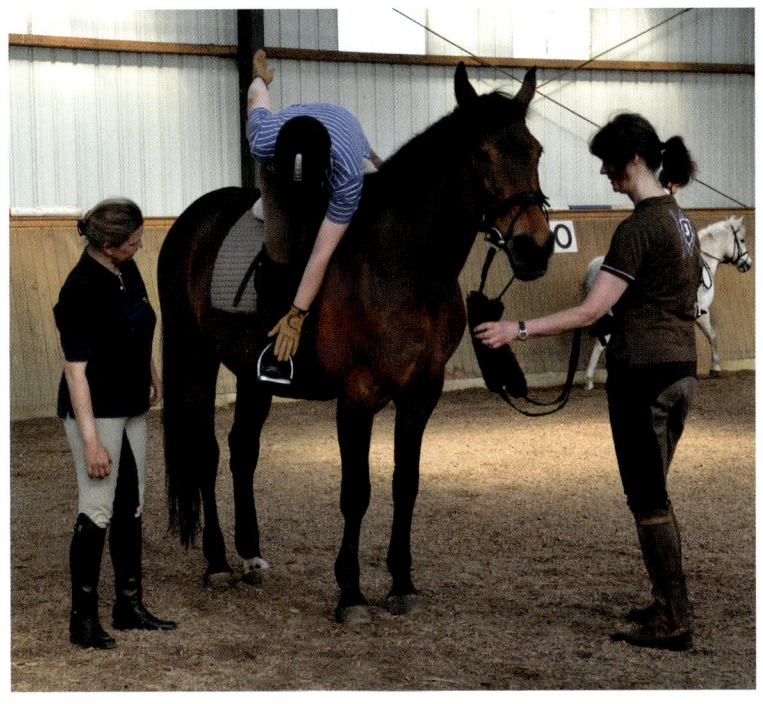

RATGEBER FÜR ERWACHSENE ANFÄNGER
UND WIEDEREINSTEIGER

Impressum

Einbandgestaltung: Kornelia Erlewein
Titelbild: Archiv der Autorin
Bildnachweis:
Kerstin Diacont: Fotos Seiten 6, 9, 15, 17, 18, 19, 24 re, 26 li, 27 li, 28, 29 li, 32, 37 li, 38, 50, 51, 58, 59, 61, 65, 66, 72 unten, 73, 74, 91, 94 re, 95, 99, 102, 104, 106, 109, 110, 113, 114, 122, 123, 126, 129, 134 unten, 135 li, 137, 139 li, 143, 144, 146, 147, 151, 163, 168, 169 li, 170, 171, 172 li, 175 und Grafiken auf Seiten 20, 21, 118, 119, 152, 155, 157, 159, 161, 162
Archiv Kerstin Diacont: S. 125, 130, 150, 166
Hans-Wilhelm Grömping: S. 16
Fredy Kybutz: S. 14
Ochsensepp: S. 13 rechts
Schweitzer/Mai 1940: S. 12 links
Carola Steen: S. 26 re, 27, re
Archiv der Autorin: S. 1, 3, 10 re, 11, 13 li, 22, 23, 24 li, 29 re, 30, 31, 33, 34, 35, 37 re, 40, 41, 42, 43, 44, 47, 53, 54, 55, 57, 62, 63, 64, 68, 69, 70, 71, 72 oben, 75, 76, 77, 79, 80, 81, 82, 83, 84, 85, 86, 87, 88, 89, 90, 93, 94 li, 96, 97, 100, 112, 116, 120, 121, 132, 133, 134 oben, 135 re, 136, 138, 139 re, 142, 145, 148, 149, 151, 153 re, 156 re, 157, 158
Alle übrigen Fotos privat.

Alle Angaben wurden bestens geprüft. Eine Haftung der Autorin oder des Verlages und seiner Beauftragten für Personen-, Sach- und Vermögensschäden ist ausgeschlossen.

ISBN 978-3-275-02064-5

Copyright © by Müller Rüschlikon Verlag
Postfach 103743, 70032 Stuttgart
Ein Unternehmen der Paul Pietsch Verlage GmbH & Co. KG

3. Auflage 2021

Sie finden uns im Internet unter www.mueller-rueschlikon-verlag.de

Nachdruck, auch einzelner Teile, ist verboten. Das Urheberrecht und sämtliche weiteren Rechte sind dem Verlag vorbehalten. Übersetzung, Speicherung, Vervielfältigung und Verbreitung einschließlich Übernahme auf elektronische Datenträger wie DVD, CD-ROM usw. sowie Einspeicherung in elektronische Medien wie Internet usw. ist ohne vorherige Genehmigung des Verlages unzulässig und strafbar.

Lektorat: Claudia König
Innengestaltung: Kerstin Diacont
Druck und Bindung: Conzella, 85609 Aschheim-Dornach
Printed in Germany

Reiten ist eine schwer zu erlernende Kunst; deswegen ist es umso wichtiger,
der Sache mit Humor zu begegnen.

Für Perry

sowie für die treuesten Freunde, die besten Mitarbeiter und
die exzellentesten Lehrmeister: meine Pferde
Afra, Larion, Boy, Ahmun, Caruso, Granne, Jan Frederic, Ladana,
La Luna, Calvados, Ayra und Pepper.

Inhalt

Einleitung	6

1. Als das Pferd noch kein Pferd war oder Der lange Weg zum Reitpferd — 9

Es war einmal vor langer Zeit ...	10
Eine kurze Begleitung des Pferdes durch die Geschichte	11
Die Bedeutung des heutigen Reit- und Sportpferdes	13

2. Sind die eigentlich immer so groß? oder Stimmt es, dass die vorne beißen und hinten schlagen? — 15

Allgemeines über Pferde	16
Die Anatomie des Pferdes	18
Wer macht dem Pferd die Dose auf? Oder, was fressen die eigentlich?	20
Husten, Schnupfen, Bauchweh – auch Pferde sind mal krank	24
Verschiedene Rassen – verschiedene Reitweisen	25
Haltungsformen – oder wie lebt ein Pferd heute?	28
Welche Verhaltensweisen sind typisch für Pferde und warum?	32
Guck mal wer da spricht. Körpersprache und Mimik erkennen	33
Erste Kontaktaufnahme – wie mache ich es richtig?	36

3. Wie kommt eigentlich der Reiter aufs Pferd? oder Wo finde ich endlich den Anfang vom Wollknäuel? — 38

Wie finde ich den richtigen Stall?	39
Was macht einen guten Reitlehrer aus?	41
Woran erkenne ich das ideale Lehrpferd?	43
Worin unterscheiden sich guter und schlechter Reitunterricht?	45
Einzel- oder Gruppenunterricht?	46
Einstieg lieber im Urlaub oder zuhause?	48
Überall Pferdehaare – oder, wie erkläre ich's meinem Partner?	49

4. Für alle, die schon wissen, wie die Welt von oben aussieht ... oder Wieder-Einsteigen ist gar nicht so schwer — 51

Vor 20 Jahren bin ich schon mal geritten, ob das noch geht?	52
Kein Pony war vor mir sicher, ich hatte aber noch nie Reitunterricht	53
Ich habe Angst, was nun?	55

5. Leider gab's keine weiße Reithose in meiner Größe oder Was zieh' ich an? — 59

Warum sehen die hier nicht so aus wie im Fernsehen?	60
Tipps für die erste Reitausrüstung	61
Wo bekomme ich was?	64

6. Von Schreibtischtätern, Bürohengsten, Moppeln und anderen Zeitgenossen oder Kann eigentlich jeder aufs Pferd? — 66

Ich bin tierlieb und sportlich, also der ideale Reitschüler, oder?	67
Schüchtern, ängstlich, unsportlich sucht ...	68
Sie wollen reiten lernen? In Ihrem Alter? Kann man auch zu alt sein?	69
Zu klein, zu groß, zu dick, zu dünn. Wie sieht der ideale Reiter aus?	70

7. Da bin ich! Und was jetzt? oder Die erste Reitstunde — 73

So nervös war ich zuletzt bei der Führerscheinprüfung	74
Das ABC: Wie holt man ein Pferd aus der Box	75
Auch putzen will gelernt sein	78
Sattel und Trense: Wie schade, dass sich ein Pferd nicht alleine anziehen kann	80
Auf- und Absteigen ist gar nicht so leicht	84
Erste Schritte: Wie gut, dass es die Longe gibt	87
Ende gut, alles gut: Beendet ist die Reitstunde erst, wenn das Pferd zufrieden in der Box steht	89

8. Stimmt es wirklich, dass man das irgendwann lernen kann? oder Lust und Frust liegen dicht beieinander — 91

Anhalten und Losreiten:
Sah im Fernsehen leichter aus — 92
Gewicht, Kreuz, Schenkel, Zügel,
sonst noch was? — 96
Ganze Parade, halbe Parade:
Wie spreche ich mit dem Pferd? — 99
Das geht nicht alles gleichzeitig, ehrlich! — 101
Hilfe, das lerne ich nie! — 103

9. Dein Pferd, das unbekannte Wesen oder Warum macht es nicht, was ich will? — 106

Um Himmels Willen,
jetzt geht es auch noch rückwärts! — 107
Wer ist hier der Chef? — 108
Die Sache mit der Dominanz — 110
Was macht eigentlich
einen guten Reiter aus? — 111

10. Vorfahrtsregeln und Hufschlagfiguren? oder Ich wollte doch reiten lernen, Auto fahren kann ich schon — 114

Allgemeine Etikette:
der Knigge im Reitstall — 115
Wissen Sie eigentlich,
wo Sie hinwollen? — 117
Vorfahrt achten! — 119
Ein friedliches Durcheinander — 121

11. Alle anderen sind besser! oder Kann ich das irgendwann lernen? — 123

Sind alle anderen besser? — 124
Im Reiterstübchen
wird Grand Prix geritten — 125
Nur nicht verrückt machen lassen — 127
Nächstes Jahr lachen Sie darüber ... — 128

12. Endlich Erfolg! oder Das höchste Glück der Erde liegt eben doch auf dem Rücken der Pferde — 130

Leichttraben und Aussitzen — 131
Hurra, man kann auch ohne
Steigbügel reiten — 135
Der erste Galopp: Augen zu und durch — 137
Hindernisse sind zum Überwinden da — 141
Endlich – mein Pferd versteht mich — 144

13 Kringel rechts, Kringel links oder Was man alles mit seinem Pferd machen kann — 147

Inhaltsangabe einer Reitstunde — 148
Ist es wirklich wichtig,
genaue Hufschlagfiguren zu reiten? — 150
Stellung, Biegung, innere und äußere
Hand, innerer und äußerer Schenkel — 152
Die ganze Bahn — 154
Bitte wechseln Sie jetzt! Durch die
ganze, halbe, Länge der Bahn ... — 155
Warum müssen Kreise immer rund sein?
Zirkel, aus dem und durch den Zirkel
wechseln — 156
Volten, Kehrtvolten, aus der Ecke kehrt — 159
Einfache und doppelte Schlangenlinien
an der langen Seite — 160
Schlangenlinien durch die ganze Bahn
in drei, vier oder fünf Bogen — 161

14. Von den ersten Schritten zum richtigen Reiten oder Olympia ruft! — 163

Ausreiten ist wunderschön — 164
Galopp am Strand, Ritt durch
Lavendelfelder: Reiterurlaub, ich komme — 166
Springen macht Spaß — 167
Sie können Isabell Werth zu mir sagen — 168
Teilnahme am Hausturnier –
wer hätte das gedacht? — 170
Pferdevirus für immer — 172

Autorenportrait — 174

Einleitung

Einleitung

Jetzt soll es also losgehen. Jahrelang hat man davon geträumt. Jetzt möchte man endlich dazugehören – zu der großen Familie der Reiter. Pferdeliebhaber war man ja schon lange, schon immer eigentlich.
Es fällt ja auch wirklich schwer, sich der Faszination dieser wunderbaren, starken und doch so sensiblen Geschöpfe zu entziehen.
Und nun soll es endlich vom Boden des Pferdeliebhabers eine Stufe höher auf den Rücken der Pferde gehen.
Vieles hat man gehört: dass es schwierig sein soll, dass Pferde wild und unberechenbar sind, aber auch, dass es nichts Schöneres gibt auf der Welt.

Was stimmt denn jetzt?
Eigentlich alles und noch vieles mehr, wie man dann im Laufe der Jahre erfahren wird.
Reiten lernen ist schwierig und langwierig.
Stimmt! Es ist nichts, was in ein paar Wochen, ja nicht einmal in ein paar Jahren vollständig erlernt werden kann.
Einer der alten Reitmeister sagte einmal: »Reiten lernt man nie!« Bevor man jetzt den Mut sinken lässt und vielleicht überlegt, doch Tennis oder Golf zu spielen, gehen wir lieber diesem Satz auf den Grund.
Dieser Satz müsste nämlich in der korrekten Bedeutung etwas anders lauten: »Perfekt reiten lernt man nie«, oder auch: »Beim Reiten lernt man nie aus.«
Dieser auf den ersten Blick vielleicht desillusionierende Ausspruch über die Reiterei sagt gleichzeitig alles über die Faszination dieses Sports aus.

Reiten ist eben nicht wie Tennis oder Golf, wo ich zwar einen menschlichen Spielpartner habe, dabei aber mit leblosem, sprich unempfindlichem Material umgehe. Wenn mein Tennis- oder Golfschläger einmal kaputt gehen sollte, ist das nächste Fachgeschäft nicht weit. Auch mit meinem menschlichen Sportpartner habe ich es vergleichsweise einfach. Ich kann jederzeit mit ihm sprechen und ihn bitten, auf mich als Anfänger Rücksicht zu nehmen, z. B. langsamer oder präziser zu spielen.

Selbstverständlich kann ich auch mit meinem Pferd sprechen und es bitten, rücksichtsvoll mit mir umzugehen. Der Erfolg wird jedoch höchstwahrscheinlich mäßig sein.
Also muss ich beim Reiten einen anderen Weg finden. Denn mein Sport- und Freizeitpartner ist ein Lebewesen, dessen Sprache ich am Anfang weder spreche noch verstehe. Versuchen Sie, in Ihrer Sprache mit dem Pferd zu kommunizieren und Sie werden allenfalls einen verständnislosen Blick zur Antwort bekommen. Danach sind Sie so schlau wie vorher.
Zudem ist ein Pferd imstande, mehr oder weniger eigenständige Entscheidungen zu treffen – was, wie Sie zugeben werden, nicht einmal jeder Mensch schafft. Und es wird hin und wieder urplötzlich rein instinktgesteuert reagieren – was auf den Menschen, der es gewohnt ist, »alles unter Kontrolle zu haben«, ziemlich erschreckend wirkt.
Gleichzeitig ist das Pferd ein hochsensibles Lebewesen, das auf meine Stimmungen oder Ängste reagiert, häufig noch bevor sie mir selbst bewusst sind: eine Eigenschaft, die sich manch ei-

ner von seinem menschlichen Partner wünscht. All diese Wechselwirkungen machen die Reiterei wohl zu einer der faszinierendsten Sportarten überhaupt.

Dieses Buch soll Ihnen dabei helfen, den Einstieg in diesen wunderbaren Sport zu finden. Gerade der erwachsene Anfänger im mehr oder weniger fortgeschrittenen Alter tut sich damit oft schwer. Viele Fragen und Ängste rund um das für ihn noch unbekannte Lebewesen »Pferd« stehen einem »natürlichen« Zugang, wie ihn oft Kinder finden, im Weg. Dieses Buch soll Ihnen mithilfe vieler realistischer Bilder vom Reitenlernen Mut machen, es zu versuchen. Man muss nicht perfekt sein oder werden, um Spaß und Freude am Reiten und an den Pferden zu haben. Dieses Buch ist das Buch vor den vielen anderen, sehr guten Reitlehren, das Sie mit einer guten Portion Humor bei Ihrem Vorhaben unterstützen wird.

Vielleicht werden Sie beim Lesen dieses Buches mehrfach über die Namen Ludger Beerbaum und Isabell Werth stolpern. Ich habe diese beiden repräsentativ für alle anderen ausgezeichneten Reiter ausgewählt, weil sie ihre jeweilige Sparte des Reitsports – das Springen und die Dressur – hervorragend vertreten. Die meisten Reitanfänger und auch Nicht- bzw. Noch-nicht-Reiter können mit diesen Namen etwas anfangen.

Wenn in diesem Buch immer die männliche Form, nämlich »der Reitlehrer« benutzt wird, so ist das nur eine Vereinfachung der Sprachform. Selbstverständlich gibt es genauso viele gute Reitlehrerinnen wie Reitlehrer. Meine Berufskolleginnen, Leser/innen und Reitschüler/innen mögen mir verzeihen. Egal ob Sie einen Reitlehrer oder eine Reitlehrerin finden: Wichtig ist, dass Sie sich verstanden fühlen, dass Sie jemanden haben, der Ihnen Mut macht und Sie motivieren kann und der imstande ist, ein Vorbild in allen Bereichen der Reiterei und des Umgangs mit den Pferden zu sein.

Mögen Sie zusätzlich zu diesem Buch so jemanden für sich finden.

Als das Pferd noch kein Pferd war
oder
Der lange Weg zum Reitpferd

1

1. Als das Pferd noch kein Pferd war
oder Der lange Weg zum Reitpferd

Es war einmal vor langer Zeit ...

Vor etwa 60 Millionen Jahren schlich ein fuchsgroßes Tierchen namens Eohippus auf leisen Sohlen auf der Suche nach Nahrung durch den sumpfigen Wald – nicht ahnend, dass es Millionen Jahre später als Reitpferd enden würde. Dieses kleine Urpferdchen hatte rein optisch mit dem heutigen Pferd wenig gemeinsam: Aus einem Lebewesen, das sich auf zarten Gliedmaßen, mit jeweils vier Zehen an den Vorderfüßen und drei Zehen an den Hinterfüßen, vorwärtsbewegte, wurde im Laufe der Zeit durch Zusammenwachsen der Zehen ein sogenannter Zehenspitzengänger mit Hufen. Durch Änderung der Lebensbedingungen veränderten sich auch die Urpferde. Urzeitliche Sumpfwälder wurden trockener. Es gab mehr Gras- und Strauchbewuchs und das Pferd passte sich an. Es wurde größer und schneller und konnte auf den weitläufigen Steppen große Entfernungen zurücklegen. Auch das Gebiss veränderte sich im Laufe der Zeit. Das Pferd war und ist bis heute jedoch ein reiner Pflanzenfresser. Sein Instinktverhalten ist dem seiner Vorfahren noch sehr ähnlich. Pferde lebten in der Furcht vor Raubtieren und suchten ihr Heil in der Flucht. Auch das domestizierte Pferd wird bei vermeintlicher Gefahr genauso mit Flucht reagieren wie Millionen von Jahren zuvor.

Naturkatastrophen und Klimaveränderungen zwangen die Urpferde zu Wanderungen in andere Gebiete. Während der Eiszeit starben die Pferde in einigen Teilen der Welt sogar aus. Am Ende der Eiszeit waren auf dem gesamten

amerikanischen Kontinent die Pferde verschwunden, wurden dann aber im Rahmen der Eroberungen mitgebracht und wieder neu angesiedelt. Gott sei Dank, denn was wäre aus John Wayne ohne Christoph Columbus geworden? Richtig! Ein Fußgänger! Und damit das nicht passierte, brachte er auf seiner Entdeckungsreise spanische Pferde mit nach Amerika. Auch der Mustang, das verwilderte Pferd Nordamerikas, stammt von Pferden der spanischen Konquistadoren ab. Die einzigen, echten Nachfahren der Europäischen Urwildpferde wurden gegen Ende des 19. Jahrhunderts in der Mongolei gesichtet. Diese Pferde gelten als Vorfahren unserer heutigen Hauspferde, sind nach ihrem Entdecker benannt und als Przewalski-Pferde bekannt geworden. Einige Zoos haben es sich zur Aufgabe gemacht, diese Rasse zu erhalten und einige Tiere der Nachzucht in ihrem ursprünglichen Lebensraum wieder auszuwildern. Manchen heutigen Pferderassen sieht man die Verwandtschaft zu den ca. 1,30 m großen, lehmfarbenen bis rotbraunen Tieren immer noch an. Der charakteristische dunkle Aalstrich, der sich die gesamte Wirbelsäule entlangzieht, findet sich z.B. bei den Norwegern oder den einzigen in Deutschland lebenden, halbwilden Pferden, den Dülmener Wildpferden, wieder. Diese Robustrassen, wie auch ganz besonders das Islandpferd, sind in Aussehen und Verhalten den Urpferden deutlich ähnlicher als unsere Warmblut-Sportpferderassen – von denen sich sicherlich manch ein Exemplar wünschen würde, ein Eohippus geblieben zu sein.

Eine kurze Begleitung des Pferdes durch die Geschichte

Wie hat das Ganze eigentlich angefangen? Wann wurde aus dem Pferd als jagdbares Tier und somit als Fleischlieferant ein Helfer für den Menschen? Auf alten Höhlenmalereien sind Pferde zu erkennen, die eine Art Zaumzeug tragen. Vielleicht war es schon frühen Kulturen möglich, das Pferd zu zähmen. Wahrscheinlich aber haben um ca. 3.500 vor Christus die Steppenvölker Asiens als erste damit begonnen, Wildpferde zu fangen und zu zähmen. Etwa zeitgleich begann man auch in anderen Gebieten Europas und Nordafrikas, den wahren Nutzen der Pferde zu erkennen. Zu der Zeit war das Rad in Asien noch nicht bekannt, deshalb spannte man das Pferd vor ein Stangengestell mit dessen Hilfe es darauf gepackte Dinge, z. B. Beutetiere, hinter sich herschleifen konnte. Bevor also das Pferd als Reitpferd entdeckt wurde, fand man schon heraus, dass es Lasten

Seite 10 links: Przewalski-Pferde (Stute mit Fohlen).
Seite 10 rechts und Seite 11: Wildlebende Mustangs in Montana, USA.

ziehen und somit dem Menschen einen Großteil der schweren Arbeit abnehmen konnte. Ein trainiertes Pferd kann ungefähr das Doppelte seines eigenen Gewichtes ziehen. Als man dann anfing, das Pferd zu reiten, entstand ein völlig neuer Abschnitt in der Mensch-Pferd-Beziehung. Man stellte fest, dass man mithilfe des Pferdes schnell große Entfernungen zurücklegen konnte, die Jagd wurde einfacher und schließlich entdeckte der Mensch das Pferd als Kriegshelfer. Und jetzt begann der eigentliche Siegeszug des Menschen. Mit Unterstützung des Pferdes eroberte der Mensch die Welt und machte sich bis dahin nicht reitende Völker untertan. Die Hethiter sind mit ihren Kriegswagen bis nach Kleinasien vorgedrungen. Die Skythen, ein furchtloses Reitervolk, schon mit Sattel und Zaumzeug ausgerüstet, gelangten um 900 vor Christus bis in den Donauraum. Um ca. 700 vor Christus dehnten die Kelten ihren Einflussbereich über ganz Westeuropa aus. Dabei brachten sie das »Keltenpony« mit, das dadurch bis auf die Britischen Inseln und nach Spanien kam. Die Eroberungsfeldzüge früherer Völker bis hin zum ersten Weltkrieg wären ohne das Pferd nicht möglich gewesen. Attila, der Hunnenkönig, Dschingis Khan mit seinen legendären Reiterhorden und selbst Napoleon nutzten das Pferd, um Länder und Völker zu erobern. Nur Hannibal hat es mit Elefanten versucht, was sich in der Praxis nicht bewährt hat ... Vielleicht besser so, denn stellen Sie sich mal kurz eine Million Elefanten in Deutschland vor. Außerdem wissen wir ja, dass es nicht gerade billig ist, ein Pferd zu unterhalten – über den Unterhalt für einen Elefanten wollen wir lieber gar nicht nachdenken. Wenn es also schon sein musste, Kriege zu führen, war das Pferd als »Mitarbeiter« sicherlich die bessere Wahl. Neben seinem Kriegseinsatz wurde das Pferd auf der ganzen Welt ein unentbehrlicher Helfer in der Landwirtschaft. Anfang des 19. Jahrhunderts, zu Beginn des Schienenverkehrs, diente das Pferd als Zugtier für Pferdebahnen. »Kanalpferde« wurden eingesetzt, um Lastkähne mit Passagieren oder Frachtgut auf den Treidelpfaden entlang der Flüsse zu ziehen. Bis ca. 1930 wurden Ponys als Grubenpferde unter

Unendlich viele Kriege wurden mithilfe der Pferde geführt.

Britisches Grubenpony um 1900.

Tage verwendet, um Lastkarren und Loren zu bewegen. Nach und nach wurde dann bis zum heutigen Tag aus dem Kriegskameraden und Helfer in der Landwirtschaft unser heutiges Reitpferd.

Wir verdanken dem Pferd die Eroberung der Welt, geben wir ihm doch mit Fürsorge, Liebe und Achtung ein klein wenig davon zurück.

Die Bedeutung des heutigen Reit- und Sportpferdes

Gäbe es nicht in der heutigen Sport- und Freizeitreiterei eine neue Aufgabe für das Pferd, wäre es in vielen Teilen der Welt sicherlich schon von der Bildfläche verschwunden. Moderne Maschinen haben sowohl in der Landwirtschaft als auch bei Kriegseinsätzen das Pferd von seinem früheren wichtigen Platz verdrängt. Schon im zweiten Weltkrieg spielten Pferde keine große Rolle mehr. Panzer, Flugzeuge und andere moderne Waffen machten das Pferd zu seinem großen Glück entbehrlich.

Auch die Landwirtschaft kam mit dem Einsatz immer größerer und schnellerer Maschinen bald ohne Pferde aus. Es war nicht mehr rentabel, mit dem Pferd zu arbeiten. Viele der Arbeitspferde auf dem Land waren, wenn sie den etwas leichteren und eleganteren Rassen angehörten, sowieso häufig im zusätzlichen Einsatz. Das Pferd, das in der Woche den Pflug gezogen hatte, wurde am Sonntag angespannt, um damit zur Kirche zu fahren. Die jungen Männer, die in der Woche mit dem Pferd auf dem Feld gearbeitet hatten, legten nach Feierabend oder am Wochenende den Sattel auf und trafen sich zu reiterlichem Wettstreit. Wäre aus der ländlichen Reiterei und den kleinen Turnieren nach dem Krieg nicht die heutige Sportreiterei entstanden, dann gäbe es in den Industrienationen wohl kaum noch Pferde. Zusätzlich zur reinen Sportreiterei fanden auch immer mehr Freizeitreiter Spaß und Freude am Reiten und am Umgang mit dem Pferd. Das Pferd wurde ein hochgeschätzter Freizeitpartner. Diesem völlig neuen Einsatzgebiet hat das Pferd nicht nur sein Überleben zu verdanken, sondern die Pferdezucht ist

Für lange Zeit des Bauern wichtigster Helfer.

Historische Pferdebahn.

Die Bedeutung des heutigen Reit- und Sportpferdes

auch zu neuer Blüte gekommen. Hat man früher Pferde zum Verschleiß in Kriegseinsätzen gezüchtet oder die schwereren Pferderassen für ihren Einsatz in der Landwirtschaft, so ist das heutige Pferd durch Einkreuzung von Vollblütern auf Leistung, Schönheit und Eleganz gezüchtet. War das Pferd nach dem Krieg fast vollständig von der Bildfläche verschwunden, so sichert es heutzutage viele Arbeitsplätze. Wir sprechen dabei über etwa eine Million Pferde und Ponys in Deutschland. Auf ca. vier Pferde entfällt ein Arbeitsplatz. Das umfasst zum einen Berufsgruppen, die unmittelbar mit dem Pferd zu tun haben, wie Reitlehrer, Bereiter, Züchter und Pferdewirte. Zum zweiten gehören Sattler, Reitbekleidungshersteller, Futterlieferanten oder auch Fachbuchautoren zu der großen Gruppe der Berufe, die vom Bedarf rund um das heutige Reit- und Sportpferd profitieren. Und schließlich Hufschmiede und Pferdefachtierärzte, die eine wichtige Rolle spielen. Da es hierzulande ungefähr 1,6 Millionen Reiter gibt, die alle eingekleidet, trainiert und deren Pferde versorgt werden wollen, hat sich die Pferdebranche zu einem bedeutenden Wirtschaftsfaktor entwickelt. Aber ganz unabhängig vom Wirtschaftsfaktor Pferd, ist doch bei den meisten Menschen, die rund um das Pferd beschäftigt sind, Passion und Pferdeliebe der ausschlaggebende Punkt. Und genau wie bei den vielen Pferdeberuflern ist auch beim »einfachen« Reiter der Hauptgrund, sich mit dieser Materie oder diesem Sport zu beschäftigen, in der Natur- und Pferdeliebe zu suchen. Gerade in unserer heutigen hochtechnisierten und schnelllebigen Zeit genießen die Menschen den Umgang mit Pferden als Ruhepol und Möglichkeit zu naturnaher Freizeitbeschäftigung. Nirgendwo lässt sich besser vom Job- oder Alltagsstress abschalten als bei der Beschäftigung mit diesen wundervollen Geschöpfen. Kommen Sie mit in den Stall, Sie werden es erleben.

Pferde kommen auch in schwierigem Gelände klar.

Sind die eigentlich immer so groß?
oder
Stimmt es, dass die vorne beißen und hinten schlagen?

2

2. Sind die eigentlich immer so groß?
oder Stimmt es, dass die vorne beißen und hinten schlagen?

Allgemeines über Pferde

Pferde gibt es so gut wie überall auf der Welt. Vielfach immer noch als Arbeitspferde für Bauern oder Viehhirten. In den Industrienationen als private Reit- und Sportpferde sowie in einigen Ländern auch noch als Wildpferde. Da Pferde Herdentiere sind, fühlen sie sich zusammen mit Artgenossen am wohlsten. Pferde sollten keinesfalls alleine gehalten werden, da sie sonst von der Psyche her extrem leiden und mit Verhaltensauffälligkeiten reagieren würden. Pferde brauchen ihren Herdenverband mit genau festgelegter Rangordnung, um sich sicher zu fühlen. In freier Wildbahn führt eine ältere erfahrene Stute die Herde und auch in kleinen gemischten Herden domestizierter Reitpferde steht oft eine ältere Stute an erster Stelle. Weltweit gibt es etwa 250 Pferderassen, die sich zum Teil deutlich in Körperbau und Größe unterscheiden. So lässt sich kaum ein größerer Unterschied vorstellen als zum Beispiel zwischen dem Islandpferd und dem Vollblutaraber, oder zwischen einem Shetlandpony und einem Kaltblutpferd. Auch verschiedene Farben und Abzeichen können einzelne Rassen kennzeichnen. So ist z. B. das Friesenpferd immer schwarz, ohne weiße Abzeichen an Kopf oder Beinen. Ein Haflinger ist immer braun mit unterschiedlichen Brauntönen von hell bis dunkel; Mähne

Die Herde gibt Sicherheit (Dülmener Wildpferde).

und Schweif sind immer weiß; Abzeichen am Kopf sind häufig. Jede Rasse ist ausgezeichnet an ihre jeweiligen Lebensbedingungen angepasst. Die arabische Wüste hat ein Pferd mit feinen Gliedmaßen, harten Hufen und feinem seidigen Fell und Langhaar hervorgebracht. Das Islandpferd ist klein, robust, anspruchslos mit dickem, fast wolligem Fell und sehr üppigem Mähnen- und Schweifhaar – muss es doch in seiner Heimat eisiger Kälte und Wind trotzen. Der Mensch hat sich diese unterschiedlichen körperlichen Eigenschaften für seine Zwecke zunutze gemacht. So ist zum Beispiel der Vollblutaraber oder das Englische Vollblut das ideale Rennpferd. Zum Holzrücken im Wald oder zur Feldarbeit werden schwerere Rassen, die über sehr viel Zugkraft verfügen, benötigt. Das Pferd der Cowboys und Gauchos muss ausdauernd, aber spurtstark und sehr wendig sein. Warmblüter vollbringen zum Teil Höchstleistungen im Dressur- und Springsport. Ihr Körperbau entspricht meist dem »etablierten Schönheitsideal« der jeweiligen Zeit. Der Freizeitreiter kann je nach Vorliebe und reiterlichem Anspruch mit fast jeder Pferderasse glücklich werden.

Rein biologisch werden Pferde als Fluchttiere und Fernwanderwild bezeichnet. In freier Wildbahn verbringen sie viele Stunden des Tages damit, auf der Suche nach Futter und Wasser sehr lange Strecken zurückzulegen. Daraus ergibt sich, dass das Problem in der heutigen Pferdehaltung eher in zu wenig, statt in zu viel Bewegung besteht. Futter und Wasser sind ständig in der Nähe und auch echte lebensbedrohliche Situationen sind kaum vorhanden. Sobald allerdings aus Sicht der Pferde Gefahr droht, reagieren sie – egal ob in freier Wildbahn oder auf der heimischen Weide – grundsätzlich mit Flucht.

Pferderassen unterscheiden sich hinsichtlich Größe, Körperbau und Temperament deutlich: links ein Friese, rechts ein Haflinger.

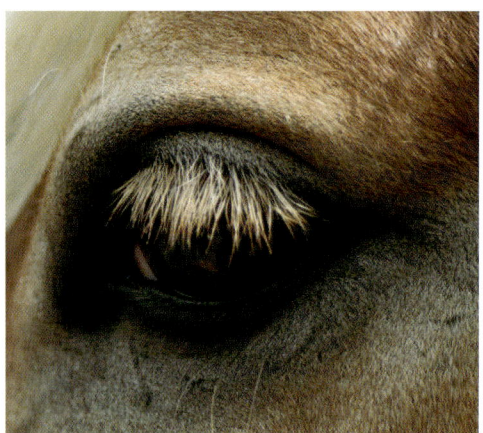
Pferde können fast rundum sehen.

Die Ohren sind sehr beweglich.

Pferde können sehr gut und vor allem fast rundum sehen. Wesentlich besser als Menschen sehen sie Bewegungen in weiter Ferne, was sie dann durchaus dazu veranlasst, schreckhaft auf etwas zu reagieren, was der Mensch noch nicht einmal wahrgenommen hat. Durch dieses Verhalten entstehen häufig Missverständnisse zwischen Reiter und Pferd.

Genauso ist es mit dem Gehör. Pferde können Töne außerhalb der menschlichen Wahrnehmung hören. Das Gehör ist bei Pferden sehr gut ausgeprägt und es sucht seine Umgebung mit Hilfe der sehr beweglichen Ohren ständig auf Geräusche ab. Das hat zur Folge, dass sich Pferde aufgrund von Geräuschen erschrecken oder scheuen, die der Mensch gar nicht wahrnehmen konnte.

Gleiches gilt für den Geruchs- und Geschmackssinn. Der Satz: »Ich kann dich nicht riechen« ist wahrscheinlich von einem Pferd erfunden worden.

Weiterhin ist der Tastsinn bei Pferden bestens entwickelt. Sie können mit Ober- und Unterlippe, unterstützt durch die Tasthaare, auch kleinste Fremdkörper aus ihrem Futter aussortieren. Pferde können im Gegensatz zu fast allen anderen Tierarten über die Haut Feuchtigkeit abgeben, also schwitzen. Da sind sie dem Menschen ähnlich. Sie können auch gezielt mit einzelnen Hautpartien zucken, um Insekten abzuwehren. Grundsätzlich sind sie aber nicht so sensibel bei Hautberührungen wie der Mensch. Einzelne Pferde können aber an manchen Stellen extrem kitzelig sein. Vielleicht ist Ihnen das beim Putzen unterschiedlicher Pferde schon einmal aufgefallen.

Beobachten Sie Pferde so oft es geht, in so vielen unterschiedlichen Situationen wie möglich. Sie werden viel lernen und schon bald die Pferde immer besser verstehen.

Die Anatomie des Pferdes

Pferde können wie Menschen groß, klein, dick oder dünn sein und unterschiedlichen Rassen angehören. Die Anatomie bleibt jedoch bei allen Pferden gleich. Die Größe eines Pferdes wird am höchsten Punkt des Rückens, dem Widerrist, gemessen. Das ist der Übergang vom

Die Anatomie des Pferdes

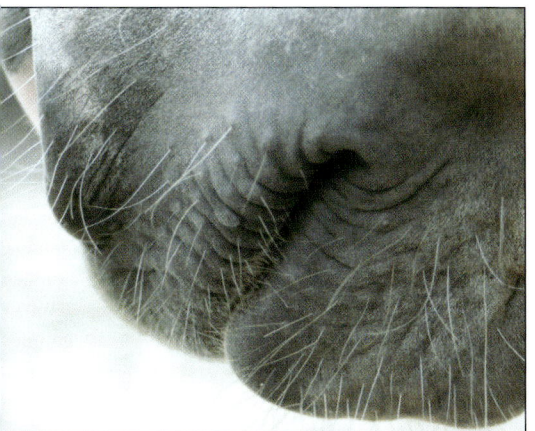

Tasthaare am Maul des Pferdes.

Große Ponys, wie Norweger, können gut von Erwachsenen geritten werden.

Hals zum Rücken. Mit dem sogenannten Stockmaß, einer senkrechten Messlatte mit genau rechtwinklig angebrachter verschiebbarer Stange, werden Pferde gemessen und danach in Pony oder Großpferd eingeteilt. Alles bis zu einer Größe von 1,48 m gilt als Pony, alles darüber als Großpferd. Diese bewusst gewählte Unterteilung hat mit der Einteilung in Turnierklassen zu tun und sagt nichts über den eigentlichen Gebrauch als Reitpferd für Kinder oder Erwachsene aus. Große, kräftige »Ponyrassen« wie Norweger, Haflinger oder Islandpferde können durchaus von Erwachsenen geritten werden. Bei der Beurteilung oder Beschreibung eines Pferdes bzw. Pferdekörpers werden Ihnen vielleicht auch die Begriffe Interieur und Exterieur begegnen. Bevor Sie jetzt glauben, dabei handelt es sich um etwas zu essen oder chinesische Fachbegriffe, wollen wir mal schnell das Geheimnis lüften. Mit dem Begriff Interieur sind die inneren Eigenschaften eines Pferdes gemeint, wie Temperament, Charakter und die damit zusammenhängende Leistungsbereitschaft. Mit dem Begriff Exterieur wird das gesamte äußere Erscheinungsbild bezeichnet.

Also Größe, Körperbau, Geschlecht, Farbe und Abzeichen. Beides ist gleich wichtig für die Eignung als Reitpferd. Ein perfekt gebautes Pferd, das extrem schreckhaft oder außergewöhnlich lethargisch ist, wird genauso wenig ein gutes Reitpferd werden wie ein Pferd besten Charakters, aber mit schwerwiegenden Mängeln im Körperbau. Durch gute Erziehung und sorgfältige Ausbildung kann ein Pferd mit leichten Interieurmängeln trotzdem zu einem guten Reitpferd werden. Dagegen kann nichts extreme anatomische Mängel ausgleichen, wie z.B. Fehlstellungen der Gliedmaßen oder eine schwache, fehlgebildete Rückenpartie. Das Pferd wird anatomisch grob in drei Abschnitte unterteilt. Man spricht von Vorhand, Mittelhand und Hinterhand. Zur Vorhand gehören Kopf, Hals, Brust und Vorderbeine. Zur Mittelhand gehören der Widerrist, der Rücken und der Bauch. Zur Hinterhand gehören die Kruppe, die Hinterbeine und der Schweif. Der Reiter sitzt also auf dem Bereich, der zur Mittelhand gehört. Von der Beschaffenheit des Pferderückens hängt es ab, wie gut ein Reiter auf diesem »sitzen« kann. Der Rücken ist wie eine Brücke

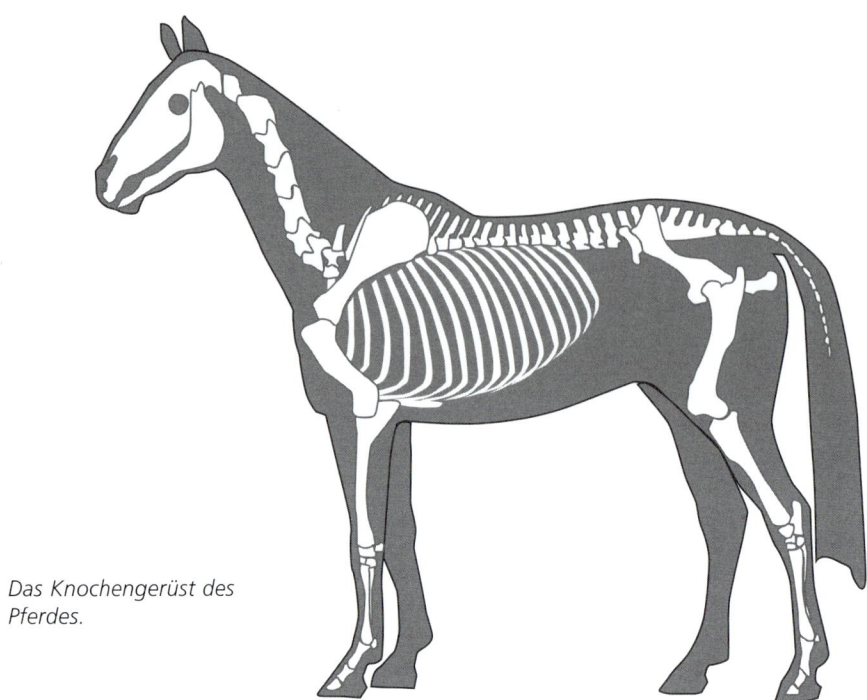

Das Knochengerüst des Pferdes.

zwischen Vorhand und Hinterhand. Ein ideal gebauter Pferderücken schwingt und nimmt den Reiter mit in die Bewegung, sodass es ihm leicht fällt, ruhig und sicher zu sitzen. Es gibt sehr weich und schön zu sitzende Pferde, aber auch solche, die aufgrund eines fehlerhaften Rückens zu stoßartigen Bewegungen neigen. Ein »schlechter Rücken« ist meist auch nicht besonders belastbar und tragfähig.

Genauso wichtig für die Belastungsfähigkeit und eine gute Gangmechanik sind die Beschaffenheit der Hufe, die Stellung der Beine und die Winkelung der Gelenke. Auch bei Halsansatz oder Schulterbeschaffenheit kann es etliche Mängel geben, die dann ein gutes Reitpferd von einem schlechten unterscheiden.

Farbe, Abzeichen oder Geschlecht hingegen sind jedoch nicht entscheidend für die Eignung als Reitpferd, sondern sollten dem individuellen Geschmack des jeweiligen Reiters entsprechen. Da es sich bei jedem Pferd um ein einzigartiges und unverwechselbares Lebewesen handelt, sollte man nicht zum Fehlersucher werden, sondern das Pferd immer in seiner Gesamtheit beurteilen.

Und ein Pferd, das sich aufgrund leichterer körperlicher Mängel nicht zu einem Leistungs-/Sportpferd eignet, ist vielleicht für einen anderen Reiter ein ganz wunderbarer Freizeitkamerad.

Wer macht dem Pferd die Dose auf? Oder, was fressen die eigentlich?

Pferde brauchen keinen Dosenöffner, denn Pferdefutter gibt es nicht im Supermarkt-Regal. Obwohl manch kluges Pferd da sicherlich ande-

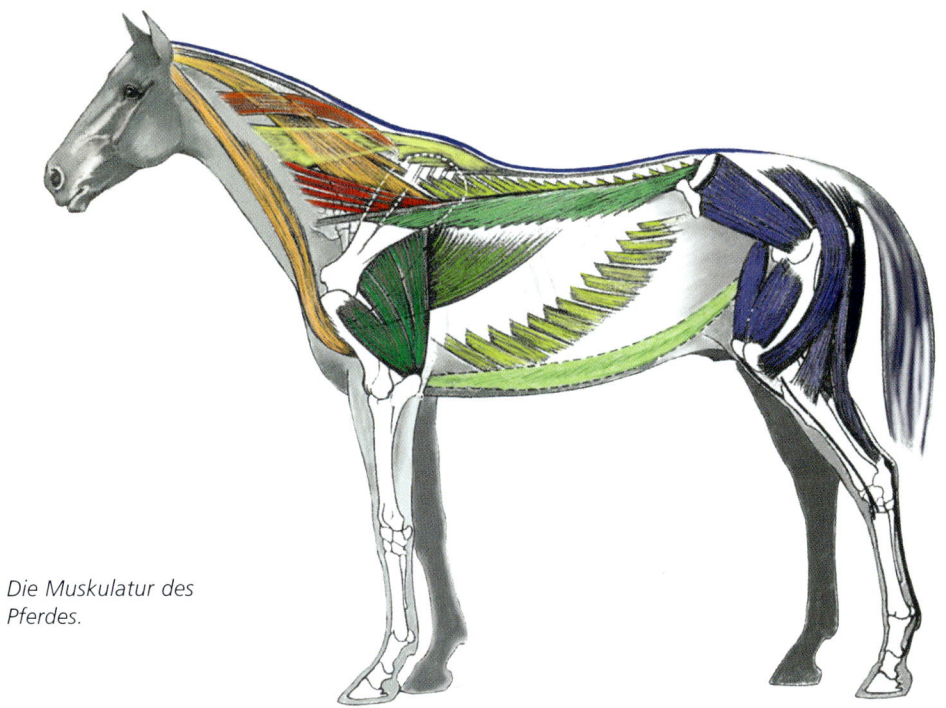

Die Muskulatur des Pferdes.

rer Meinung ist, da es allerlei Leckerli durchaus in Dosen oder Tüten zu kaufen gibt und viele Pferde gar nicht genug davon bekommen können. Aber wir Menschen ernähren uns ja auch nicht ausschließlich von Schokolade. Man muss sich, wenn man über Pferdefütterung spricht, auf jeden Fall immer wieder deutlich machen, dass Pferde ein sehr empfindliches Verdauungssystem haben, das schnell aus dem Gleichgewicht gebracht werden kann. Zur guten Verdauung braucht ein Pferd natürlich Wasser. Pferde haben einen sehr hohen Wasserbedarf. Je nach Witterung oder körperlicher Belastung benötigt ein ausgewachsenes Großpferd 30 bis 50 Liter am Tag. Um eine optimale Versorgung zu gewährleisten ist das pünktliche Einhalten der Fütterungszeiten unerlässlich. Ganz wichtig ist außerdem, dass Pferde beim Fressen Ruhe haben und man ihnen auch nach dem Fressen mindestens eine Stunde Ruhe zum Verdauen gibt, bevor man reitet. Fehler in und bei der Fütterung können sonst ganz schnell eine Kolik nach sich ziehen. Der Pferdedünndarm ist immerhin unglaubliche 16 bis 24 m lang und geht dann in den 8 bis 9 m langen Dickdarm über. Der Magen des Pferdes ist wiederum relativ klein. Was zur Folge hat, dass Pferde viele kleine Portionen benötigen, statt wenige große. In freier Wildbahn verbringt das Pferd immerhin fast den ganzen Tag mit der Nahrungssuche und der Magen bekommt ständig kleine Portionen. Der Futterbedarf eines Reitpferdes richtet sich nach Alter, Rasse, Gewicht, Temperament und hängt vor allem von der Leistung ab, die ich dem jeweiligen Pferd täglich abverlange. Dazu kommt, dass es schwerfuttrige, aber auch leichtfuttrige Pferde und Rassen (fast alle Ponyrassen) gibt, die das aufgenommene Futter von schlecht

22 Wer macht dem Pferd die Dose auf? Oder, was fressen die eigentlich?

Das kalte Buffet ist geöffnet.

bis sehr gut verwerten. Ähnlich wie beim Menschen, nicht wahr?

Aber was frisst denn nun unser heutiges Reitpferd?
Pferdefutter wird grundsätzlich in Raufutter, Kraftfutter und Saftfutter unterschieden. Und Leckerli!
Fangen wir mal mit dem **Raufutter** an, was versteht man darunter? Als Raufutter wird Heu und Stroh bezeichnet. Aus diesem Futter bezieht das Pferd seinen Rohfaserbedarf. Futter muss möglichst in bester Qualität vorgelegt werden. Heu sollte eine grüne Farbe haben und aromatisch riechen. Schimmeliges oder muffig riechendes Heu hat in der Pferdefütterung nichts zu suchen. Stroh wird von den Pferden nach Bedarf aus der Einstreu aufgenommen, weshalb es wichtig ist, die Box täglich zu reinigen und neu einzustreuen.
Kraftfutter ist die eigentliche Krippenmahlzeit, bestehend aus Hafer, Gerste, Mais sowie unterschiedlichen, oft Müslis genannten, fertigen Futtermischungen. Mit einer Verringerung oder Erhöhung der Kraftfuttergabe, lässt sich am ehesten Einfluss nehmen auf Temperament und zu erbringende Leistung.
Als **Saftfutter** bezeichnet wird vor allem das Grünfutter, also das Weidegras, aber auch Silage (ein Mittelding zwischen Gras und Heu; gemäht und angetrocknet und danach in Folie verpackt) sowie Möhren und Futterrüben.

Auch ein **Salz- oder Mineralleckstein** zur Nahrungsergänzung sollte jedem Pferd zur Verfügung stehen. Das wichtigste wie immer zum Schluss: die Leckerli! Oder vielleicht besser gesagt alles das, was man als Reiter seinem Pferd als Extrabelohnung mitbringen darf. Jegliche Art von verunreinigtem Futter, schimmeliges Brot, Grasschnitt vom Rasenmähen, oder unbekannte Pflanzen sind dabei natürlich ein absolutes Tabu! Dafür gibt es ja die große Palette der fertigen Pferdeleckerlis, die es inzwi-

Wer macht dem Pferd die Dose auf? Oder, was fressen die eigentlich?

Das Beste ist eine grüne Wiese.

schen in fast allen Geschmacksrichtungen, Formen und Farben zu kaufen gibt. Von Bananen- über Pfefferminz- bis Lakritzgeschmack ist einfach alles zu haben. Pferde lieben aber auch eine mitgebrachte Möhre oder einen Apfel (Achtung! Vor dem Verfüttern zerteilen). Bananen oder Weintrauben erfreuen sich bei vielen Pferden ebenfalls großer Beliebtheit. Trockenes Brot (ganz durchgetrocknet, ohne Schimmelstellen) wird auch sehr gerne gefressen.

Zucker sollte tabu sein. Denken Sie bitte immer daran, den Pferdebesitzer oder Reitlehrer zu fragen ob Sie dem Pferd etwas geben dürfen. Pferde!, jetzt mal weggehört! Füttern Sie bitte niemals zu viel oder unkontrolliert Leckerlis oder andere Mitbringsel. Denken Sie auch immer daran, dass manche Pferde extrem futterneidisch sind. Wenn dann der Nachbar etwas bekommt, wird oft gegen die Boxenwand getreten oder sogar ins Gitter der Box gebissen. Dabei ist die Verletzungsgefahr hoch. In solchen Fällen immer allen anderen auch ein Leckerli zu geben, ist nur bedingt eine Lösung. Natürlich nicht nach Meinung der Pferde. Aber überlegen Sie mal, was dann täglich an Extras zusammenkommt. Und das ist im Falle von Leckerlis oder trockenem Brot viel, unter Umstände zu viel, zusätzliche Energie. Besser ist es, seinem Pferd nur zur Begrüßung in der Box ein Leckerli zu geben und noch mal als Belohnung nach getaner Arbeit. Diese Art der Leckerligabe wird meist von den anderen Pferden nicht deutlich wahrgenommen bzw. durchaus respektiert. Ein Pferd, das auf der Stallgasse angebunden steht, um geputzt und gesattelt zu werden, ständig mit Leckerlis vollzustopfen, ist weder gesund noch sinnvoll. Zudem ist es dem Respekt abträglich, wenn Ihr Pferd Sie nur noch als Futterautomaten wahrnimmt; viele Pferde nehmen sich Frechheiten heraus, um an das nächste Leckerli zu kommen. Trotzdem dürfen Sie Ihrem Pferd natürlich etwas mitbringen und haben dann nur die Qual der Wahl gemeinsam mit Ihrem Pferd

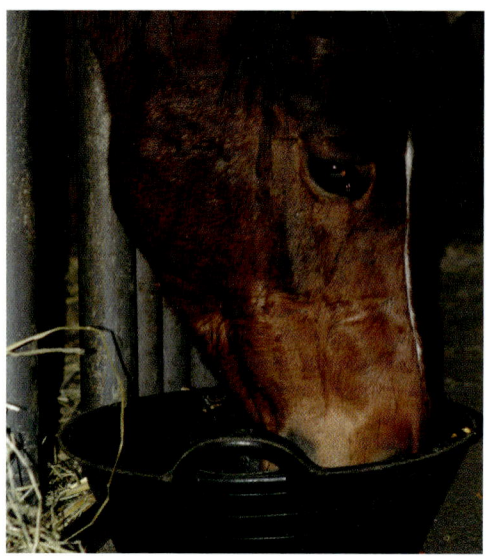
Pferd bei der Abendmahlzeit.

Nasenausfluss ist immer ein Krankheitsanzeichen.

(gute Sache, bin gerne Testesser!) herauszufinden, was denn nun tatsächlich am leckersten ist.

Husten, Schnupfen, Bauchweh – auch Pferde sind mal krank

Pferde wirken auf viele Menschen ungeheuer robust. Das liegt an der Größe und an der Kraft die sie ausstrahlen. Man kann sich, wenn man Pferde noch nicht so gut kennt, gar nicht vorstellen, dass es sich um sehr sensible und empfindliche Geschöpfe handelt. Wenn wir hier über kranke Pferde und Pferdekrankheiten reden wollen, müssen wir uns als erstes einmal ein gesundes Pferd anschauen. Denn wie war das noch? Gesundheit ist die Abwesenheit von Krankheit.

Wie sieht denn ein gesundes Pferd aus? Es hat einen wachen interessierten Blick mit lebhaftem Ohrenspiel. Das Fell sieht gesund und glänzend aus, das Pferd ist weder zu dünn noch zu dick. Das Futter wird mit gutem Appetit gefressen. Jede Abweichung von diesem »normalen« Bild eines Pferdes muss dem Menschen auffallen. Auch wenn Ihnen als Reitschüler irgendetwas an einem Pferd merkwürdig vorkommt, holen Sie lieber einmal zu viel als einmal zu wenig den Besitzer oder Reitlehrer. Was könnte Ihnen denn auffallen? Wir müssen unterscheiden zwischen einem verwahrlosten Pferd (z. B. extrem dünn, stumpfes, struppiges Fell, teilnahmsloser, matter Blick) und einem ansonsten gut gehaltenen, aber erkrankten Pferd. Hier fallen Abweichungen des normalen Verhaltens sehr schnell auf. Dazu gehören alle Arten von Verletzungen oder Hautveränderungen, tränende Augen, Nasenausfluss, Husten oder Atemnot. Die Verweigerung von Futter ist fast immer ein Alarmsignal. Besonders der Verdauungstrakt sowie Beine und Gelenke sind beim Pferd sehr anfällig. Sie kennen doch sicherlich den Spruch: »Man hat schon Pferde kotzen sehen, und das vor der Apotheke.« Ob vor der Apotheke oder dahinter, entscheidend ist hier nicht der Ort, sondern der Umstand, dass Pferde gar nicht kotzen können. Aus dieser Tatsache ergibt sich, dass es häufiger zu Koliken kommt und diese bisweilen auch lebensbedrohlich sind. Kolik ist ein Sammelbegriff für jede Art von »Bauchweh«. Die Anzeichen sind recht gut zu erkennen: große Unruhe, häufiges Hinlegen und Wieder-Aufstehen, Schwitzen und Umschauen nach dem Bauch, Scharren und heftiges Schweifschlagen, Flehmen (Hochziehen der Oberlippe), aber unter Umständen auch totale Teilnahmslosigkeit und Futterverweigerung. Ein Pferd mit Kolikanzeichen sollte nichts zu fressen oder zu trinken bekommen; es muss so untergebracht werden, dass es sich beim Wälzen nicht festlegen kann und bei kalten Temperaturen sollte es warm eingedeckt werden. Es muss unverzüglich der Tierarzt angerufen werden! Bei Vergiftung oder Schlundverstopfung muss ebenfalls so schnell wie möglich der Tierarzt kommen. Jeder Reiter sollte die wichtigsten Giftpflanzen kennen, da einige (wie z. B. Eibe, Adlerfarn, Buchsbaum oder Herbstzeitlose) für Pferde schon in geringen Mengen absolut tödlich sind! Schlundverstopfung entsteht durch Futtermittel, die in der Speiseröhre stecken bleiben. Das können z.B. trockene Weizenkleie oder trockene Rübenschnitzel sowie manchmal auch ganze Äpfel oder Möhren sein. Bis zum Eintreffen des Tierarztes muss der Kopf des Pferdes unten gehalten werden.

Aber auch nicht lebensbedrohliche Erkrankungen, wie jede Art von Lahmheit, Hauterkrankungen oder kleinere Verletzungen gehören beobachtet und behandelt. Besonders Lahmheiten können bei Nichtbeachtung chronisch werden und ein Pferd langfristig reiterlich unbrauchbar machen. Das sorgsame Aufwärmen der Gelenke durch ausreichendes Schrittreiten vor der eigentlichen Arbeit muss für jeden Reiter eine Selbstverständlichkeit sein. Pferdebeine, Gelenke und Hufe sind anfällig für viele Arten von Erkrankungen. Sorgfalt in der Pflege und bei der Arbeit, sowie ausreichender Schutz durch Gamaschen, Bandagen oder Hufglocken und korrekter Hufbeschlag können viele Verletzungen von vornherein ausschließen. Es ist unsere Pflicht als Reiter, Pferdebesitzer und Tierfreund, uns um das Wohlergehen der uns anvertrauten und auf uns angewiesenen Pferde zu kümmern und alles zu tun, damit es ihnen in unserer menschlichen Obhut so gut wie möglich geht. Die Pferde werden es uns danken.

Verschiedene Rassen – verschiedene Reitweisen

Die weltweit ca. 250 verschiedenen Pferderassen haben auch sehr unterschiedliche Reitweisen hervorgebracht. Teilweise haben sie ihren Ursprung in der Arbeit, die mit den jeweiligen Pferden stattfindet. Aber auch Größe, unterschiedliche Gangarten, klimatische Bedingungen oder sportliche Ansprüche, sowie leider auch mit Pferden geführte Kriege haben diese unterschiedlichen Reitweisen entstehen lassen. Schauen wir uns doch einmal die verschiedenen Möglichkeiten an, die es für Reiter und Pferd gibt. Als erstes beginnen wir mal mit der sogenannten »englischen Reitweise«, die in Deutschland und größtenteils in Europa verbreitet ist und der Sie wahrscheinlich in Ihrem zukünftigen Reitstall begegnen werden. Vielleicht entscheiden Sie sich aber auch für eine andere Reitweise. Wie heißt es so schön: schau-

Verschiedene Rassen – verschiedene Reitweisen

Englische Reitweise: Dressurreiterin in einer schweren Dressurprüfung.

Westernreiterin mit einem Appaloosa.

en wir mal. Also schauen wir zuerst mal, was es mit der englischen Reitweise auf sich hat und was man darunter eigentlich versteht. Die englische Reitweise ist die klassische Reitlehre, deren Bogen sich von den alten Griechen bis zum heutigen Olympiareiter spannt. Was ist nun Sinn und Ziel dieser klassischen Reitausbildung? Im Gegensatz zur Westernreitweise ist die klassische Reitweise aus der Militärreiterei entstanden. Dabei war es notwendig, ein gut durchgymnastiziertes Pferd zu haben, das den Befehlen seines Reiters blitzschnell Folge leisten konnte. Kennzeichnend hierfür sind der ständige Kontakt von Reiterhand zum Pferdemaul, sowie das permanente Treiben. Damit soll die Hinterhand des Pferdes immer wieder dazu gebracht werden, unterzutreten um damit möglichst viel Last aufzunehmen. Das Pferd wird ständig aufgefordert, von hinten nach vorne mit gebogenem Hals an das Gebiss heranzutreten, um durch die damit entstehende Aufwölbung des Rückens sich selbst und den Reiter besser tragen zu können. Ein so gerittenes Pferd lässt auch den Reiter angenehm sitzen. Der klassisch-barocke Reitstil ist dem englischen Reitstil ähnlich, wobei er den Ausbildungsstil der alten Schule zu erhalten versucht. Bestes Beispiel hierfür dürfte die bei allen bekannte »Spanische Hofreitschule« in Wien sein. Die barocken Reitweisen wollen das Pferd durch gezielte Ausbildung formen und schöner machen.

Der große Unterschied zwischen der englischen bzw. barocken Reitweise und der Westernreitweise besteht darin, dass die Westernreitweise aus der Arbeitsreiterei entstanden ist und auch heute noch als reine Arbeitsreitweise praktiziert wird. Das Westernpferd wird nicht geritten um des Reitens Willen, sondern dient als Helfer bei der Ausübung des Berufes. Der Cowboy braucht ein Pferd, um lange Strecken zurückzulegen oder Vieh von einem Ort zu einem anderen zu

Islandpferde im Tölt.

Barockreiterin auf einem Friesen.

treiben. Dafür musste diese Reitweise kräfteschonend für Reiter und Pferd sein. Das Arbeitspferd war eher »Arbeitskollege« und imstande, viele Dinge eigenständig zu erledigen. Die Kontrolle des Pferdes durfte nicht im Vordergrund stehen und so entwickelte sich eine »Signalreitweise«; so muss z. B. das Pferd nach dem einmaligen Kommando zum Trab solange traben, bis ein neuer Befehl kommt. Das gibt dem Cowboy Gelegenheit, währenddessen seiner eigentlichen Arbeit nachzugehen, wie Zaunkontrolle oder das Treiben der Herde. Das ausgebildete Westernpferd wird am losen Zügel meist einhändig geritten und bekommt zu sparsamen Schenkelhilfen zusätzliche Stimmkommandos. Die »Hauptsteuerung« erfolgt über die Gewichtsverlagerung des Reiters.

Dann gibt es noch die Reiter der »Gangpferde«, wobei deren bekannteste Vertreter wohl die Islandpferde sind. Das Besondere an den Gangpferderassen ist die Tatsache, dass diese Pferde außer den drei normalen Gangarten Schritt, Trab und Galopp über zusätzliche Gangarten verfügen. Dies sind beim Islandpferd der Tölt und der Pass. Das aus Amerika stammende Tennessee Walking Horse, ein Pferd der früheren Plantagenbesitzer, verfügt über Walk und Trott. Diese Spezialgangarten muss man sich wie ein Mittelding zwischen Schritt und Trab vorstellen. Fast allen Spezialgangarten ist gemeinsam, dass sie für den Reiter sehr bequem sind und sich für das kräftesparende Reiten über lange Strecken eignen.

Es gibt viele verschiedene Arten, um mit dem Pferd glücklich zu werden. Wenn Sie eine Weile dabei sind, wird sich die für Sie richtige Richtung herauskristallisieren. Ob Sie Ihr Herz an den Dressursport verlieren oder lieber über Hindernisse springen, vielleicht auch später einmal den Sattel mit dem Kutschbock vertauschen, spielt keine Rolle. Sie können sich für

28 Haltungsformen – oder wie lebt ein Pferd heute?

Auch Spring- und Geländereiter brauchen eine solide Dressurausbildung.

das Distanzreiten begeistern oder wollen vielleicht lernen, mit einem Kaltblutpferd Holz zu rücken. Oder aber mit Ihrem Islandpferd in lockerem Tölt über Feldwege reiten. Auch das Leben als Großstadt-Cowboy hat für manch einen seinen Reiz. Doch egal, was Sie einmal tun werden – machen Sie es richtig. Weder Reitweise noch Pferderasse entbindet Sie von dem korrekten Erlernen des Umgangs mit dem Pferd und einer soliden reiterlichen Basisausbildung, die sich, wie Sie ja inzwischen wissen, über einige Jahre erstrecken wird. Egal, ob Sie später anspruchsvolle Dressurlektionen oder nur in Ihrer Freizeit durch den Wald reiten wollen: Vergessen Sie nie, dass eine gute Basis Ihrer eigenen Sicherheit und dem Wohlbefinden Ihres Pferdes dient. Denn Sie wollen Ihrem Pferd ja nicht durch Unkenntnis Schaden zufügen.

Wofür Sie sich auch entscheiden: Lernen Sie den korrekten Umgang, lernen Sie sorgfältig reiten, hören Sie nie auf zu lernen – dann steht Ihrem Glück auf dem Pferderücken, egal in welcher Reitweise, nichts mehr im Wege. Wissen und Können bringt Sicherheit für Reiter und Pferd.

Haltungsformen – oder wie lebt ein Pferd heute?

Ständer – Boxen – Offenstall

Hunde leben in Hundekörbchen, Katzen in Katzenkörbchen. Wie lebt eigentlich ein Pferd? Oder vielleicht sollte die Frage heißen: Wie sieht denn das perfekte Pferdekörbchen aus? Womit wir schon gleich wieder beim Thema Fachjargon sind. Das Pferdekörbchen heißt nämlich Box. Früher gab es allerdings auch etwas, das Ständerhaltung genannt wurde. Diese ist inzwischen in Deutschland verboten. Ja, neuerdings auch in Bayern! Also in ganz Deutschland. Bei der Ständerhaltung war das

Haltungsformen – oder wie lebt ein Pferd heute?

Beim Polospiel und im Polizeidienst steht, wie beim Westernreiten, die Kontrolle des Pferdes nicht im Vordergrund. Das Pferd ist Mitarbeiter und nicht reiner Befehlsempfänger.

Pferd auf einem relativ schmalen Platz angebunden. Und zwar mit dem Hinterteil zur Stallgasse. Diese Haltungsform hat ihren Ursprung beim Militär. Früher, als es noch berittene Soldaten gab, wurden Pferde in großer Menge benötigt. Man hatte also ein Platzproblem. Die Ständerhaltung erlaubte es, auf der Fläche einer heutigen Pferdebox 2–3 Pferde unterzubringen. Das war bei der großen Anzahl der Pferde eine wichtige Sache. Zudem ließen sich auf diese Art die Pferde auch mit relativ wenig Arbeitsaufwand sauber halten. Denn alle standen mit dem Hinterteil in die gleiche Richtung. Nämlich zur Stallgasse hin, von wo relativ problemlos die Pferdeäpfel abgesammelt werden konnten. Dass diese Haltungsform für die Pferde nicht perfekt war, ist eine andere Sache. Dem so angebundenen Pferd war es zwar möglich, sich hinzulegen, nicht aber, sich umzudrehen oder sich im hinteren Bereich zu kratzen. Diese extreme Einschränkung des Pferdes in seiner Bewegungsfreiheit hat deshalb auch zum Verbot der Ständerhaltung geführt. Oder möchten Sie Tag und Nacht angebunden darauf warten, bis der Chef kommt und Sie zur Arbeit abholt? Die am meisten verbreitete Haltungsform für das heutige Reit- und Sportpferd ist die Boxenhaltung. Aber auch da gibt es gravierende Unterschiede. Box ist nicht gleich Box. Wie sieht also eine gute Box aus? Und was braucht ein Pferd außerdem, um gesund und glücklich zu leben? Zunächst einmal sollte die Box relativ groß und hell sein. Licht und Luft kann ein Pferd gar nicht genug haben. Deshalb ist eine Box, die dem Pferd die Möglichkeit bietet, herauszuschauen und zu sehen, was draußen geschieht, ganz wichtig für diese neugierigen und an allem interessierten Tiere. Eine Box ist meistens mit Stroh oder manchmal auch mit Spänen eingestreut. Sie sollte täglich sauber gehalten, also ausgemistet und neu eingestreut werden. Auch Wasser zur freien Verfügung, meistens in Form einer Selbsttränke, muss für jedes Pferd vorhanden sein. Allerdings kann die schönste Box die freie Bewegung zusammen mit Artgenossen auf der Weide nicht ersetzen. Sozialkontakte sind für Pferde eine absolute Notwendigkeit. Genauso wie die zwanglose Bewegung ohne Reiter. Pferde genießen einen freien Galopp in der Herde und machen dabei vor Freude Bocksprünge. Auf der Weide – in »relativer Freiheit« – kann es alles tun, was es unter dem Reiter möglichst nicht machen sollte. Wenn man seinem Pferd die Möglichkeit nimmt, sein natürliches Bewegungsbedürfnis auszuleben, darf man sich nicht wundern, wenn man schließlich ein psychisch und physisch krankes Pferd im Stall hat. Ungehindertes freies Wälzen (ja, auch im Matsch) sowie gegenseitiges Fellkraulen mit dem besten Freund ist für ein Pferd der schönste Ausgleich zur täglichen Arbeit in der Halle oder auf dem Reitplatz. Halb- oder ganztags gemeinsam auf der Weide zu sein, und das möglichst bei jeder Witterung, ist für die Gesunderhaltung der Pferde unbedingt nötig. Ist es betriebsbedingt nicht möglich, die Pferde so lange auf der Weide zu lassen, sollten Sie sicherstellen, dass sie wenigstens ein paar Stunden täglich gemeinsam auf die Koppel oder ein großes Paddock kommen. In einem Stall, der seine Schulpferde nur von der Box in die Halle oder auf den Reitplatz und wieder zurückgehen lässt, sollten Sie nicht reiten lernen. Diese Pferde werden nicht artgerecht gehalten und haben dadurch sehr oft psychische und physische Mängel. Einziger »Nachteil« bei Pferden mit ausreichend Weidegang ist, dass sich die Putzzeiten durchaus verlängern können.

Doch merke: »Ein Pferd das sich schmutzig machen darf, ist ein glückliches Pferd!«

Eine weitere Haltungsform ist die Offenstallhaltung. Wie der Name schon sagt, handelt es sich hierbei um einen zur Weide oder zum Auslauf hin offenen Stall. Die Pferde leben in größeren oder kleineren Gruppen zusammen und haben die freie Wahl, ob sie den Un-

Egal, ob der Stall etwas älter oder nagelneu ist: Hauptsache sauber und gepflegt.

Haltungsformen – oder wie lebt ein Pferd heute?

terstand aufsuchen möchten oder nicht. Auch hier steht selbstverständlich Wasser zur freien Verfügung. Um den Unterstand herum befindet sich meistens eine befestigte Fläche, die dann in die oft ausgedehnten Weideflächen übergeht. Die Weidezäune dürfen für die Pferdehaltung im Übrigen nicht aus Stacheldraht bestehen. Dies ist inzwischen sogar offiziell verboten. Viele Pony- und Robustpferderassen werden in Offenstallhaltung gehalten. Der Vorteil ist ganz klar die sehr artgerechte Unterbringung. Aber auch hier ist ganz wichtig, dass der Unterstand immer sauber und möglichst mit Stroh eingestreut ist, damit sich die Pferde auf einem trockenen Untergrund nach Bedarf hinlegen können. Auf der Weidefläche sollten täglich die Pferdeäpfel abgesammelt werden. Zusätzlich muss – speziell im Herbst und Winter – das Raufutter (Silage oder Heu) regensicher auf einem überdachten Platz zur Verfügung stehen. Und schließlich gibt es neuerdings auch noch die sogenannten Aktiv-Ställe. Diese muss man sich wie eine Weiterentwicklung des Offenstalls vorstellen. Auf sehr großer Fläche werden den Pferden möglichst naturnahe Bedingungen angeboten: Einzelne Stationen für Wasser, Kraftfutter und Raufutter liegen weit auseinander, so dass das Pferd lange Wege zwischen ihnen zurücklegen muss. So wird man dem Bewegungstier Pferd, das in freier Wildbahn täglich große Strecken zurücklegt, am ehesten gerecht. Der Aktiv-Stall ist also eine sehr pferdefreundliche Haltungsform.

In den meisten Ställen, die Reitunterricht auf Großpferden anbieten, wird Ihnen wahrscheinlich die Boxenhaltung begegnen. Bei ausreichender Größe der Box, mit genügend Licht und Luft, täglicher Reinigung und einigen Stunden freiem Aufenthalt auf Weide oder Paddock ist es nicht die schlechteste Haltungsform. Die Pferde ganztägig auf der Weide zu lassen, ist bei einem Reitschulbetrieb oft nicht möglich, da die Zeit fehlt, die man braucht, um Pferde auf großen Weiden zu suchen und her-

Tägliches Misten sollte selbstverständlich sein.

Sichere Zäune, große Weiden, glückliche Pferde.

Die Putzzeiten bei Koppelpferden können sich verlängern.

einzubringen. Bei sehr schlechtem Wetter ist es außerdem nicht gut, auf ein nasses und vielleicht sehr verdrecktes Pferd einen Sattel zu legen. Denn Schmutz lässt sich aus nassem Fell kaum ausbürsten. Die Folge wären abgebrochene Haare, Druck- und Scheuerstellen, die manchmal zu offenen Wunden und zum kurz- oder längerfristigen Ausfall des Pferdes für den Schulbetrieb führen können. Wenn es also aus organisatorischen und betriebsbedingten Gründen nicht anders möglich ist, ist es umso wichtiger, dass Sie sich, bevor Sie den Reitunterricht beginnen, genau ansehen wie im Betrieb Ihrer Wahl die Pferde untergebracht sind.

Denn Sie wollen ja auf glücklichen Pferden reiten lernen!

Welche Verhaltensweisen sind typisch für Pferde und warum?

Schauen wir uns mal die typischen Verhaltensweisen von Pferden an. Pferde sind, seit sie aus den Urwäldern herausgekommen sind und die Steppen erobert haben, Herdentiere. Nur der Zusammenschluss mit vielen Artgenossen bot den friedlichen Pflanzenfressern Schutz vor Raubtieren. Nur in der Herde fühlen Pferde sich wohl und sicher. Das gilt auch und immer noch für unsere heutigen Reitpferde. Deshalb dürfen Pferde keinesfalls isoliert gehalten werden. Eine streng eingehaltene Rangordnung und soziale Kontakte innerhalb der Herde sorgen für Wohlbefinden und Sicherheit. Gibt es allerdings einen Anlass, sich zu erschrecken, dann heißt es für das Fluchttier Pferd gestern wie heute: Nix wie weg. In sicherer Entfernung bleibt es dann stehen und überlegt: Wie schrecklich war das denn eigentlich? Handelt es sich um etwas vergleichsweise Harmloses, dann geht das Pferd bzw. die gesamte Herde schnell wieder zur Tagesordnung über. Hält die aus Sicht der Pferde gefährliche Situation aber an, dann kann sich der anfängliche Schreck bis zu einer Panik ausweiten. Und Pferde in Panik laufen einfach nur noch blindlings weg. Sie würden bei ihrer Flucht sogar Hindernisse übersehen, z. B. völlig kopflos durch Zäune laufen oder auf eine befahrene Straße.

Da Pferde sehr viel besser als Menschen sehen, hören und riechen können, darf man seinem Pferd nicht Unrecht tun – nach dem Motto: »Blöder Gaul, was hast du denn jetzt schon wieder? Da ist doch nichts«. Was jeweils die Angst auslöst, kann sehr unterschiedlich sein und auch von Pferd zu Pferd anders wahrgenommen werden. Fährt beispielsweise ein laut knatterndes Motorrad an einer Weide vorbei, ist das für manch ein Pferd kaum ein Grund, den Kopf aus dem Gras zu heben. Andere wiederum geraten dabei völlig in Panik. Der Reiter als Boss und Herdenchef muss in solchen Situationen sein Möglichstes versuchen, um dem Pferd Sicherheit und Vertrauen zu geben. Setzen Sie Ihr Pferd am besten bewusst schwierigen Situationen aus und lassen es diese an der Seite eines ruhigen, erfahrenen Kumpels meistern. Gelassenheitsprüfungen für Freizeitreiter bieten da ein weites Betätigungsfeld, um auch unerfahrene und ängstliche Pferde auf ungefährlichem Terrain »sicher« zu machen. Und diese Sicherheit des Pferdes kommt dann natürlich auch dem Reiter zugute. Denn der Ritt auf einem Pulverfass hat nur begrenzten Spaßfaktor.

Da Pferde von Natur aus neugierig sind, kann man sich diese Neugier zunutze machen, wenn es um das Heranführen an ungewöhnliche Dinge oder Situationen geht. Neugier in Verbindung mit Vertrauen zum menschlichen Herdenchef (ja, Sie sind gemeint!) bringt das Pferd dazu, sich gemeinsam mit Ihnen das Schreckenskabinett aus umgestürzten Bäumen (die letztes Mal ganz sicher noch nicht da waren), Steinen am Wegesrand (von denen man nie weiß, wann sie das nächste Pferd anfallen) oder fallenden Blättern im Herbst (saugefährlich!) zumindest einmal anzuschauen. Enttäuschen Sie jedoch das Vertrauen Ihres Pferdes nie! Machen Sie sich immer wieder klar, dass Sie zwar wissen, dass der Inline-Skater nicht gefährlich ist und meistens keine Pferde anfällt, Ihr Pferd aber nicht. Es reagiert auf – aus seiner Sicht – unheimliche Dinge oder Geräusche seit tausenden von Jahren gleich, nämlich mit Flucht. Und damit hat es ja eigentlich auch recht. Säbelzahntiger oder Wölfe hat es ja auch

Immer neugierig und an allem interessiert …

nicht gefragt, ob sie vielleicht schon satt sind. Mit diesem genetischen Erbe müssen wir als Reiter leben lernen und unseren Pferden so gut wie möglich helfen, unsere Welt zu verstehen und sich darin sicher zu fühlen.

Guck mal, wer da spricht. Körpersprache und Mimik erkennen

»Hallo, hallo wer bist du denn?« Das ganze Pferdegesicht drückt Neugier, Aufmerksamkeit und Freundlichkeit aus. Die Ohren sind gespitzt, die Augen groß und wach und vielleicht macht es noch leise schnobernde Geräusche. Dies alles signalisiert Ihnen, dass das Pferd uns freundlich gesonnen ist und sich freut, uns zu sehen. Achten Sie bei Ihrem Umgang mit Pferden immer auf Körpersprache und Mimik. Sehr oft können Sie den Gemütszustand eines Pferdes genau erkennen und sich entsprechend darauf vorbereiten. Flach an den Kopf angelegte Ohren, unruhige Schweifbewegungen und

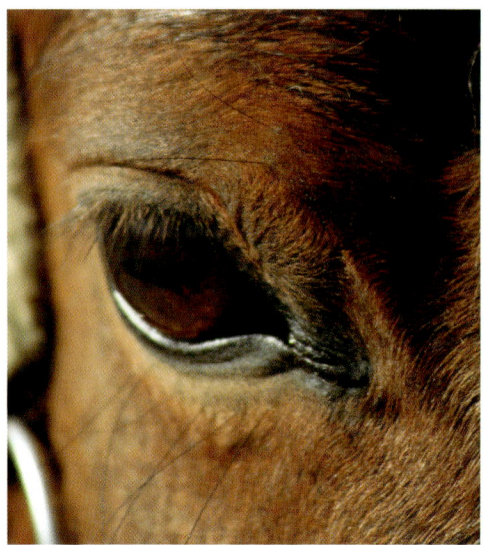
Ein ruhiges Auge, der Blick in die Seele eines Pferdes.

Flehmendes Pferd.

manchmal sogar eine drohend zurückgezogene Oberlippe verraten Ihnen unmissverständlich, dass mit diesem Pferd gerade nicht gut Kirschen essen ist. Vielleicht steht es aber auch dösend in der Box, ganz vertieft in sein »Mittagsschläfchen«. Die Augen sind fast geschlossen, die Ohren hängen entspannt leicht zur Seite, ein Hinterfuß ist auf die Hufspitze gestellt und der ganze Körper drückt völlige Entspannung aus. Jetzt sollten Sie natürlich nicht mit Karacho die Boxentür aufreißen, mit der Trense wedeln und lautstark »auf geht's zur Arbeit« brüllen. Damit werden Sie sich beim Pferd nicht sehr beliebt machen, ganz abgesehen davon, dass das Pferd – abrupt aus seinem Dämmerschlaf gerissen – sich auch beim Wegspringen vor lauter Schreck verletzen kann. Hat das Pferd jetzt vielleicht sogar Angst, können Sie das an den weit aufgerissenen Augen und Nüstern erkennen. Das Pferd wird mit hochgerissenem Kopf und angespannter Körperhaltung vor Ihnen zurückweichen. Aber so dumm werden Sie sich ja nicht benehmen, schließlich wissen Sie genau, wie unangenehm es ist, aus seinem Mittagsschläfchen gerissen zu werden. Sie werden alles tun, damit ein Pferd niemals Angst vor Ihnen bekommt.

Schauen wir uns nun noch einmal das Gesicht eines Hengstes an, an dem eine rossige Stute vorbeigeführt wird. Sie werden feststellen: Selten sieht ein Pferd schöner und imponierender aus. Der ganze Körper ist angespannt wie eine Bogensehne, der Hals mit seiner ausgeprägten Muskulatur stolz gebogen. Die Augen sind groß, die Nüstern weit geöffnet und die Ohren gespitzt. Wenn dann noch tief aus der Brust des Hengstes ein dunkles, erregtes Wiehern und Brummeln kommt, dann haben Sie ein Pferd in seiner ganzen Schönheit und Kraft vor sich.

Das Pferd hat zur Verständigung eine ganze Skala unterschiedlicher Geräusche zur Verfügung. Das leise Schnobern kennen wir schon von der Begrüßung. Es dient auch dazu, uns zu fragen, ob wir denn nicht wenigstens ein klitzekleines Leckerli dabeihaben. Wenn wir mit dem Pferd arbeiten, hören wir oft ein langes Schnauben, auch Abschnauben genannt. Dies ist ein Laut, der uns die innere Gelöstheit einen Pferdes anzeigt. Wohingegen das kurze, stoßartige Schnauben auf das genaue Gegenteil hinweist, nämlich auf Erregung und eventuell sogar Angst. Dieses Geräusch werden Sie immer dann hören, wenn Ihrem Pferd etwas Unbekanntes begegnet, von dem es noch nicht so recht weiß, was es davon halten soll. Neue und/oder gefährliche Dinge werden fast immer mit diesem Laut kommentiert. Während es einen ihm unbekannten Gegenstand beäugt, hören wir oft dabei ein schnorchelndes Geräusch. Das manchmal sehr laute Prusten eines Pferdes weist den Reiter darauf hin, dass das Tier sich in einem durchaus zufriedenen Gemütszustand befindet.

Von sehr laut, fast trompetend, bis leise, von tiefen, dunklen Tönen bis zu sehr hohen, hellen Tönen ist das Wiehern eines Pferdes zu hören. So ruft die Mutterstute ihr Fohlen, oder das Fohlen ruft mit hoher, heller Kinderstimme nach seiner Mama. Befreundete Pferde begrüßen einander oft mit lautem Gewieher. Auch wenn ein Pferd die Reitbahn betritt oder verlässt, wird das oftmals mit einem Wiehern von den anderen Pferden kommentiert. Der Mensch wird (wenn er Glück hat) in diese Kommunikation mit einbezogen. Wenn ich mittags meine Pferde von der Koppel hole, kommuniziere ich grundsätzlich mit meiner Herdenchefin, einer älteren Hannoveraner-Stute. Wenn ich sie beim Namen rufe und ihr sage, es ist jetzt an der Zeit, reinzukommen, antwortet sie grundsätzlich mit einem lauten Wiehern, bevor sie ihre Herde einsammelt und mit ihnen zum Koppeltor kommt. Ich

Drei Mädels gegen den Rest der Welt.

habe niemals das Problem, dass ich beim Reinholen hinter irgendeinem Pferd herlaufen muss. Das erledigt alles meine Herdenchefin für mich. Auch die Reihenfolge, in der sich alle nacheinander zum Reinholen aufstellen, ist genau festgelegt und wird niemals verändert oder von den Pferden in Frage gestellt. Wir sprechen also immer von Oberboss zu Boss miteinander. Ich bezeichne meine Stute immer als »Mitglied der Geschäftsleitung«. Wenn allerdings ein neues Pferd in die Herde kommt oder in freier Wildbahn zwei Hengste aufeinandertreffen, dann kann man Zeuge von sehr extremen Geräuschen werden. Lautes Quietschen in allen Tonlagen ist bei der Annäherung eines fremden Pferdes zu hören, desgleichen, wenn ein Hengst sich einer Stute nähert. Wildes Kampfgeschrei ertönt, wenn zwei Hengste aneinandergeraten. Das hört sich wahrhaftig angsteinflößend an, und das soll es ja auch. Sie werden sich wundern, wie drohend sich ein Pferd anhören kann.

Kommen wir jetzt noch zu einem Laut reinsten Wohlbehagens, den ein Pferd beim ausgiebigen Wälzen von sich gibt. Dieses behagliche und oft sehr ausgedehnte Stöhnen lässt einen das schöne Gefühl erahnen, das ein Pferd beim Wälzen im Sand oder auf Gras empfindet. Seltener wird man ein Pferd vor Schmerzen stöhnen hören. Wenn das einmal der Fall sein sollte, dann wissen Sie, dass das Pferd wirklich sehr starke Schmerzen hat. Denn im Gegensatz zu vielen anderen Lebewesen, vor allem dem Menschen, leiden Pferde meist stumm. Das macht es oft auch so schwer, das wahre Ausmaß einer Verletzung oder Krankheit zu erkennen.

Sie sehen: Pferde verfügen über viele Möglichkeiten, mit Körpersprache oder Lautäußerungen ihren Gemütszustand deutlich zu machen. Man muss sich nur die Zeit nehmen, sie genau zu beobachten und ihnen zuzuhören. So, und nun viel Spaß beim Erlernen Ihrer neuen Fremdsprache dem »Pferdisch«.

Erste Kontaktaufnahme – wie mache ich es richtig?

Manchmal findet die erste Begegnung mit einem Pferd an einem Koppelzaun statt. Bleiben Sie doch einfach mal stehen und warten ab, was passiert. Pferde sind zwar sehr vorsichtig, aber auch neugierig. Die Gestalt dort am Zaun will doch näher in Augenschein genommen werden. Wenn »Pferd« dann aus sicherer Distanz festgestellt hat: Sieht nicht gefährlich aus, bewegt sich nicht hektisch und riecht auch nicht schlecht, dann können wir uns das Ganze ja mal aus der Nähe ansehen. Also wird es langsam näher zum Zaun kommen, um sich das Wesen genau zu betrachten. Wenn man jetzt ruhig stehen bleibt, vielleicht noch leise das Pferd anspricht, dann steht einer Kontaktaufnahme nichts mehr im Wege. Genauso ist es auch bei einer Begegnung im Stall, wenn Sie auf der Stallgasse stehen und den Kontakt zu den Pferden in der Box suchen. Sprechen Sie das Tier immer mit ruhiger Stimme an und warten Sie darauf, dass es sich zu Ihnen umdreht. Manche Pferde sind sehr interessiert und möchten Sie jetzt gerne beschnuppern. Jetzt heißt es einfach »keine Angst vor großen Tieren«. Bleiben Sie still stehen und lassen Sie das Pferd Kontakt aufnehmen. Und ja, ich bin ganz sicher, dass Pferde zwischen einer Möhre und einer Nase unterscheiden können. Obwohl, Möhre wäre jetzt auch nicht schlecht, denkt das Pferd. Wenn Sie jetzt gerne das Pferd streicheln möchten, denken Sie daran, dass Sie nicht direkt von vorne auf das Gesicht fassen. Nicht vergessen: Direkt vor sich kann das Pferd nichts sehen und würde sich vielleicht erschrecken. Streicheln Sie es seitlich am Kopf oder Hals mit ruhigen, langsamen Bewegungen und das Pferd wird in Ihnen einen Freund erkennen. Wenn Sie dabei noch mit ihm sprechen und dann vielleicht sogar noch eine Möhre, ein Stück Apfel oder ein Leckerli dabei haben (füttern bitte immer nach Absprache mit dem Reitlehrer oder Pferdebesitzer), legen Sie den Grundstein für eine Freundschaft. Pferde haben ein sehr gutes Gespür dafür, wer es gut mit ihnen meint. Das Pferd anzusprechen, ist überhaupt das Wichtigste. Wenn Sie sich z. B. von hinten einem auf der Stallgasse angebundenen Pferd nähern, sprechen Sie es auf jeden Fall rechtzeitig an. Schleichen Sie sich keinesfalls auf leisen Sohlen von hinten an ein Pferd und tauchen dann unvermittelt neben ihm auf. Es hat Sie wahrscheinlich zwar gehört, weil es ja sehr viel besser als ein Mensch hören kann,

Schreiben Sie uns und gewinnen Sie!

Unter den Einsendern werden jeden Monat 10 Büchergutscheine im Wert von jeweils € 50,– verlost.

Lieber Leser,

vielen Dank für Ihre Antwort.
Nur durch Ihre Anregungen und Ihre Kritik können wir uns ständig verbessern.
Bitte schreiben Sie uns doch auf dieser Antwortkarte, wie Ihnen das Buch gefallen hat.

Autor und Titel des Buches:

Meine Meinung zu diesem Buch:

☐ sehr gut   ☐ gut   ☐ weniger gut   ☐ nicht so gut

Kommentar:

Vorname

Nachname

Straße

PLZ, Ort

Email-Anschrift (☐ Ja, ich möchte per E-mail über Neuerscheinungen informiert werden)

Bitte schicken Sie mir **gratis** Ihren Prospekt mit allen lieferbaren Titeln zum Thema:

- ☐ Personenwagen / Nutzfahrzeuge
- ☐ Motorrad
- ☐ Eisenbahn / Modelleisenbahn
- ☐ Luftfahrt / Raumfahrt
- ☐ Militärgeschichte / Waffen
- ☐ Aktive Freizeit

- ☐ Pferde / Hunde
- ☐ Katzen
- ☐ Jagd / Angeln
- ☐ Typenkompass Personenwagen / Nutzfahrzeuge / Motorrad / Luftfahrt / Zeitgeschichte / Maritim / Eisenbahn

---

Antwortkarte

Paul Pietsch Verlage
Hauptstätter Straße 149
70178 Stuttgart

Bitte mit
€ 0,60
frankieren
Danke!

Erste Kontaktaufnahme – wie mache ich es richtig?

Liebevolle Kontaktaufnahme.

aber die Art der Annäherung signalisiert dem Pferd, dass Sie nichts Gutes im Schilde führen. Dabei haben Sie es vielleicht gerade gut gemeint und wollten das Pferd nicht erschrecken. Das Gegenteil ist der Fall. Wer sich anschleicht, ist ein Feind. Und gegen Feinde muss man sich wehren, wenn man nicht weglaufen kann. Das war schon immer so, und ist auch nach Millionen von Jahren noch gültig und in den Pferde-Genen verankert. Kein Pferd würde ohne Grund einen Menschen angreifen. Kein Pferd wird bösartig geboren, leider aber manchmal durch schlechte Behandlung dazu gemacht. Treten Sie also so normal und selbstverständlich wie möglich auf; nicht laut und polternd, aber auch auf keinen Fall extrem leise und schleichend. Wichtig: Machen Sie sich bemerkbar; vermitteln Sie dem Pferd, dass Sie da sind und nichts Böses im Schilde führen. Und vertrauen Sie dem Pferd, dann wird es Ihnen auch vertrauen. Es ist also ganz wie im »richtigen Leben«. Oder besser gesagt: wie es sein sollte. Der Umgang mit den Pferden hat auf jeden Fall den Vorteil, dass sie ehrlich sind. Sie lassen sich auch nicht von äußeren Dingen wie Prada-Taschen oder Rolex-Uhren blenden. Pferde blicken hinter die Fassade und erkennen den, der es gut mit ihnen meint in jeder Verkleidung. »Betrüger« werden vom Pferd ganz schnell entlarvt. Das macht den Umgang mit ihnen durchaus angenehmer als mit so manchem menschlichen Gegenüber.

==Also, haben Sie ein wenig Vertrauen zu diesen großen, wunderbaren Geschöpfen. Die Pferde werden Sie bestimmt nicht enttäuschen.==

Wie kommt eigentlich der Reiter auf's Pferd?

oder

Wo finde ich endlich den Anfang vom Wollknäuel?

3

3. Wie kommt eigentlich der Reiter aufs Pferd?
oder Wo finde ich endlich den Anfang vom Wollknäuel?

Wie finde ich den richtigen Stall?

Es steht für Sie fest! Sie sind ganz sicher, Sie wollen reiten lernen. Dann lassen Sie uns mal gemeinsam auf die Suche nach dem richtigen Stall gehen. Der einfachste Weg ist, alle Menschen in Ihrer Umgebung zu fragen, ob sie einen Reitstall kennen, der Reitunterricht auf Schulpferden anbietet. Wenn Sie auf diesem Wege fündig werden, haben Sie den großen Vorteil, eine persönliche Meinung zu bekommen. Nachteilig ist natürlich, dass alles subjektiv ist und ein Reitstall der Ihrer Arbeitskollegin gar nicht gefallen hat, für Sie vielleicht genau der Richtige wäre. Zweite Möglichkeit: natürlich das Internet.

Schauen Sie mal, ob Sie einen oder mehrere Reitställe in Ihrer Nähe finden. Allerdings ist Vorsicht geboten: Der am besten zu erreichende muss nicht unbedingt auch der beste Stall für Sie sein. Oft lohnt es sich, ein paar Kilometer weiter zu fahren. Erweitern Sie also den Suchradius ruhig ein bisschen. Sie kommen sowieso nicht drum herum, sich mehrere Ställe persönlich anzusehen.

Weitere Informationsquellen sind Reiterzeitungen. Hier finden Sie sehr oft Anzeigen oder Berichte über Reitställe, Reitschulen und Unterricht. Die auflagenstärkste Reiterzeitung, Cavallo, bringt sogar regelmäßig Reitschultests heraus. Sie werden ja in Zukunft sowieso eifriger Leser einer oder mehrerer Reiterzeitungen sein, also können Sie auch gleich damit anfangen.

So, jetzt haben Sie zwei oder drei Reitställe ausfindig gemacht, die eine Chance haben, Ihr zukünftiges zweites Zuhause zu werden. Lachen Sie nicht, Sie werden es erleben. Jetzt geht es auf Besichtigungstour. Wenn Sie im Freundeskreis einen Reiter haben, nehmen Sie ihn ruhig mit. Keine Angst, das schaffen Sie aber auch alleine. Machen Sie sich also auf zum Besuch des ersten Reitstalls – am besten ohne telefonische Vorankündigung.

Sie kennen den Satz: Es gibt keine zweite Chance für den ersten Eindruck! Das können Sie getrost auch auf die Reitstallbesichtigung anwenden. Fallen Sie nicht auf folgende Sätze herein:

> Die Pferde kommen sonst immer morgens auf die Weide, eigentlich wollten wir sie gerade rausbringen.
> - Selbstverständlich wird bei uns die Stallgasse gefegt, keine Ahnung, warum das noch keiner gemacht hat.
> - Eigentlich hat jedes Pferd seinen Sattel, aber da sind grad ganz viele zur Reparatur.
> - Der Stallbursche ist krank; sonst werden die Boxen jeden Tag gemistet.
> - Was, eine Ratte haben Sie gesehen? Kann gar nicht sein, so was gibt es hier nicht.
> - Der Reitlehrer ist gerade nicht da, der kommt bestimmt gleich wieder.
> - Keine Sorge, reiten bringen wir Ihnen hier ganz schnell bei.
> - Der Reitlehrer schreit sonst nie so laut, keine Ahnung, was mit dem los ist.
> - Sie finden die Boxen zu klein und zu dunkel?

- Die stehen hier nur zum Übergang, wir bauen demnächst einen ganz neuen Stalltrakt.
- Sonst sind die Gruppen viel kleiner, zwölf Reiter waren es noch nie, eine echte Ausnahme.

Na, was sagt denn jetzt Ihr Bauchgefühl? Möchten Sie hier reiten lernen? Oder wollen wir nicht doch lieber noch weitersuchen, auch wenn der Stall so schön in der Nähe war. Also auf zu Stall Nummer zwei. Nur ein bisschen weiter weg, aber, du meine Güte, sieht das hier schick aus. Die ganze Anlage wirkt wie frisch gewienert. Kein einziges Strohhälmchen verrät hier die Anwesenheit von Pferden. Sogar Blumenbeete gibt es. Und als Sie um die Ecke kommen, gucken doch tatsächlich mehrere Pferde aus ihren Boxenfenstern. Eines schöner und gepflegter als das andere. Da kommen Ihnen auch schon zwei in ein Gespräch vertiefte Damen in äußerst schickem Reitdress entgegen. Sie grüßen freundlich, aber noch bevor Sie nach dem Reitlehrer fragen können, sind die Damen schon grußlos weitergegangen. Sie schnappen noch Reste des Gesprächs auf, in dem es um Piaffen (was für Affen?) und Passagen sowie Traversalen geht. Sie verstehen kein Wort. Ob das Gespräch mit Reiterei zu tun hatte? Endlich haben Sie mithilfe eines Stallburschen den Reitlehrer gefunden. Auf die Frage, ob Sie hier Reitunterricht bekommen können, sagt er erst einmal freundlich »Ja«. Danach stellt er Ihnen mehrere Fragen, die Sie überhaupt nicht verstehen. In welcher Klasse Sie reiten, er wäre für die Reiter in M und S zuständig, auf welchem Ausbildungsstand sich Ihr Pferd befindet und wie es gezogen ist. Sie werfen ein, dass Sie noch gar nicht reiten können und natürlich demzufolge auch kein Pferd hätten. Jetzt kühlt sich die Miene des Reitlehrers merklich ab und er weist Sie darauf hin, dass Sie sich in einem Privatstall befänden. Hier würden hauptsächlich Turnierpferde stehen und Reitunterricht für Leute ohne eigenes Pferd gäbe es hier sowieso nicht. Ah ja, wieder was dazugelernt. Etwas entnervt suchen Sie jetzt Reitstall Nummer drei auf – kurz davor aufzugeben. Vielleicht war das ja doch eine Schnapsidee mit dem Reiten. Ohne große Erwartungen biegen Sie in die Zufahrt vom Hof ein. Die Weiden rechts und links des Weges,

Herzlich willkommen.

mit etlichen Pferden bevölkert, sehen ja schon mal nett aus. Sie haben gerade das Auto abgeschlossen, da werden Sie schon freundlich gefragt, ob man Ihnen weiterhelfen könnte. Eine sympathische Dame in Ihrem Alter stellt sich vor und auf Ihre Frage nach dem Reitlehrer, werden Sie von ihr gleich mitgenommen in die Reithalle. Dort ist eine kleine Gruppe, bestehend aus drei Reitern, eifrig dabei, den Anweisungen eines in der Mitte stehenden Reitlehrers zu folgen. Die Dame erzählt Ihnen, dass sie hier auch Reitunterricht nehmen würde und der Reitlehrer wirklich ganz toll sei. Man würde hier nicht nur sehr gut reiten lernen, sondern es hätten auch immer alle sehr viel Spaß. Der Reitlehrer hat Sie inzwischen gesehen und grüßt freundlich. Wenn Sie noch eine halbe Stunde warten könnten, wäre die Unterrichtsstunde zu Ende und er hätte Zeit für Ihre Fragen. Sie dürften solange gerne beim Unterricht zusehen oder in den Stall zu den Pferden gehen. Der Unterricht macht einen sehr guten Eindruck auf Sie. Alle Reitschüler sind aufmerksam bei der Sache und haben offenbar viel Freude dabei. Die Pferde sehen gepflegt und munter aus und der Reitlehrer ist mit ruhigem, aber bestimmtem Ton engagiert bei der Arbeit. Der positive Eindruck setzt sich fort, als Sie den Stall betreten. Hell, mit großen Boxen, über deren Halbtüren neugierige Pferdeköpfe herausschauen. Alles wirkt sehr gepflegt und aufgeräumt. Aber nicht steril, sondern lebendig und so richtig zum Wohlfühlen. Als der Reitlehrer dann für Sie Zeit hat, beantwortet er ausführlich alle Ihre Fragen. Auch Ihre Ängste, ob Sie vielleicht doch schon zu alt oder zu unsportlich sind, nimmt er Ihnen, indem er erzählt, dass hier mehrere Reitanfänger in Ihrem Alter sind und sich sicher alle freuen würden, wenn Sie in Zukunft auch dabei wären.

So, und was sagen Sie jetzt? Genau! Sie haben ihn gefunden »Ihren« Reitstall. Wann fangen Sie an?

Was macht einen guten Reitlehrer aus?

Wie sollte er denn nun sein, der ideale Reitlehrer oder die ideale Reitlehrerin? Wie sagt

Das sieht doch sehr einladend aus.

Was macht einen guten Reitlehrer aus?

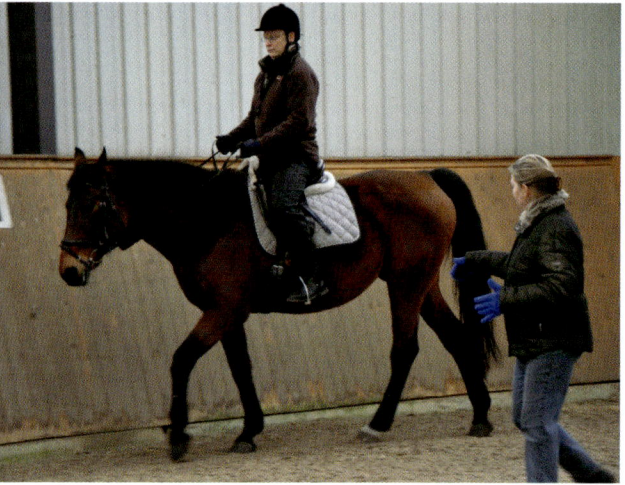

oben: Spaß und Vertrauen, die beiden Grundpfeiler für das Lernen.
unten: Der gute Reitlehrer ist immer bei seinem Schüler.

man immer so schön? Den perfekten Partner sollte man sich eigentlich backen. Backen wir uns doch mal einen Reitlehrer. Erst einmal sollte er oder sie natürlich gut reiten können. Die Pferde sollten für ihn nicht nur Mittel zum Zweck sein. Genauer gesagt, wenn Sie das Gefühl haben, dass der Umsatz ohne Rücksicht auf die Pferde oberste Priorität hat, dann sollten Sie schleunigst das Weite suchen. Die Pferde sind die wichtigsten Mitarbeiter des Reitlehrers und müssen entsprechend geachtet und behandelt werden. Denn wenn es den Pferden nicht gut geht, wird es auch Ihnen als Reitschüler nicht gut gehen. Sie sollten dem Reitlehrer sein Engagement anmerken und die Liebe zum Beruf. Denn Pferdeberufe sind keine Jobs sondern Berufung. Ihr Reitlehrer hat immer ein offenes Ohr für die Sorgen und Nöte seiner Schüler. Der Reitschüler muss das Gefühl haben, dass er mit jedem Problem zu ihm kommen kann, ohne Angst zu haben, sich lächerlich zu machen. Gerade am Anfang gibt es viele Ängste, über die der Reitschüler sprechen möchte, ohne das Gefühl zu haben, nicht ernst genommen zu werden. Oder wie würden Sie solche Äußerungen finden:

- Was soll das heißen, Frau Mehlmann, der Wotan ist Ihnen zu groß? Soll ich Ihnen einen Fallschirm mitgeben?
- Sie haben Angst vor dem Galopp? Sie wissen doch, nur vorne gibt's Geld, ha, ha, ha!
- Sie sind doch erst zweimal runtergefallen, wieso wollen Sie denn aufhören? Aller guten Dinge sind doch drei.
- Nun stellen Sie sich mal nicht so an, wenn das jede Neunjährige lernt, dann werden Sie das ja wohl auch hinkriegen.
- Sie haben das Gefühl, die anderen sind besser als Sie, Herr Meyer? Stimmt, Sie stellen sich echt komplett dumm an.
- Klar kriegen Sie das irgendwann hin, zehn Jahre und mehrere tausend Euro später, grins!

Möchten Sie solche Antworten hören? Sicher nicht.
Wenn wir also auf so ein Prachtexemplar von Reitlehrer stoßen, bleibt nichts anderes übrig,

als weiter zu suchen. Denn Sie wollen ja einen Reitlehrer, der Sie versteht und Ihre Sorgen ernst nimmt. Zudem sollte er imstande sein, Ihnen die schwierigen Sachverhalte leicht verständlich zu erklären und das notfalls zum 20sten Mal mit gleichbleibender Freundlichkeit. Er darf mit Ihnen als Anfänger nie die Geduld verlieren und muss gleichzeitig in der Lage sein, Sie ständig zu motivieren, auch wenn Sie am liebsten schon aufgeben würden. Einfühlungsvermögen und viel Erfahrung mit unterschiedlichen Reitschülern sind also wichtige Grundvoraussetzungen für einen Ausbilder. Pädagogisches Geschick und viel Fachkenntnis runden das Bild des perfekten Reitlehrers ab. Aber Sie wissen ja, was ist schon perfekt im Leben.

Und nun suchen Sie mal schön. Wenn Sie bereit sind, den einen oder anderen kleinen Abstrich zu machen, werden Sie bestimmt den für Sie richtigen Reitlehrer finden. Nur Mut, es gibt ihn ganz sicher irgendwo.

Ein guter Reitlehrer versucht alles, um Dinge zu erklären.

Woran erkenne ich das ideale Lehrpferd?

Eigentlich erst mal daran, dass es nicht aussieht wie ein Lehrpferd, oft auch Schulpferd genannt. Was ist das denn für eine Aussage, werden Sie sich fragen. Seien Sie ehrlich, jetzt verstehen Sie nur noch Bahnhof.

Dann werden wir der Sache mal auf den Grund gehen. Wie sollte ein Pferd denn überhaupt aussehen? Außer, dass es vier Beine hat, Kopf vorne, Schweif hinten. Aber das wussten Sie ja schon. Da man einem Pferd, genau wie einem Menschen, nicht an der Nase ansieht, was es alles kann oder wie gut sein Charakter ist, schauen wir erst mal auf das Äußere. Es sollte

Lieb, aufmerksam und freundlich – da fällt die Kontaktaufnahme leicht.

nicht zu dick und nicht zu dünn sein. Mit glänzendem Fell und einem wachen und lebhaften Gesichtsausdruck. Es muss also gut gepflegt,

Woran erkenne ich das ideale Lehrpferd?

Welches darf's denn sein?

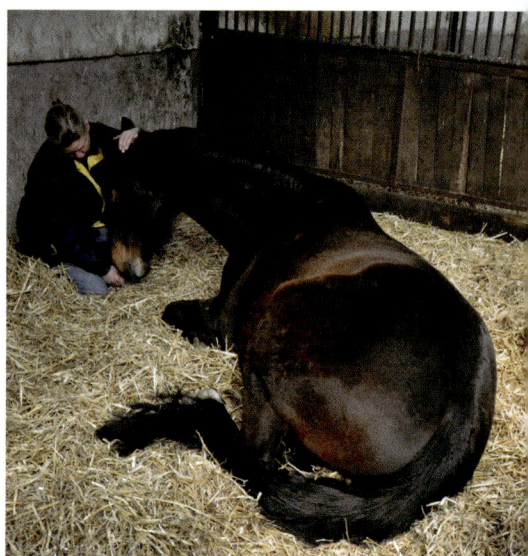

Mehr kann man sich nicht wünschen, als ein Pferd, was so viel Vertrauen hat.

glücklich und zufrieden wirken. Es sollte sich nicht von einem Privatpferd unterscheiden. Wenn Sie das Gefühl haben, das Pferd wirkt apathisch, unglücklich oder unzufrieden und ist darüber hinaus in einem nicht sehr guten körperlichen Zustand (stumpfes Fell, glanzlose Augen, ungepflegte Hufe), dann sollten Sie davon Abstand nehmen, auf diesem Tier reiten lernen zu wollen. Sie werden wahrscheinlich wenig Freude haben und sollten einen Betrieb, dem seine wichtigsten Mitarbeiter so wenig wert sind, nicht unterstützen. Denn im Gegensatz zum heiß geliebten, gepflegten und meistens gut gehaltenen Privatpferd, muss sich das Lehrpferd seinen Lebensunterhalt, gerade mit Anfängern, oft sehr schwer verdienen. Umso mehr hat es gerade dieses Pferd verdient, so gut wie nur irgend möglich zu leben. Leider wird das nicht immer so gesehen und das Schulpferd ist einfach nur ein Mittel zum Geldverdienen und wird wie ein Pferd zweiter Klasse behandelt. Zum Glück gibt es natürlich auch genügend gute Betriebe, denen die Pferde genauso wichtig sind wie die Reitschüler. Nach so einem Betrieb sollten Sie Ausschau halten. Hier werden Sie Pferde finden, auf denen das Reiten-Lernen Spaß macht und Sie Pferde mit »normalem« Verhalten kennen lernen können. Wenn Ihnen jetzt also das Pferd in der Box gefallen hat, sollten Sie es sich außerhalb der Box beim Umgang mit dem Menschen ansehen. Das ideale Lehrpferd darf keine Untugenden haben, wie z.B. beißen oder schlagen. Es muss sich anstandslos, auch von einem Anfänger, aus der Box holen und anbinden lassen. Es steht beim Putzen und Satteln ruhig und gelassen da und lässt sich problemlos die Hufe aufheben und auskratzen. Danach lässt es sich willig auf den Reitplatz oder in die Halle führen. Beim Auf- und Absteigen bleibt es ruhig stehen – was besonders für Anfänger nicht ganz unwichtig ist. Während des Unterrichts wirkt es lebhaft und interessiert. Ein Pferd, das ständig versucht, stehen zu bleiben oder komplett lustlos die Hufe durch den Sand zieht, ist sicher kein Tier, das Spaß an der Arbeit hat. Auch wenn Sie noch nicht viel Ahnung von der Reiterei haben, ein glückliches, zufriedenes und gut gepflegtes Pferd werden Sie ganz sicher erkennen.

Worin unterscheiden sich guter und schlechter Reitunterricht?

Ganz simpel gesagt ist es so, dass Sie in einem guten Unterricht etwas lernen und in einem schlechten nicht. Beleuchten wir die Sache doch mal in der Praxis. Guter Reitunterricht fängt nicht auf dem Pferd an, sondern im Stall. Werden Sie vernünftig angeleitet und beaufsichtigt, während Sie die ersten Male ein Pferd fertig machen? Dürfen Sie alle Fragen stellen, die Ihnen in den Sinn kommen und werden diese auch beantwortet? Oder lässt man Sie alleine am Pferd werkeln, obwohl Sie noch gar keine Ahnung haben? Falls Sie die folgenden Sätze zu hören bekommen, ist Vorsicht geboten:

- Sind Sie die Neue? Sie können sich schon mal den Braunen aus der Box holen.
- Ich hab jetzt keine Zeit, fragen Sie doch mal eins der Mädchen.
- Sattel und Trense finden Sie irgendwo da hinten in der Sattelkammer.
- Nein, nein der beißt nicht. Putzen Sie mal einfach drauf los.

Gerade am Anfang ist es extrem wichtig, gute und korrekte Anleitungen zu bekommen. Denn manch ein Negativ-Erlebnis könnte Ihr ganzes weiteres Reiterleben beeinflussen. Außerdem ganz wichtig: die Auswahl des richtigen Pferdes. Ihr erstes Schulpferd wird Sie durchaus positiv oder negativ prägen. Ist Ihr Reitlehrer also imstande, Sie im wahrsten Sinne des Wortes auf das richtige Pferd zu setzen? Gerade Anfängerpferde müssen über einen tadellosen Charakter und eine wahre Engelsgeduld verfügen. Sind solche Pferde in Ihrem Stall nicht vorhanden, werden Sie es als Anfänger schwer haben. Später, mit zunehmender Erfahrung, wird man auch ganz locker mit der einen oder anderen Kasperei eines Pferdes fertig.

Wenn Sie jetzt also das richtige Pferd haben, nützt Ihnen das alleine aber auch nichts. Denn wenn der Unterricht nicht mit der Qualität Ihres Pferdes mithalten kann, können Sie wiederum nichts lernen. Vernünftiger Reitunterricht sollte immer zum Ziel haben, dass Sie am Ende der Reitstunde mehr wissen als vorher. Auch der Ton macht die Musik. Die Zeiten, in denen alte Kavalleristen in der Mitte der Bahn standen und Sie schöner als auf jedem Kasernenhof in unheimlicher Lautstärke zusammenstauchten, sind Gott sei Dank vorbei. Allerdings muss man trotzdem eine Lanze für diese Herren brechen, denn oftmals waren sie begnadete Reiter. Nur mit den pädagogischen Fähigkeiten entsprechen sie nicht mehr dem heutigen Unterrichtsideal. Leises Gesäusel wird Sie in einer Reithalle jedoch auch beim besten Reitlehrer nicht erwarten.

Der Unterrichtston sollte ruhig und vernünftig sein, wird aber bei Bedarf in Lautstärke und Wortwahl der Situation angepasst.

Sie werden feststellen, dass das nicht ganz unwichtig ist. Sonst entstehen eventuell interessante Situationen:

- Liebe Frau Schneider, wären Sie so freundlich und würden Sie eventuell versuchen, Ihr Pferd daran zu hindern, in das Bein Ihrer Mitreiterin zu beißen?
- Das mit dem Galopp machen Sie ja schon

gaaanz toll, es wäre aber nett, wenn Sie die Geschwindigkeit so schnell es Ihnen möglich ist, an die Situation in der Halle anpassen würden.
- Ja, ich weiß. Runterfallen ist ein ganz schreckliches Erlebnis. Damit Sie das verarbeiten können, sollten wir mal in Ruhe darüber reden und dann können Sie ja überlegen, ob Sie vielleicht wieder aufsteigen möchten.

Solche Sätze werden Sie hoffentlich in Ihrem Unterricht nicht hören. Obwohl sie doch wirklich nett klingen. Aber ich versichere Ihnen: Noch bevor der Reitlehrer diese Sätze zu Ende gesprochen hat, ist das Kind in den Brunnen gefallen. Oder in diesem Fall vielleicht der Reiter vom Pferd. Sie müssen also damit leben, dass es in solchen Fällen so klingt:

- Ziehen Sie dem Max den Kopf nach links, schnell! (Wobei wir Reiter eigentlich nicht ziehen, und auch nicht von ziehen sprechen, nur im Notfall, bevor die Pferdezähne im Bein sind.)
- Durchparieren, sofort! Auf den Zirkel und verkleinern (das verstehen Sie bald …)
- Runterfallen gehört leider auch dazu. Jetzt steigen Sie mal schnell wieder auf, dann machen wir die Übung noch mal. Sie werden sehen, das klappt gleich ganz toll.

Sie sehen also, es ist kein Häkelclub, in den Sie da geraten sind. Ein guter Reitlehrer wird aber immer sofort zu einem ruhigen sachlichen Ton zurückfinden, wenn sich die Situation entspannt hat. Auch ganz wichtig in einem guten Unterricht ist, dass Sie Fragen stellen dürfen und diese möglichst gleich mit einem praktischen Beispiel beantwortet bekommen. Wenn dann noch eine große Portion Humor dabei ist und Sie mit Ihrem Reitlehrer und Ihren Mitreitern herzlich – auch über Ihre eigenen Fehler – lachen können, dann steht einer guten und lehrreichen Reitstunde nichts mehr im Wege.

Einzel- oder Gruppenunterricht?

Hier scheiden sich ein bisschen die Geister. Es wird Ihnen bei Ihrer Suche nach dem richtigen Reitstall wesentlich häufiger der Gruppenunterricht als der Einzelunterricht begegnen. Wenn Sie später vielleicht mal Pferdebesitzer sind, dann ist es genau umgekehrt. Privatreiter nehmen, um weiterzukommen, fast ausschließlich Einzelunterricht. Wenn Sie die ersten Stunden an der Longe hinter sich haben, dann geht es irgendwann an das freie Reiten. Klären wir also erst einmal den Begriff Gruppenunterricht. Was versteht man darunter? Eigentlich ja ganz klar: das Reiten in einer Gruppe, also mit mehreren Reitschülern gleichzeitig. Vorteil ist: Pferde sind Herdentiere und laufen gerne einfach hinter einem anderen Pferd her. Der Nachteil daran ist jedoch: Pferde sind Herdentiere und laufen gerne einfach hinter einem anderen Pferd her. Haben Sie etwas gemerkt? Genau! Was für den absoluten Anfang, d.h. die allerersten Stunden nach den Longenstunden für den Reitschüler eine gute Sache ist, verkehrt sich mit zunehmendem Können schnell ins Gegenteil. Am Anfang kann es sein, dass man richtig froh darüber ist, sich auf sich selbst konzentrieren zu können und nicht auch noch darauf, wo das Pferd hinläuft und in welcher Gangart. Nach recht kurzer Zeit werden Sie aber feststellen, dass Sie ja eigentlich »reiten« und nicht »hinterherreiten« lernen wollen. Die

Einzel- oder Gruppenunterricht? 47

Pferde sind beim sogenannten Abteilungsreiten oft so auf den Reitlehrer und seine Kommandos fixiert, dass sie, egal was der Reiter macht, ausschließlich auf den Reitlehrer reagieren. Somit ist es unheimlich schwierig für Sie festzustellen, ob Sie denn schon selbst irgendetwas können, oder ob das Pferd einfach nur auf die Kommandos des Reitlehrers oder die Aktionen des Vorderpferdes reagiert hat. Zudem gibt es manchmal (Sie werden es nicht glauben) Gruppengrößen von bis zu zwölf Reitern. Rechnen Sie doch mal aus, wie lange der Reitlehrer Sie in einer Stunde unterrichten wird. Ich komme da auf fünf Minuten Unterricht und 55 Minuten, in denen Sie fast unbemerkt alle möglichen Fehler machen können. Ich habe Reitschüler kennengelernt, die nach drei Jahren regelmäßigem Reiten in der Abteilung nicht imstande waren, ein Pferd an einem bestimmten Punkt anzuhalten oder anzutraben. Leider waren es keine Einzelfälle. Und auf die Frage, warum sie das denn nach mehreren Jahren noch nicht könnten, hieß es eigentlich immer: Das hab ich ja noch nie gemacht. Etwas anders verhält es sich mit dem Gruppenunterricht. Hier sind zwar auch mehrere Reitschüler zugleich in der Bahn, reiten aber nicht hintereinander her, sondern durcheinander. Das bedeutet, dass jeder Reiter nach Anweisung des Reitlehrers Aufgaben gestellt bekommt, die er alleine ausführen muss. Mitreiter arbeiten gleichzeitig auf ihren Pferden an einer anderen Aufgabe. So können Sie sicher sein, dass es Ihr Verdienst ist, wenn es Ihnen gelingt, das Verlangte korrekt auszuführen. Wenn dann noch die Gruppen nicht allzu groß sind (max. vier Reiter), haben Sie gute Chancen, wirklich etwas zu lernen. Trotzdem gibt es bei mehreren Reitschülern, insbesondere bei Anfängern, den großen Nachteil, dass ein

Vielseitig muss der Unterricht sein.

Viel Platz zum Üben.

Reitlehrer seine Augen nicht überall haben kann. Obwohl er sich sicherlich bemühen wird, möglichst viel zu sehen. Aber gerade am Anfang werden ja die meisten Fehler gemacht. Stellen Sie sich einmal vor, Sie sind gerade darauf hingewiesen worden, dass Sie Ihre Hände zu hoch halten. Während sich der Reitlehrer nacheinander um Schüler zwei, drei, vier usw. kümmert, stehen Ihre Hände, von Ihnen völlig unbemerkt, wieder viel zu hoch. Es bemerkt und korrigiert aber niemand. Denn auch, wenn sich Ihr Reitlehrer sehr bemüht, so hat er trotzdem nur zwei Augen. Und Sie reiten weiter mit einem Fehler, der sich dadurch sehr gut verfestigen kann. Abhilfe schafft hier nur der Einzelunterricht. Nur dabei können Sie sicher sein, dass der Reitlehrer die ganze Stunde ausschließlich Sie im Visier hat, jeden Ihrer Fehler sofort sehen und immer wieder korrigieren wird. Auch wird jede gestellte Aufgabe immer ein Spiegelbild Ihres Könnens und Ihrer Fortschritte sein. Um also richtig und gut reiten zu lernen, werden Sie um qualifizierten Einzelunterricht nicht herumkommen. Auch wenn dieser teurer ist, Sie werden in der Hälfte der Zeit das Doppelte lernen. Da es leider nicht in allen Reitschulbetrieben möglich ist, Einzelunterricht zu nehmen, sollten Sie zumindest danach Ausschau halten, einen Betrieb zu finden, in dem die Gruppen so klein wie möglich sind. Denn Sie wollen ja sicher nicht die nächsten Jahre damit zubringen, im Kreis hinter den anderen herzureiten. Das können Sie nämlich billiger in jedem Zirkus oder Tierpark haben.

Einstieg lieber im Urlaub oder zuhause?

Wenn Sie sich entschlossen haben, reiten zu lernen, stellt sich die Frage: Wie fängt man am besten an? Eine sehr schöne Möglichkeit ist es, den Urlaub mit dem Beginn Ihres neuen Hobbys zu verbinden. Wenn Sie einen nicht reitenden Partner mitnehmen, sollten Sie jedoch darauf achten, dass man außer zu reiten noch andere Dinge dort unternehmen kann. Viele Ferienreiterhöfe bieten Programme für Nichtreiter an. Der ganz große Vorteil bei einem Urlaub ist, dass Sie völlig stressfrei und entspannt an die Sache herangehen können. Sie wohnen auf dem Hof, direkt bei den Pferden und haben zusätzlich zum eigentlichen Reitunterricht jede Menge Zeit und Gelegenheit, Pferde in den unterschiedlichsten Situationen zu beobachten und kennenzulernen. Dadurch bekommen Sie in kurzer Zeit einen sehr guten Einblick und machen viele Erfahrungen, für die Sie sonst deutlich mehr Zeit benötigen würden. Der durchschnittliche Reitanfänger reitet ein- bis zweimal pro Woche. Nach einem 14-tägigen Reiterurlaub kann es also sein, dass Sie sich auf dem Stand eines normalen Reitanfängers nach ca. einem Vierteljahr befinden. Gerade am Anfang ist es gut, wenn die Pausen zwischen den einzelnen Reitstunden kurz sind. Auf vielen Reiterhöfen haben Sie sogar zwei Unterrichtseinheiten pro Tag und bekommen oft zusätzlich Theorie-Unterricht. Natürlich ist das sehr anstrengend. Wenn Sie also eine gute körperliche Fitness mitbringen, ist das nicht von Nachteil.

Die Kriterien, die ein guter Ferienreiterhof erfüllen sollte, sind natürlich die gleichen wie beim Reiten-Lernen zu Hause (siehe Kapitel: Wie finde ich den richtigen Stall?). Auch Reitlehrer und Schulpferde sollten die gleichen Anforderungen erfüllen. Leider können Sie sich den Ferien-Reitstall meistens nicht vorher ansehen. Wenn Sie den Urlaubseinstieg gleichzeitig noch mit einem Aufenthalt in einem anderen Land verbinden möchten, sollten Sie besonders sorgfältig in der Planung sein. Es nützt Ihnen nämlich nichts, wenn sie vom Reitunterricht nur die Hälfte verstehen. Sie sollten sicher sein, dass der Reitunterricht in Deutsch und von einem Reitlehrer mit entsprechender Qualifikation abgehalten wird. Es sei denn, Sie sprechen die jeweilige Landessprache perfekt. Fragen Sie also den Reiseveranstalter (es gibt Reiseveranstalter nur für Reiterreisen) lieber zu viel als zu wenig. Wenn sie erst in Timbuktu sind, ist es zu spät. Und halten Sie um Gottes Willen nicht hinter dem Berg mit der Information, dass Sie absoluter Reitanfänger sind. Nur dann kann Ihnen der Veranstalter wirklich helfen, den richtigen Ferienhof ausfindig zu machen. Die Arbeit, später bei sich zu Hause den richtigen Stall zu finden, wird Ihnen durch so einen Reiterurlaub natürlich nicht abgenommen. Denn Sie wollen ja anschließend zu Hause weiter reiten. Danach geht es eigentlich erst so richtig los. Gehen Sie also in sich und überlegen, welches für Sie der bessere Einstieg wäre.

Ob Timbuktu, Toscana, Lüneburger Heide oder bei Ihnen um die Ecke: Ich wünsche Ihnen viel Spaß bei Ihren ersten Schritten ins Reiterleben.

Überall Pferdehaare – oder, wie erklär ich's meinem Partner?

Sie selbst haben jetzt lange genug darüber nachgedacht. Sie wollen jetzt endlich reiten lernen, basta. Allerdings kommt nun noch etwas auf Sie zu, von dem Sie gar nicht gedacht hatten, dass es vielleicht zum Problem werden könnte. Sie setzen Ihre Umwelt in Kenntnis. Das fängt bei Ihrem Lebenspartner an, geht über Freunde, Eltern, Geschwister, Arbeitskollegen … Und jetzt werden Sie sich wundern über die vielfältigen Gegenargumente. Hier eine Auswahl der beliebtesten, damit Sie später nicht sagen können, ich hätte Sie nicht gewarnt:

- Soll es jetzt etwa bei uns zuhause ständig nach Pferd stinken? (Lebenspartner)
- Weißt du keinen besseren Weg, unser (mein) sauer verdientes Geld auszugeben? (Lebenspartner)
- Bist du dann nur noch im Stall? Und wer macht das Abendessen? (Sie erraten es: auch der Lebenspartner)
- Kind! (egal wie alt Sie sind), das ist doch so gefährlich. (Na, wer wohl? Richtig!)
- Was! In deinem Alter? Hast du dir das auch gut überlegt? (Diverse)
- Da ist man ja immer schmutzig und verschwitzt, für mich wär' das ja nichts (beste? Freundin)
- Und wenn dir der Gaul auf den Fuß gelatscht ist, darf ich deine Arbeit mitmachen. (nette/r Kollege/in)
- Igitt, überall immer die Pferdehaare … (Suchen Sie sich jemanden aus)
- Und wir dachten, ihr wollt endlich eine Familie gründen. (Schwiegereltern und andere Außerirdische)

usw., usw., usw.,

Übrigens: Für neue, noch nicht da gewesene Reaktionen bin ich immer dankbar. Bitte selbige umgehend an mich weiterleiten.

Zum Glück wird es wahrscheinlich auch eine Menge anderer Reaktionen geben. Die reichen dann von: »Oh, wie toll, ich beneide dich« bis »Vielleicht probiere ich es auch mal«. Sie werden sich im Übrigen wundern, wie viele Menschen Sie treffen werden, die mal geritten sind, aktiv reiten oder gerne reiten würden. Über die positiven Reaktionen brauchen Sie sich also keine Gedanken zu machen. Schreiten wir nun zur Lösung der oben angesprochenen Probleme. Was macht man mit diesen Menschen? Ignorieren? Das wird Ihnen zumindest beim Lebenspartner schwerfallen. Viel schöner und auch besser für den Familienfrieden oder das Klima in Job und Freundeskreis, ist es doch, Ihre Mitmenschen auf Ihre Seite zu ziehen (ohne dass Sie gleich aus jedem einen Reiter machen sollen).

50 Überall Pferdehaare – oder, wie erklär ich's meinem Partner?

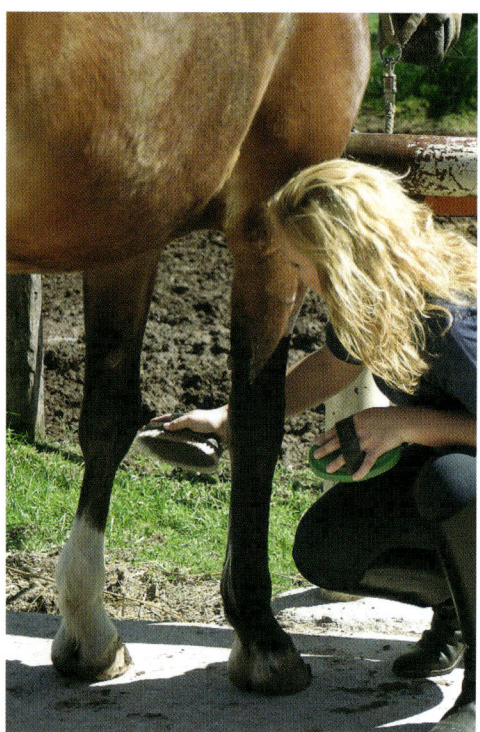

Beim Pferde-Putzen kann man nicht sauber bleiben.

Merke: Auch Nichtreiter können nette Menschen sein!

Ein wichtiger Tipp zu Beginn: Egal wie begeistert Sie von Ihrem neuen Hobby sind, reden Sie nicht nur noch über Pferde! Das haut den stärksten und tolerantesten Partner aus den Pantinen. Seien Sie schlau, verabreichen Sie Ihre Reitbegeisterung häppchenweise. Zeigen Sie Ihrem Partner, wie gut Ihnen die Reiterei und der Umgang mit den Pferden bekommen. Wenn Ihr Partner merkt, wie zufrieden, ausgeglichen und glücklich Sie das neue Hobby macht, dann sind Sie einen großen Schritt weitergekommen. Im zweiten Anlauf können Sie Partner, Freundin oder Arbeitskollegen ja einmal in den Stall mitnehmen.

Ich behaupte einfach Folgendes: Wer bewusst in ein schönes Pferdegesicht geschaut hat und einmal selbst mit der Hand über das seidenweiche Fell gestreichelt hat, ist oft schon halb überzeugt. Lassen Sie also ruhig die Pferde einen Teil der Arbeit übernehmen. Pferde sind da wahre Überredungskünstler. Vielleicht ist dann schon mal der Teil mit dem »Pferdegestank« erledigt. Lassen Sie Ihren Besuch einmal ein Pferd füttern; dann ist auch das »gefährliche Pferd« nur noch halb so gefährlich. Entkräften Sie die Gefährlichkeits-Argumente zusätzlich, indem Sie ganz zufällig ein paar Statistiken über Verletzungsrisiken beim Bergsteigen, Paragliding, Tauchen, Fußball oder Ähnlichem anführen. Vielleicht können Sie es zeitlich so hinbekommen, dass sich während Ihres Besuchs auch ältere Reiter im Stall aufhalten. Wenn diese hoffentlich sogar viel älter sind als Sie selbst, dabei aber unverschämt fit und gut gelaunt erscheinen, dann ist auch das Alters-Argument entkräftet. Wenn Sie sich dann von Ihrem Schatz zum Geburtstag nicht die neue Gucci-Handtasche oder den Brillantring wünschen, sondern eine Reithose, dann wird auch Ihr Partner einsehen: Es hätte schlimmer kommen können. Ein letzter Tipp noch zu den Schwiegereltern und anderen Möchtegern-Omas und -Opas: Erklären Sie ihnen, dass es für (spätere) Enkel nichts Schöneres gibt, als mit Pferden groß zu werden. Kaum etwas anderes eignet sich so gut zur Charakterbildung wie die Reiterei. Jetzt haben Sie hoffentlich alle auf Ihrer Seite und können unbeschwert und voller Elan mit Ihrem neuen Hobby beginnen. Das Pferd ruft!

Für alle, die schon wissen, wie die Welt von oben aussieht ...
oder
Wiedereinsteigen ist gar nicht so schwer

4. Für alle, die schon wissen, wie die Welt von oben aussieht ...
oder Wieder-Einsteigen ist gar nicht so schwer

Vor 20 Jahren bin ich schon mal geritten, ob das noch geht?

Sie werden überrascht sein, wie gut. Diese positive Nachricht mal vorweggenommen, damit Sie jetzt ganz entspannt weiterlesen können. Aufgrund meiner Erfahrungen teilen sich die Menschen, die als Kinder anfangen zu reiten, in drei Gruppen: Ein Teil fängt zwar begeistert an und reitet vielleicht auch mehrere Jahre, und das manchmal gar nicht schlecht, stellt dann aber zwischen 14 und 17 Jahren fest, dass es noch andere Dinge gibt, die Spaß machen: Die Disco ruft, der erste Freund oder die erste Freundin erscheint auf der Bildfläche, der Freundeskreis besteht aus Nichtreitern oder man findet eine andere Sportart interessanter. Diese Gruppe verabschiedet sich tatsächlich für immer von der Reiterei. Da hört man dann oft den Satz »ach, ich bin als Kind auch mal geritten«, wenn man von seinem Wunsch erzählt, Reiter zu werden oder wieder einzusteigen. Der weitaus größere Teil jedoch fängt genauso begeistert an, hört dann zwar auch irgendwann als Jugendlicher auf, trägt aber den Pferdevirus in sich. Und ich kann Ihnen versichern: Irgendwann bricht er mit Macht wieder aus. Manchmal gehen viele Jahre ins Land, in denen Familienplanung, berufliche Karriere oder Fernweh absolut im Vordergrund stehen. Aber Sie werden mir Recht geben, wenn ich Ihnen auf den Kopf zusage, dass Sie bei jeder Pferdekoppel zweimal hinsehen; dass eine fröhliche Reitergruppe, der Sie im Urlaub begegnen, von Ihnen mit sehnsuchtsvollem Blick bedacht wird und Ihnen bei solchen Gelegenheiten immer häufiger der Satz rausrutscht »Irgendwann fang' ich auch wieder an, ihr werdet schon sehen«. Ja, ganz richtig – sie werden schon sehen, die Ehemänner und Kinder; es ist nur eine Frage der Zeit. Manchmal gehen 20 und mehr Jahre ins Land, aber irgendwann fordert der Pferdevirus sein Recht. Wen er wirklich gepackt hat, den lässt er nie ganz los; er schlummert nur eine Weile. Nur der Vollständigkeit halber: Es gibt auch ein etwas kleineres Grüppchen von Leuten, die sich durch nichts und niemanden von den Pferden wegbringen lassen; nicht durch Eltern, Beruf, Freunde oder Ehegatten. Die manchmal allen Widerständen zum Trotz immer weiter reiten und sich durch nichts beirren lassen. Egal wie schwierig es bisweilen zeitlich oder finanziell ist. Diese hält der Pferdevirus von Anfang an fest in seinen Klauen und lässt sie auch nicht mehr los. Ich weiß, wovon ich spreche, denn ich gehöre dazu. Aber Sie gehören ja jetzt auch wieder fest dazu und setzen sich erneut in den Sattel. Wenn Sie den richtigen Stall gefunden haben und sich zu Ihrer ersten Reitstunde einfinden, sind Sie sicherlich genauso nervös wie ein Anfänger. Aber ich verspreche Ihnen, dass alle schon vergessen gelich mehr an Wissen und reiterlichem Gefühl vorhanden, als Sie es sich vorstellen können. Probieren Sie es aus; Sie werden mir Recht geben.

So, und nun viel Spaß bei Ihrem Wieder-Einstieg in den Sattel.

Kein Pony war vor mir sicher, ich hatte aber noch nie Reitunterricht

Sie wollen es jetzt endlich richtig lernen! Mit Reitunterricht! Auf genügend Pferden, oder vor allem auf Ponys, haben Sie ja schon gesessen. Das fing an, kaum dass Sie laufen konnten. In jedem Zoo oder Tierpark waren nicht etwa Löwen oder Elefanten die für Sie interessanten Tiere. Nein, die Pferde mussten es sein. Kein Zirkusbesuch ohne die obligatorische Runde auf dem Pony. In jedem Urlaub das Wichtigste: Wo kann man hier für ein bisschen Geld ein paar Runden auf einem Pony drehen? An jeder Pferdekoppel mussten Ihre Eltern so lange mit Ihnen stehen bleiben, bis Sie die Pferde ausgiebig gestreichelt und mit gepflücktem Gras und Löwenzahn gefüttert hatten. Ausflüge mit der Pferdekutsche waren das Größte, aber natürlich nur wenn Sie vorne neben dem Kutscher auf dem Bock sitzen durften. Wenn Sie dann auch noch kurz die Leinen halten durften, war das Glück perfekt. Vielleicht haben Sie sogar ganz oft auf dem Pony der Freundin oder des Nachbarn ohne Sattel gesessen. Zwei ans Halfter geknotete Stricke haben die Zügel ersetzt und so sind Sie freudestrahlend über die Wiese geritten. Kurz gesagt: Das Pferdevirus hatte Sie voll im Griff. Nur gelernt haben Sie das Reiten nie richtig. Als Sie Kind waren, wollten Ihre Eltern kein Geld dafür ausgeben. Vielleicht

Manchmal steigen Mütter mit ihren Kindern wieder ein.

glaubten Handgriffe auf einmal wieder da sind. Je nachdem wie lange und wie gut Sie damals geritten sind, sind Sie mehr oder weniger schnell wieder mit den Pferden vertraut. Ich habe eine Reitschülerin, die nach 25 Jahren wieder eingestiegen ist. Als sie in ihrer ersten Stunde auf dem Pferd saß – voller Angst, absolut gar nichts mehr zu können –, habe ich sie aufgefordert nach der Schrittphase doch einfach mal anzutraben. Ich hatte ihr mit voller Absicht keine weiteren Anweisungen oder Erklärungen gegeben. Sie konnte nicht nur das Pferd einwandfrei antraben, sondern ist auch völlig selbstverständlich sofort korrekt und im richtigen Rhythmus leichtgetrabt. Zehn Reitstunden später hatte sie das Gefühl, als hätte sie nie eine so lange Pause gemacht. Diese Reitschülerin war als Jugendliche einige Jahre geritten. Doch auch, wenn Sie vielleicht nur ein oder zwei Jahre Reitpraxis gehabt haben, ist noch wesent-

Das Pony ist geblieben, nur jetzt mit Reitunterricht.

gab es auch keinen Reitstall in erreichbarer Nähe. Oder Ihre Eltern hielten das Reiten generell für viel zu gefährlich. Aber während Sie Berufsausbildung und Karriere gemacht haben oder mit der Familie ausgelastet waren: Immer war da dieser Wunsch, irgendwann die Reiterei noch mal richtig zu erlernen. Gibt es denn eigentlich einen Unterschied zwischen Ihnen und dem Reitanfänger, der tatsächlich noch nie auf einem Pferd gesessen hat? Sie haben dem totalen Reitanfänger eine gute und eine schlechte Sache voraus. Die gute: Sie haben schon oft auf einem Pferd gesessen und das Gefühl, so hoch oben auf einem doch recht großen Tier zu sitzen, ist für Sie nichts Neues. Die schlechte: Gerade weil Sie schon so häufig auf einem Pferd gesessen haben (Merken Sie was? Ich spreche die ganze Zeit nicht von reiten!), haben Sie sich höchstwahrscheinlich einige Dinge angewöhnt, die mit dem richtigen Reiten (korrekter Sitz und korrekte Hilfengebung) nichts zu tun haben. Es ist oft einfacher als Totalanfänger, der gar nichts weiß, gleich Dinge richtig zu lernen, als falsch »gelernte« wieder loszuwerden. Sie sollten also, wenn Sie sich einen Reitstall suchen, unbedingt dem Reitlehrer sagen, dass Sie ein totaler Anfänger sind. Dann haben Sie die Chance, alles noch einmal von der Pike auf richtig zu lernen. Ich hatte einmal einen Feriengast, ein Mädchen von 13 Jahren, das mir erzählte, es würde seit sieben Jahren regelmäßig reiten und das sich für eine gute Reiterin hielt. Dies wurde mir von den Eltern bestätigt. Zum Glück für das Mädchen gehe ich bei mir völlig fremden Reitern in der ersten Stunde immer auf Nummer sicher. Ich hatte zu dem Zeitpunkt zwei sehr gute Deutsche Reitponys. Das eine war allerdings nur ein Pony für deutlich fortgeschrittene Reiter. Natürlich setzte ich das Mädchen auf das andere Pony. Und siehe da: Kaum setzte sich das Pony in Trab, wäre die Reiterin fast heruntergefallen. Daraufhin habe ich noch mal das Mädchen und die Eltern befragt. Es stellte sich heraus, dass der Großvater einen alten Haflinger hatte, auf dem das Mädchen, seit es sechs Jahre alt war, immer einmal im Jahr, wenn die Familie zu Besuch bei den Großeltern war, im Schritt reiten durfte. Ich habe dann Eltern und Kind erklärt, wie gefährlich eine solche Fehleinschätzung sein kann, wenn man an die falsche Stelle gerät. Hätte man Eltern und Kind geglaubt und das Mädchen im wahrsten Sinne des Wortes auf´s falsche Pferd gesetzt, hätte das einen schlimmen Sturz zur Folge haben können. Tun Sie also sich selbst den Gefallen und stapeln Sie lieber tief. Wenn es dann von Anfang an besser geht, als Sie oder der Reitlehrer vermutet haben, freuen Sie sich darüber. Auch werden Sie sich als Neuling in einem Stall bestimmt nicht viele Freunde machen, wenn Sie so tun, als ob Sie schon alles können, sich dann aber vielleicht nicht mal trauen, die Hufe auszukratzen oder ein Pferd aufzutrensen. Wollen Sie es jedoch gut machen, suchen Sie sich einen geeigneten Stall und fangen dann endlich an, alles richtig und von der Pike auf zu lernen, was Sie schon immer über die Pferde und die Reiterei wissen wollten.

Sie werden sehen: Wenn man es richtig kann, macht es noch viel mehr Spaß.

Ich habe Angst, was nun?

Als erstes müssen wir einmal zwischen Respekt und Angst unterscheiden. Den Respekt vor dem Lebewesen Pferd sollen Sie immer haben und auch behalten. Ich habe vor jedem meiner Pferde Respekt, weil ich auch möchte, dass Sie vor mir Respekt haben. Ich habe aber keine Angst, denn es wäre im Gegenzug ja furchtbar, wenn sie Angst vor mir hätten. Sicherlich wird es im Leben eines jeden Reiters Situationen geben, in denen er Angst bekommt. Das ist menschlich und bisweilen auch lebenswichtig. Denn Angst lässt uns extrem vorsichtig werden und verhindert so im Ernstfall vielleicht Schlimmeres. Im täglichen Umgang mit dem Pferd sollten Sie jedoch keine Angst haben. Wenn wir über Angst im Zusammenhang mit der Reiterei sprechen, müssen wir vorab klären, um welche Art von Angst es sich dabei handelt. Nehmen wir einmal den Reitanfänger, der zwar sehr gerne reiten lernen möchte, aber gleichzeitig vor diesen großen und für ihn noch völlig unbekannten Tieren etwas empfindet, was deutlich über den

Wenn das Pferd am Anfang geführt wird bzw. der Reitlehrer mitläuft, ist die Angst nur noch halb so groß.

normalen Respekt hinausgeht. Meist weiß er gar nicht so recht, wovor er denn eigentlich Angst hat. Da hört man schon mal folgende Äußerungen: »Wenn ich näher herangehe, dann werde ich bestimmt gebissen.« Oder: »Ich glaube nicht, dass ich mich traue, die Hufe anzufassen. Der schlägt dann sicher.« Oft ist auch ganz einfach Angst vor der Größe des Pferdes vorhanden. Viele Reitanfänger würden sich lieber auf ein kleines als auf ein großes Pferd setzen. Das sind alles Ängste vor dem Unbekannten – ohne konkreten Hintergrund. In gewisser Weise haben fast alle Anfänger diese Sorgen. Wenn man mit dem Reitlehrer oder auch anderen Reitschülern darüber spricht, wird einem ganz schnell klar, dass es den anderen auch so geht. Im Laufe der Zeit wird dann aus dieser Angst ein gesunder Respekt, wie man ihn vor jedem anderen Lebewesen haben sollte. Je besser man mit dem

Pferd umzugehen lernt, umso eher stellt man fest, dass viele dieser Ängste von völlig falschen Vorstellungen herrühren. Alles was man gehört, gesehen oder gelesen hat, vermischt sich als Anfänger zu einem allgemeinen Angstgefühl. Bald wird man feststellen, dass viele Ängste absolut unbegründet waren und sich auf Unsicherheit und Unkenntnis gründeten. Anders liegt der Fall bei demjenigen, der einen konkreten Grund für seine Angst benennen kann. Das kann z.B. eine »unglückliche« Begegnung mit einem Pferd im Kindesalter gewesen sein, bei der man beispielsweise von einem Pony gezwickt wurde. Oder ein schwerer Sturz bzw. eine andere gefährliche Situation in der Vergangenheit, die man keinesfalls wiederholt erleben möchte. Wovor hat man z. B. nach einem Sturz ganz konkret Angst, und wie geht man damit um? Reiter, die nach dem Runterfallen Angst haben, wieder aufzusteigen, haben in erster Linie Angst vor dem Kontrollverlust. Dem Sturz ist ja meistens eine schwierige Situation vorausgegangen; es fällt keiner »einfach so« vom Pferd. Das heißt, es ist etwas passiert, was er nicht mehr unter Kontrolle hatte. Unter Umständen hat sich ein Pferd nur vor einem lauten Geräusch erschreckt und einen Satz zur Seite gemacht. Für den Reiter ist diese plötzliche Bewegung so überraschend gekommen, dass er es nicht mehr geschafft hat, dabei das Gleichgewicht zu halten und im Sattel zu bleiben. Oder ein Pferd ist nach dem Erschrecken im Galopp durchgegangen und der Reiter hat es nicht geschafft, es durchzuparieren und ist vielleicht nach einem zusätzlichen Bocksprung oder abruptem Richtungswechsel heruntergefallen. Aber auch beim einfachen Führen eines Pferdes kann es zu gefährlichen Situationen kommen, in denen man die Kontrolle über das Pferd verlieren kann. Dieses Gefühl des Kontrollverlustes ist immer der Hauptgrund für die Angst. Im normalen Alltag erlebt der Mensch relativ wenige Situationen, in denen es ihm an Kontrolle fehlt. Er ist es gewöhnt, alles im Griff zu haben. Umso erschreckender wirken dann diese Erfahrungen. Unser Streben geht im Alltag immer dahin, alles unter Kontrolle zu haben – im Beruf und im Privatleben. Wenn wir dann beim Umgang mit dem Pferd oder beim Reiten urplötzlich mit einer Situation konfrontiert werden, die wir nicht mehr kontrollieren können, weil das Pferd die Steuerung übernommen hat, dann löst das Angst aus. Nach einem solchen Erlebnis hören manche Menschen mit der Reiterei auf. Wenn man dann – manchmal nach einigen Jahren – doch wieder das Bedürfnis hat, in den Sattel zu steigen, braucht man viel Geduld mit sich selbst, einen wirklich guten Reitlehrer und ein erfahrenes und ruhiges Pferd. Vor allem der Reitlehrer ist hierbei extrem wichtig. Wenn Sie auf jemanden treffen, der Ihre Ängste nicht ernst nimmt oder mit einem lockeren Spruch darüber hinweggeht, ist Ihnen nicht geholfen. Reiten ist ganz viel Kopfsache. Ich nehme speziell meine Angstreitschüler sehr ernst, weil ich aufgrund eigener Erfahrung genau weiß, wie sie sich fühlen. Mein zweites eigenes Pferd, ein großrahmiger sehr schicker Holsteiner-Wallach, hat mir zu diesem Erlebnis verholfen. Larion war zu diesem Zeitpunkt 3 ½ Jahre alt und gerade erst angeritten. Aufgrund einer Bewegung hinter dem Fenster, das die Reithalle vom Reiterstübchen trennte, erschreckte er sich dermaßen, dass er mit unkontrollierten Bocksprüngen über die Diagonale durch die ganze Halle schoss. Irgendwann war dann für mich kein Halten mehr. Mein Pech war, dass ich, statt wie sonst nach vorne über

Ich habe Angst, was nun?

Ballspiele vertreiben die Angst und machen Spaß.

Vertrauensbildende Maßnahmen.

den Hals oder zur Seite herunterzufallen, exakt hinter dem Pferd herunterfiel. Dabei bekam ich seine ausschlagenden Hinterhufe in den Unterleib. Ich blieb in der Reitbahn liegen und konnte für den Zeitraum von vielleicht zwanzig Minuten meine Beine nicht mehr bewegen. Dabei gingen mir ziemlich schreckliche Dinge durch den Kopf. Nach einem Krankenhausaufenthalt und einer Reitpause von einem Vierteljahr hatte ich panische Angst, mich wieder aufs Pferd zu setzen. Da ich nach dem Sturz nicht sofort wieder aufsteigen konnte, was, wie Ihnen jeder Reiter bestätigen wird, ganz wichtig ist, hatte sich in den drei Monaten Pause sehr viel Angst aufgebaut. Ich hatte viel zu viel Zeit, um über alles immer wieder nachzudenken und war kurz davor, die Reiterei an den Nagel zu hängen. Gerettet haben mich meine Freundin und ihr schon älterer, extrem lieber Irish-Hunter-Wallach sowie die Tatsache, dass ich mit meinem jungen Holsteiner mein absolutes Traumpferd im Stall hatte. Wochenlang hat meine Freundin mich mit einer Engelsgeduld auf ihrem Pferd im Schritt geführt. Und auch danach, als ich mich wieder traute, allein zu reiten, ist sie immer in der Nähe geblieben. Irgendwann hat dann auch der Umstieg auf meinen jungen Heißsporn wieder geklappt. Einer meiner größten Erfolge war der Sieg über diese Angst, und mit diesem Pferd, von dem ich schon geglaubt hatte, dass ich es verkaufen müsste, L-Dressuren auf Turnieren zu reiten. Diese Geschichte erzähle ich meinen Angstreitschülern, um ihnen damit glaubhaft zu machen, dass ich wirklich nachvollziehen kann, wie sie sich fühlen. Wir reden dann darüber, was bei dem jeweiligen Reitschüler der Auslöser für seine Angst ist. Danach gehen wir mit viel Ruhe, Geduld und Zeit das Problem an. Sie brauchen einen Reitlehrer, der Sie wirklich versteht. Dem Sie, ohne dass Sie das Gefühl haben müssen, sich für irgendetwas zu schämen, alles erzählen können. Der Geduld hat und Ihnen alle Zeit lässt, die Sie brauchen. Eine entscheidende Rolle spielt dabei natürlich auch das Pferd, das Ihnen helfen soll, wieder Vertrauen zu finden. Dieses Pferd kann gar nicht ruhig und lieb genug sein. Sie werden sehen, dass es Ihnen gelingt, wieder Vertrauen zu fassen und Freude zu empfinden. Es ist nichts Peinliches daran, sich nach einem schweren Sturz oder einem anderen Angst einflößenden Erlebnis, verbunden vielleicht mit einer längeren Reitpause, erst einmal im Schritt führen zu lassen oder die ersten Reitstunden an der Longe zu absolvieren. Das Reiten an der Longe ist sowieso immer eine sehr gute Sache. Ein Großteil der Verantwortung kann dadurch abgegeben werden und man kann sich ruhig und entspannt auf sich selbst konzentrieren. Reiten Sie ruhig so lange an der Longe, bis sich von ganz alleine das Bedürfnis nach eigenständiger Reiterei wieder einstellt. Wie schnell das geht, ist von Mensch zu Mensch sehr verschieden und natürlich auch davon abhängig, wie gut und lange **Sie vor der Angstpause geritten sind. Verlieren Sie weder Mut noch Geduld. Geben Sie sich selbst so viel Zeit, wie Sie brauchen, und seien Sie auch auf kleinste Erfolge stolz. Dann kommen die großen wieder von ganz alleine.**

Leider gab`s keine weiße Reithose in meiner Größe
oder
Was zieh ich an?

5

5. Leider gab's keine weiße Reithose in meiner Größe
oder Was zieh' ich an?

Warum sehen die hier nicht so aus wie im Fernsehen?

Tja, warum eigentlich nicht? Sie haben ja schließlich schon oft Reiter gesehen. Denn bevor Sie jetzt endlich selbst in den Sattel steigen wollen, haben Sie sich ja schon ewig für Pferde und die Reiterei interessiert. Spring- und Dressurreiter haben Sie nicht nur im Fernsehen gesehen, sondern Sie sind auch schon auf dem einen oder anderen kleineren oder größeren Turnier als Zuschauer gewesen. Und was man da als Reiter anhat, haben Sie genau gesehen. Schick haben die immer ausgesehen. Die Dressurreiter noch ein bisschen besser als die Springreiter. Schneeweiße Reithosen zu blank geputzten schwarzen Reitstiefeln. Maßgeschneidert aussehende Jacketts oder sogar Fracks in verschiedenen Farben. Dunkelblau oder schwarz bei den Dressurreitern mit farblich dazu passendem Zylinder. Dazu weiße Blusen und weiße Handschuhe. Bei den Springreitern etwas mehr Farbe. Rote Jacken haben Sie gesehen, dunkelgrüne oder auch graue. Und nicht zu vergessen all die schicken, blank geputzten Pferde, die Mähnen in kleine Zöpfchen geflochten, mit weißen Satteldecken unter den Sätteln und wehenden, seidigen Schweifen. Also, das muss man den Reitern ja lassen, gut sehen sie aus. Wirklich ein schicker Sport, in den Sie da jetzt auch einsteigen wollen. Und dass man sich dabei dreckig macht, wie neulich die Bekannte von der Nachbarin erzählt hat, die angeblich auch reitet, kann ja wohl nicht so ganz stimmen. Vermutlich reitet die ja gar nicht!

Was hat sie noch gesagt? Überall Pferdehaare und kaum hätte man einen sauberen Pullover an, würde doch nach zwei Minuten das erste Pferd darüber schlabbern. Die hat wohl noch nie richtige Reiter gesehen. Sie wissen schließlich, was die anhaben; und dass die weißen Reithosen und Handschuhe wirklich weiß waren. Und jetzt werden Sie mal losgehen und sich für Ihre erste Reitstunde so richtig einkleiden. Denn schließlich wollen Sie ja nicht weniger schick aussehen als die anderen, wenn Sie zum Reitunterricht erscheinen.

Halt, Brrr, ho Brauner!
Bevor Sie jetzt den größten Fehler Ihres zukünftigen Reiterlebens machen – und Sie wissen ja, es gibt keine zweite Chance für den ersten Eindruck –, erst einmal Haaalt. Die Reitbekleidung, die Sie bis jetzt gesehen haben, wird ausschließlich auf Turnieren getragen. Da ist sie sogar vorgeschrieben, bis hin zur Farbe der Handschuhe. Wenn Sie zu Ihrer ersten Reitstunde in einer weißen Turnierreithose (vom Rest wollen wir mal lieber gar nicht reden) ankommen, werden Sie mit Sicherheit zum Hauptgesprächsthema des ganzen Stalls. Und ich verspreche Ihnen, Sie werden auf ewig »die mit der weißen Reithose« bleiben. Und das

Seien Sie ehrlich: So haben Sie sich die Bekleidung vorgestellt ...

wollen Sie garantiert nicht. Ich habe einmal einen ähnlichen Fall selbst erlebt. Ein neuer Reitschüler, ein Mann über 60, kam zu seiner ersten Reitstunde. Als er aus seinem Auto stieg, dachte ich, er hätte sich im Stall geirrt. Da wir uns vorher nur vom Telefon kannten, war mir wirklich nicht klar, wen ich da vor mir hatte. Eine sehr schicke Hose mit Vollederbesatz der teuersten Marke, dazu neue Lederreitstiefel und ein kariertes Reitjackett vom Allerfeinsten. Er sah aus als wäre er direkt aus einem englischen Magazin wie »Horse and Hound« entsprungen. Ein Gutsbesitzer wie er im Buche steht. Und dabei hatte er tatsächlich noch nie auf einem Pferd gesessen. Sein Aufzug hat genau das Gegenteil von dem bewirkt, was er sich vorgestellt hat. Anstatt Eindruck zu schinden, hat er sich mit seinem Auftritt komplett lächerlich gemacht. Und damit Ihnen das auf gar keinen Fall passiert, gehen wir jetzt zusammen einkaufen.

Tipps für die erste Reitausrüstung

Wenn Sie tatsächlich noch nie auf einem Pferd gesessen haben und demzufolge keinerlei Reitausrüstung besitzen, sollten Sie vor der ersten Reitstunde mit Ihrem zukünftigen Reitlehrer darüber reden. Denn es ist ja absolut verständlich, dass Sie sich nicht gleich vor der ersten Reitstunde eine komplette Ausrüstung zulegen wollen. Immerhin besteht ja noch die Möglichkeit (ja, ich weiß bei Ihnen nicht ...) dass Sie feststellen, dass die Reiterei doch nicht Ihr Sport wird. Und selbst wenn nur eine geringe Wahrscheinlichkeit besteht, wäre es doch sehr ärgerlich, alles gekauft zu haben, um es dann in den Schrank zu legen. Außerdem wissen Sie oft nach einigen Stunden und nach Gesprächen mit anderen Reitern viel eher, was Sie gerne anziehen möchten. Schauen Sie sich mal im Stall um, was die anderen anhaben. Viele Reitlehrer erlauben, dass Sie sich in den ersten

Tipps für die erste Reitausrüstung

Stunden mit einer gut passenden Jeans aufs Pferd setzen. Wenn Sie dann noch ein paar feste Schuhe mit kleinem Absatz (ca. 2 cm) haben, sind Sie fürs erste gerüstet. Ideal sind Stiefeletten. Aus Sicherheitsgründen bitte keine Turnschuhe, weil diese leicht durch den Bügel durchrutschen. Bleibt noch die Reitkappe. Sie ist das wichtigste, und ohne dürfen Sie sich keinesfalls aufs Pferd setzen. Aber das wird Ihnen Ihr Reitlehrer sicherlich auch schon gesagt haben. Fragen Sie ruhig nach, ob es für die ersten Stunden Reitkappen zum Ausleihen gibt. Wenn Sie einen Fahrradhelm besitzen, wäre auch das eine Alternative für die ersten Male. Wenn Sie keine Kappe ausleihen können, müssen Sie sich eine kaufen. Das wäre dann Ihre erste und zugleich wichtigste Anschaffung. Kaufen Sie keine gebrauchte Reitkappe! Kaufen Sie auch nicht aus dem Internet, denn die Reitkappe muss, solange Sie Ihre Größe nicht kennen, von Fachleuten in einem Reitsportgeschäft angepasst werden. Sie brauchen natürlich nicht das teuerste Modell, aber an der Kappe sollten sie am wenigsten sparen. Schließlich soll sie Ihr wichtigstes Körperteil schützen. Eine Kappe im mittleren Preisbereich, gut angepasst von einer Fachkraft, sollte es schon sein. Da es inzwischen extrem viele verschiedene Reitkappenhersteller mit einer Unmenge an Modellen in unterschiedlichen Passformen gibt, lassen Sie sich Zeit und drängen auf eine ausführliche Beratung. Wenn Sie nach ein paar Reitstunden sicher sind, dabei zu bleiben, sollten Sie sich auch eine Reithose und Reitstiefel kaufen. Reithosen gibt es ohne Besatz, das heißt ganz aus Stoff. Fast immer sind das Kinderreithosen für die Allerjüngsten, die nach kurzer Zeit sowieso herauswachsen. Die Reithose für Erwachsene ist aus dehnbarem Stoff mit Kunst-

So bitte auch nicht! Das eignet sich nur fürs Faschingsreiten.

lederbesatz im Kniebereich. Es gibt auch Vollbesatzhosen, die an der gesamten Innenseite der Beine sowie im Pobereich einen Besatz aus Kunstleder haben. Früher war dieser Besatz grundsätzlich aus Echtleder. Das heute verwendete Kunstleder macht die Reithosen sehr viel unproblematischer in der Reinigung. Sie lassen sich völlig problemlos in der Waschmaschine waschen. Dieser Besatz dient der besseren Haftung im Sattel und sorgt gleichzeitig dafür, dass die Hosen an den am meisten beanspruchten Bereichen nicht so schnell durchscheuern. In Vollbesatzhosen ist die Haftung im Sattel am

Tipps für die erste Reitausrüstung

So sieht praktische Reitbekleidung wirklich aus.

Sie haben die Qual der Wahl. Bei den Reitstiefeln haben Sie verschiedene Möglichkeiten. Es gibt sehr günstige Gummireitstiefel, welche für Kinder, die ja sehr schnell aus allem herauswachsen, sicherlich nicht schlecht sind. Gummireitstiefel sind allerdings im Winter sehr kalt; und bei sehr hohen Temperaturen im Sommer könnte es sein, dass Sie in Ihrem eigenen Schweiß stehen. Erwachsenen würde ich deswegen eine andere Alternative vorschlagen. Eine Kombination aus Stiefeletten, auch Jodpurstiefeletten genannt, und dazu so genannte Kurz- oder Minichaps. Diese Kurzchaps ersetzen die Stiefelschäfte, sind aus waschbarem Kunstleder oder Echtleder und werden mit Hilfe eines Reißverschlusses geschlossen. Diese Kombination sieht fast aus wie ein »kompletter« Lederreitstiefel, hat aber gerade für den Anfänger den Vorteil, dass sie bequemer ist, sich leichter an- und ausziehen lässt und vor allem auf dem Pferd ein sehr angenehmes Gefühl vermittelt. **Denn gewarnt sei der Reitanfänger vor neuen Lederreitstiefeln.** Auch wenn die noch so schick aussehen und Sie schrecklich gerne welche haben würden: Tun Sie es nicht! Selbst Berufsreitern graut immer vor dem Moment, in dem die alten Reitstiefel ihren Geist aufgeben und sie neue Lederstiefel »einreiten« müssen. Dieses unter Umständen schmerzhafte Erlebnis sparen Sie sich lieber noch ein paar Jahre auf. Denn bis neue Lederstiefel »gesackt« sind und alle Falten und Knicke im Leder haben, die man braucht, um damit richtig gut reiten zu können, vergeht einige Zeit. Blaue Flecken und aufgescheuerte Kniekehlen sind der Preis für – zugegeben – später einmal fantastisch sitzende Reitstiefel. Bis diese irgendwann kaputt sind und dann ... siehe oben. Falls Sie es aber nicht lassen können: Sagen Sie nicht, ich hätte Sie nicht

besten, aber auch Kniebesatzhosen erfüllen ihren Zweck. Wichtig ist, dass die Hose gut passt, eng anliegt, keine Falten wirft und dass sie damit im Sattel gut sitzen können. Aus diesem Grund haben die Reitsportgeschäfte Probesättel auf denen Sie unbedingt mit Ihrer neuen Reithose Platz nehmen sollten. Denn eine Reithose muss nicht in erster Linie gut aussehen und sitzen, wenn Sie vor dem Spiegel stehen, sondern wenn Sie damit im Sattel sitzen. Ansonsten sind Form, Farbe, Knie- oder Vollbesatz sowie Marke und Preis ganz alleine Ihrem Geschmack und Geldbeutel überlassen.

gewarnt. Das einzige, was Sie jetzt noch benötigen, sind ein paar Reithandschuhe: Finger sind unter Umständen schnell aufgescheuert und auch bei Kälte sind Handschuhe eine gute Sache. Wenn Sie jetzt noch ein nicht allzu weites Oberteil zum Reiten anziehen (damit der Reitlehrer Ihre Haltungsfehler gut sieht und korrigieren kann) steht Ihrer erfolgreichen Reiterlaufbahn nichts mehr im Wege. Jetzt heißt es: üben, üben, üben.

==Übrigens: Wenn Sie lange genug dabei sind und fleißig geübt haben, dürfen Sie vielleicht irgendwann auch in die weiße Reithose steigen.==

Für die ersten Stunden reichen Jeans, feste Schuhe und Reitkappe.

Wo bekomme ich was?

Woher bekommen Sie nun all diese schönen Sachen? Ein gut sortiertes Reitsportfachgeschäft mit gut ausgebildetem Personal ist der sicherste Weg, die richtige Ausrüstung zu bekommen. Jeder Reiterkollege oder auch Ihr Reitlehrer wird Ihnen auf Anfrage gleich mehrere Geschäfte nennen können. Und sagen Sie bitte auf jeden Fall dem Verkäufer, dass Sie Anfänger sind und noch keine Ahnung haben, damit Sie auch richtig und gut beraten werden. Ein Reitschüler von mir, mit allen Tipps und Ratschlägen ausgestattet, kam trotzdem mit völlig unpassender Bekleidung wieder zurück. Auf meine Frage, wie denn das passieren konnte, war die Antwort: Ich fand die Hose soo schick; nein ich habe keine Verkäuferin gefragt und ich habe auch nicht auf einem Sattel Probe gesessen. Ergebnis war, dass die Hose für vieles zu gebrauchen war, nur nicht zum Reiten. Schauen Sie mal im Internet oder im Branchenbuch nach einem Reitsportgeschäft in Ihrer Nähe. Es gibt zwei sehr große Reitsportketten mit vielen Filialen sowie Katalogverkauf. Außerdem eine Vielzahl kleinerer und größerer Reitsportgeschäfte mit oft sehr großer Auswahl und kompetenter Beratung. In manchen Städten gibt es spezielle Läden für Second-Hand-Reitmode. Wenn Sie so einen finden, lohnt es sich auf jeden Fall, dort reinzuschauen. Vielleicht machen Sie ein tolles Schnäppchen. Bis Sie Ihre Größen kennen und vielleicht die Passform bestimmter Hersteller, sollten Sie persönlich in einem Geschäft kaufen. Hier können Sie in Ruhe anprobieren und haben immer eine fachliche Beratung. Die Verkäufer/innen in Reitsportgeschäften sind meist selbst langjährige Reiter und haben daher auch immer noch den einen oder anderen Tipp für Sie auf Lager. Nicht zu vergessen: der Probiersattel! Unterschätzen Sie seine Wichtigkeit nicht, denn sonst merken Sie in Ihrer ersten Stunde auf dem Pferd, dass die Hose am Knie spannt oder drückt oder Scheuerfalten an Stellen auftreten, von denen Sie lieber nicht reden möchten. Und glauben

Sie mir, Sie haben bei Ihrer ersten Reitstunde anderes zu tun, als sich von einer schlecht sitzenden Reithose ablenken zu lassen. Wenn Sie sich später auskennen und Ihre Größen wissen, können Sie natürlich auch über Katalog oder im Internet kaufen. Reithosen, Stiefeletten und Chaps können Sie ohne Bedenken gebraucht kaufen. Auch eine Reitweste, gebraucht oder neu, ist eine gute Sache. Der Rücken und die Nierenpartie bleiben warm und gleichzeitig haben Sie viel Bewegungsfreiheit. Schauen Sie doch mal an das schwarze Brett in Ihrem Reitstall oder hängen Sie selber eine Anzeige auf. Manchmal werden auch in den Regionalzeitungen unter der Rubrik Tiermarkt gebrauchte Reitsportartikel angeboten. Nur die Reitkappe sollten Sie nicht gebraucht kaufen. Die könnte nach einem Sturz Risse oder Schwachstellen haben, die Sie von außen nicht erkennen können. Fragen Sie auch rechtzeitig in Ihrem Freundes- und Bekanntenkreise nach. Viele haben auf diesem Wege schon für wenig Geld eine schöne Reithose erstanden. Wenn Sie jetzt Ihre Erstausstattung zusammen haben, sind Sie für den Anfang gut ausgerüstet.

Wenn es Sie jetzt aber trotzdem immer wieder in das Reitsportgeschäft Ihrer Wahl zieht, nur mal um zu schauen, was es alles so gibt, und Sie jedes Mal mit irgend einer Kleinigkeit oder auch einer neuen Reithose in einer ach so schicken Farbe wieder herauskommen, kann ich nichts dafür. Kein Mitleid, schließlich ist es bei uns allen so. Und warum sollte es Ihnen besser gehen als den anderen?

Von Schreibtischtätern, Bürohengsten, Moppeln und anderen Zeitgenossen

oder

Kann eigentlich jeder aufs Pferd?

6

6. Von Schreibtischtätern, Bürohengsten, Moppeln und anderen Zeitgenossen
oder Kann eigentlich jeder aufs Pferd?

Ich bin tierlieb und sportlich, also der ideale Reitschüler, oder?

Das hört sich doch schon gar nicht so schlecht an. Tierlieb sollte man auf jeden Fall sein. Denn falls Sie keine Tiere mögen, aber reiten wollen, weil es sich chic anhört, Ihr Image des Aufpolierens bedarf oder Ihr Chef reitet und Sie so auf die nächste Beförderung hoffen (so unter Gleichgesinnten), dann kann ich Ihnen nur einen guten Rat geben: Lassen Sie die Finger davon! Aus Ihnen würde sowieso kein richtiger Reiter werden. Spielen Sie lieber Golf. Kommen wir zum Thema Sportlichkeit. Es wird Ihnen auf jeden Fall helfen, wenn Sie eine gewisse Grundsportlichkeit mitbringen. Ein gutes Gleichgewichtsgefühl, verbunden mit einer allgemeinen Beweglichkeit und keiner allzu schlechten Kondition wird Ihnen den Anfang durchaus erleichtern. Das ist allerdings nicht alles, denn mindestens genauso wichtig sind Geduld, Einfühlungsvermögen und Konzentrationsfähigkeit. Die Geduld – das werden Sie bald feststellen – wird beim Reiten-Lernen oft auf eine harte Probe gestellt. Sie werden Geduld mit dem Pferd haben müssen, aber noch viel öfter mit sich selbst. Immer wieder geduldig auf den nächsten kleinen Fortschritt zu warten, ist nicht leicht. Sie werden Reitstunden erleben, in denen Sie im wahrsten Sinne des Wortes »rückwärts« reiten. Dann heißt das Motto: Geduld und nochmals Geduld. Ohne diese werden Sie niemals ein guter Reiter. Und das schon erwähnte Einfühlungsvermögen:

Sie müssen lernen, sich immer wieder in das Lebewesen Pferd hineinzudenken. Versuchen Sie, zu denken wie ein Pferd. Stellen Sie sich immer wieder vor, was und wie ein Pferd fühlt. Wesentlich in der Reiterei ist es, sich klar und deutlich auszudrücken – und zwar in einer dem Pferd verständlichen Weise. Bei allem was Sie tun, müssen Sie sich also immer wieder fragen: Weiß das Pferd, was ich von ihm will; hat es mich wirklich verstanden? Denn nur dann ist es ihm natürlich möglich, so zu reagieren, wie es sich der Reiter wünscht. All das wird nur funktionieren, wenn Sie dabei hochkonzentriert bei der Sache sind. Sie werden merken, dass Pferde Sie geradezu zwingen, ihnen Ihre ungeteilte Aufmerksamkeit zu schenken. Wer nicht hundertprozentig bei der Sache ist, wird im besten Fall nicht wirklich vorankommen und im schlimmsten Fall unliebsame Überraschungen erleben. Das mit der Konzentration hat aber einen genialen Nebeneffekt: Es gibt keine bessere Möglichkeit, komplett abzuschalten und ganz und gar auf andere Gedanken zu kommen, als eine Stunde zu Pferd. Egal wie stressig Ihr Tag war oder mit wie vielen Sorgen Sie aufs Pferd gestiegen sind: Wenn Sie absteigen, sind Sie garantiert ein neuer Mensch. Übrigens werden beim Reiten Endorphine ausgeschüttet. Sie

Tierlieb und sportlich: Das sind gute Grundvoraussetzungen für den angehenden Reiter.

sind also nicht nur ein neuer Mensch, sondern vor allem ein glücklicherer Mensch, wenn Sie vom Pferd absteigen.

Probieren Sie es aus: Reiten macht glücklich. Versprochen!

Schüchtern, ängstlich, unsportlich sucht …

Sie sind relativ unsportlich, gehören nicht zu den besonders mutigen Menschen und sind auch ansonsten der eher schüchterne Typ? Sie möchten trotzdem gerne reiten lernen, fragen sich aber, ob Sie das wirklich hinkriegen. Am besten erzähle ich Ihnen mal eine wahre Geschichte, die sich vor ein paar Jahren bei mir im Reitstall zugetragen hat. Ich bin eines Tages regelrecht über einen jungen Mann (Anfang 30) gestolpert, der völlig verloren mitten auf dem Hof stand. Sehr groß, sehr dünn und den Kopf bis fast auf die Brust gesenkt, stand er da. Ich ging auf ihn zu und fragte, ob ich helfen könne. Ich dachte, dass er vielleicht nach dem Weg fragen wollte, denn ein zukünftiger Reitschüler konnte er eigentlich nicht sein, er war der totale Anti-Reiter-Typ. Dachte ich. Aber genau das wollte er. Ich konnte ihn kaum verstehen, so leise sprach er. Er wollte tatsächlich reiten lernen. Auf meine Frage, wie es zu diesem Wunsch gekommen ist, sagte er mir, er hätte mal gelesen das Reiten gut für das Selbstbewusstsein sei und davon hätte er extrem wenig. Er war beruflich in der Computerbranche, trieb keinerlei Sport und hatte, wie er mir gestand, tatsächlich noch nie ein Pferd angefasst. Wir verabredeten einen Termin für die erste Reitstunde. Viele Stunden verbrachte er daraufhin damit, Pferde überhaupt erst einmal kennenzulernen. Wie sie reagieren, wie sie sich anfühlen; später lernte er, ein Pferd zu putzen und die Hufe auszukratzen. Diese für jeden Reiter selbstverständlichen Handgriffe waren für den jungen Mann oft schon sehr aufregende Dinge, die ihn wenn alles klappte, richtig stolz machten. Menschlich ging er im Reitstall immer noch unter. Er traute sich kaum, anderen »Guten Tag« zu sagen, geschweige denn ein Gespräch zu führen. Wie er mir gestand, hatte er auch keine Freundin. Irgendwann fing er an, mit dem Pferd zu reden und wurde dabei auch im Ton immer selbstsicherer. Es ging dann natürlich bald auch aufs Pferd und wir begannen eine endlose Zahl von Longenstunden. Inzwischen wurde er von den anderen Reitern im Stall liebevoll spöttisch »der Nichtreiter« genannt, und es wurden heimlich Wetten abgeschlossen, wann er denn endlich von der Longe loskommen würde. Da wir einen sehr netten Umgangston im Stall hatten und haben, wurde nie bösartig gelästert, sondern er wurde von den anderen im Laufe der Zeit immer wieder in Unterhaltungen einbezogen. Irgendwann wirkte er gar nicht mehr wie ein Fremdkörper im Stall, sondern man sah ihn tatsächlich immer häufiger im Gespräch mit anderen Reitern. Mit dem Reiten-Lernen tat er sich zwar immer noch sehr schwer, aber er hatte trotz allem sehr viel Spaß an der Sache. Endlich war er eines Tages auch von der Longe befreit und konnte das Pferd alleine in Schritt und Trab in der Halle bewegen. Inzwischen war über ein Jahr vergangen.

Nach einem weiteren halben Jahr teilte er mir eines Tages mit, dass er umziehen würde und deshalb hier leider mit dem Reiten aufhören müsse. Er hatte in seiner ehemaligen Heimatstadt einen neuen, sehr guten Job gefunden. Bei der Verabschiedung sagte er mir, dass er das Gefühl habe, durch die Reiterei ein ganz neuer Mensch geworden zu sein. Niemals hätte er sich früher getraut, so auf Leute zuzugehen und sein neuer, sehr anspruchsvoller Job wäre ohne die Hilfe der Pferde für ihn gar nicht vorstellbar gewesen. Etwas verschämt erzählte er mir, dass er sogar eine Freundin gefunden hatte. Als er sich bei meinem Pferd mit den Worten bedankte: »Ich weiß, dass du dir mit mir alle Mühe gegeben hast und ich weiß auch, dass aus mir nie ein toller Reiter wird, aber ich bin ein neuer Mensch geworden und dafür kann ich dir gar nicht genug danken.« Bei diesen Worten hatten wir beide Tränen in den Augen, und ich glaube, mein Pferd auch. Kann es ein schöneres Kompliment an ein Pferd oder an die Reiterei geben?

Und jetzt glauben Sie hoffentlich auch daran, dass Ihre Entscheidung, reiten zu lernen, genau die Richtige ist.

Sie wollen reiten lernen? In Ihrem Alter? – Kann man auch zu alt sein?

Bevor Sie, nur weil sie keine 40 mehr sind, jetzt nicht mehr weiterlesen mögen, gleich vorab die frohe Botschaft: Nein, Sie sind nicht zu alt, um reiten zu lernen! Damit kann man tatsächlich in jedem Alter noch anfangen. Es ist sogar – richtig betrieben – sehr gut für den Rücken, für die allgemeine Beweglichkeit und die Balance. Das Herz-Kreislaufsystem wird moderat gefördert und die Rumpfmuskulatur gestärkt. Und wenn Sie erst reiten können, ist dies ein Sport, den Sie

Nicht jeder hat das Glück, so jung anzufangen.

– im Gegensatz zu vielen anderen Sportarten – tatsächlich bis ins hohe Alter ausüben können. Ein paar kleine Einschränkungen gibt es allerdings, wenn Sie ein etwas höheres Einstiegsalter haben. Wenn Sie also zu den 40+ Anfängern gehören, müssen Sie damit leben, dass wahrscheinlich nicht mehr der Dressur-Bundestrainer anrufen wird, um Sie ins Olympia-Team zu berufen. Auch Ludger Beerbaum Konkurrenz zu machen, wird Ihnen vermutlich nicht gelingen. Wenn Sie allerdings zum Ziel haben, ein Pferd in den drei Grundgangarten zu beherrschen, auch mal über ein Cavaletti oder einen kleinen Baumstamm zu springen oder einen entspannten Ausritt zu erleben, dann wird diesem Ziel nichts weiter im Wege stehen, als ein paar Jahre fleißig zu üben. Mein bisher ältester Reitschüler, ein absoluter Totalanfänger, war ein Mann von 68 Jahren. Meine einzige Bitte an ihn war, dass er doch seinem Arzt von seinem Wunsch erzählen möge, damit der ihm grünes Licht gibt. Denn das war ich meiner Verantwortung als Reitlehrer einfach schuldig. Nachdem das geschehen war, stand seinem neuen Hobby nichts mehr im Wege. Natürlich lernen die meisten Kinder und Jugendlichen schneller, leichter und instinktiver. Wenn man sich also darüber im Klaren ist, dass man wahrscheinlich für alle Übungen ein bisschen länger braucht als wesentlich jüngere Reitanfänger oder Kinder, und die hierfür nötige Geduld mitbringt, dann wird der Spaß an der Sache der Gleiche sein. Also lassen Sie sich nichts erzählen und lassen Sie sich nicht davon abbringen, das höchste Glück der Erde zu erleben. Nur Mut: Egal wie alt Sie sind, Sie werden mehr Gleichgesinnte treffen, als Sie es sich jetzt vorstellen können.

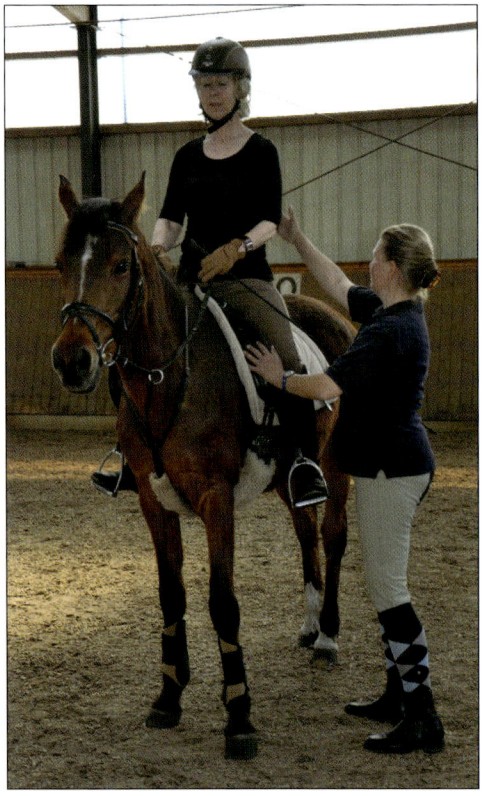

Zum Glück kann man in jedem Alter reiten lernen.

Zu klein, zu groß, zu dick, zu dünn. Wie sieht der ideale Reiter aus?

Natürlich gibt es die perfekte Reiterfigur. Nur hat sie kaum jemand. Und sollen deshalb alle anderen auf diesen wunderbaren Sport verzichten? Natürlich nicht! Sie müssen sich das ungefähr so vorstellen, wie im richtigen Leben: Es gibt viele nette, tolle und gut aussehende Männer, aber nur einen George Clooney. Stellt sich die Frage: Wollen Sie wirklich, dass alle Männer aussehen wie George Clooney? Oder alle Frauen wie Claudia Schiffer oder Heidi Klum? Natürlich nicht! Wie langweilig und doof

Zu klein, zu groß, zu dick, zu dünn. Wie sieht der ideale Reiter aus?

wäre das denn? Also gucken wir uns mal schnell den George Clooney unter den Reitern an, damit wir damit durch sind und uns dann um alle anderen kümmern können. Wie sieht er also aus, der perfekte Reiter? Groß, aber nicht zu groß. In erster Linie lange Beine, vom Körperbau schlank aber durchtrainiert. Sehr beweglich mit ausgezeichnetem Gleichgewicht. Das gilt natürlich für den weiblichen und den männlichen perfekten Reiter. So, und wie viele kennen Sie jetzt, die so aussehen? Genau, keinen! Und falls Sie sagen: »Ich sehe aber fast wie das Gegenteil aus«, hier die gute Nachricht: Sie kommt in Form eines kleinen, etwas korpulenten und kurzbeinigen Österreichers namens Hugo Simon daher. Und dieser Hugo Simon hat international im Springsport alles gewonnen, was es nur so zu gewinnen gibt. Auch eine sicher allen bekannte Meredith Michaels-Beerbaum reitet als kleine, zierliche Person auf manchmal geradezu riesigen Pferden von Sieg zu Sieg. Viel wichtiger als das äußere Erscheinungsbild ist beim Reiten die Einstellung zum Sport. Ein gesunder Ehrgeiz, gepaart mit Einfühlungsvermögen und ganz viel Geduld ist beim Reiten-Lernen mehr wert als die perfekte Reiterfigur. Ein paar kleine Einschränkungen gibt es natürlich trotzdem. Wer extrem groß ist (1,90+), wird etwas mehr Schwierigkeiten haben als normal große oder etwas kleinere Personen. Wer sehr groß ist, braucht eigentlich auch ein großes Pferd, damit die Proportionen stimmen und in erster Linie die Beine vernünftig am Pferderumpf liegen, ohne dass der Reiter gezwungen ist, ständig Knie und Absätze hochzuziehen, um Schenkelhilfen zu geben. Kleine Personen haben da etwas mehr Glück: Sie können vom Endmaß-Pony bis zum Großpferd eigentlich alles reiten. Viele kleinere Frauen werden – besonders im Freizeitreiterbereich –

Jeder Reiter ist anders, genau wie jedes Pferd. Es gibt große, kleine, schlanke und weniger schlanke.

oft mit Endmaß-Ponys, kleineren Pferderassen oder kleinen Großpferden glücklich, weil sie »handlicher« sind.

Eine weitere Einschränkung muss man eventuell noch bei dem Reitergewicht machen. Jeder der über 100 kg auf die Waage bringt, sollte dieses Gewicht den Pferden eigentlich nicht zumuten. Können Sie sich einen besseren Grund vorstellen, ein wenig abzuspecken?

So ihr Großen, Kleinen, Dicken, Dünnen – dann mal rein in die Reithose und rauf aufs Pferd. Wir sehen uns im Stall!

oben: Männer sind eher selten unter den Späteinsteigern anzutreffen.

unten: Reiter mit langen Beinen brauchen ein genügend großes Pferd.

Da bin ich! Und was jetzt?
oder
Die erste Reitstunde

7

7. Da bin ich! Und was jetzt?
oder Die erste Reitstunde

So nervös war ich zuletzt bei der Führerscheinprüfung

So, jetzt stehen Sie also in Ihrer nagelneuen Reithose im Stall. Oder sitzen Sie etwa noch im Auto? Sie sind viel zu früh angekommen und trauen sich nicht, auszusteigen. Nun mal los, Sie waren doch schon mal hier und haben sich diesen Stall sorgfältig ausgesucht. Das war doch der Stall, wo man gleich so nett zu Ihnen war. Der Reitlehrer hatte Ihnen gefallen und die Pferde sowieso. Nur Mut, hier beißt Sie bestimmt keiner. Bei einem Blick in die Reithalle stellen Sie fest, dass der Reitlehrer noch mit anderen Reitschülern beschäftigt ist. »Gehen Sie doch ruhig schon mal in den Stall und schauen sich die Pferde an, der Casimir wird heute Ihr Reitpferd, Sie können sich ja schon mal mit ihm anfreunden.« ruft Ihnen der Reitlehrer zu. Also, auf zum Stall. In fast allen Boxen stehen Pferde, aber wo ist Casimir? Während Sie an den Boxen entlanggehen und die Namen auf den Schildern lesen, strecken die meisten Pferde neugierig die Köpfe aus der Box. Auf einmal entdecken Sie den Namen, aber gleichzeitig ist Ihnen klar: Das geht gar nicht. Das Pferd, das da seinen Kopf aus der Box streckt und offensichtlich Casimir heißt, ist ja riiiesengroß! Da werden Sie sich nie draufsetzen. Das werden Sie gleich dem Reitlehrer erzählen und ihn fragen, ob er nicht ein kleineres Pferd für Sie hat. Dahinten steht doch ein kleiner Schimmel in der Box. Der sieht doch gleich viel harmloser aus. Währenddessen hat Casimir den Hals ganz lang gemacht und versucht festzustellen, ob Sie nicht ein Leckerli für ihn haben. Der Kopf schwebt irgendwo weit über Ihnen und Ihr bisschen Mut hat Sie gerade komplett verlassen. Da kommt Ihnen auf der Stallgasse ein anderer Reitschüler entgegen und sagt freundlich: »Hallo, den Casimir hab ich auch schon geritten, das ist wirklich ein ganz lieber.« Während Sie überlegen, vielleicht doch noch zu flüchten, kommt Ihnen auch schon der Reitlehrer entgegen. Sie fragen trotzdem mal vorsichtig an, ob Sie nicht lieber den kleinen Schimmel reiten könnten, denn der Casimir wäre Ihnen wirklich viel zu groß. Lachend er-

klärt Ihnen der Reitlehrer, dass Sie sich wundern würden, wenn Sie auf dem Schimmel sitzen würden. Der kleine Schimmel ist ein ehemaliges Turnierpferd und eher für fortgeschrittene Reiter geeignet, weil er nicht unbedingt einfach zu reiten ist. Die Größe eines Pferdes hat nichts mit seinem Temperament zu tun und oftmals sind es eher die Großen, die ganz lieb sind, während die Kleinen ständig »einen im Sinn« hätten. Solchermaßen beruhigt sehen Sie den Casimir jetzt doch mit anderen Augen, obwohl die Größe Ihnen schon noch sehr viel Respekt einflößt. »Der wird bestimmt noch Ihr ganz großer Freund werden«, beruhigt Sie der Reitlehrer. Ganz groß stimmt schon mal, denken Sie, und Freund kommt ja vielleicht auch noch. Und jetzt machen Sie sich mal keine Sorgen. Nicht vergessen: Ihr Traum beginnt jetzt!

Ansprechen ist das Allerwichtigste.

Das ABC: Wie holt man ein Pferd aus der Box?

Da stehen Sie nun mit Ihrem Talent. Besser gesagt, mit einem Halfter in der Hand. Und Sie sollen doch tatsächlich in die Box gehen zu diesem Riesenpferd, es aufhalftern und herausführen. Hat der Reitlehrer gesagt – und er hat es Ihnen auch gerade schon einmal vorgemacht. Sah ganz einfach aus. Warum fühlen Sie sich also auf einmal so merkwürdig? Ob weglaufen und sich eine andere Sportart suchen eine Lösung wären? Aber Sie wollen ja reiten lernen und Reiten-Lernen fängt eben nicht oben auf dem Pferd sitzend an, sondern beginnt beim Umgang mit dem Pferd: beim Aufhalftern, Putzen und Satteln. Außerdem gibt es keine bessere Möglichkeit, Freundschaft mit dem Pferd zu schließen und Sicherheit im Umgang zu bekommen, als bei der täglichen Pferdepflege. Also los, auf geht's! Immer erst das Pferd ansprechen, bevor Sie die Boxentür aufmachen. Wenn dann das Pferd immer noch mit dem Hinterteil zu Ihnen steht, ruhig noch einmal ansprechen. Viele Anfänger trauen sich nicht in die Box, wenn das Pferd sich nicht umdreht. Ich habe einmal eine sehr kuriose Situation mit einer Anfängerin erlebt. Nachdem ich ihr erklärt hatte was sie tun solle, drückte ich ihr das Halfter in die Hand und forderte sie auf, in die Box zu gehen und das Pferd aufzuhalftern. Sie sprach das Pferd an, aber das Pferd drehte sich nicht zu ihr um. Auch nach mehrmaliger Ansprache blieb das Pferd genau mit dem Hinterteil zu ihr gedreht stehen. Sie traute sich daraufhin nicht in die Box. Ich nahm ihr das Halfter ab, sprach das Pferd an und ging ohne zu zögern in die Box und halfterte das Pferd auf. Dann nahm ich das

Aufhalftern.

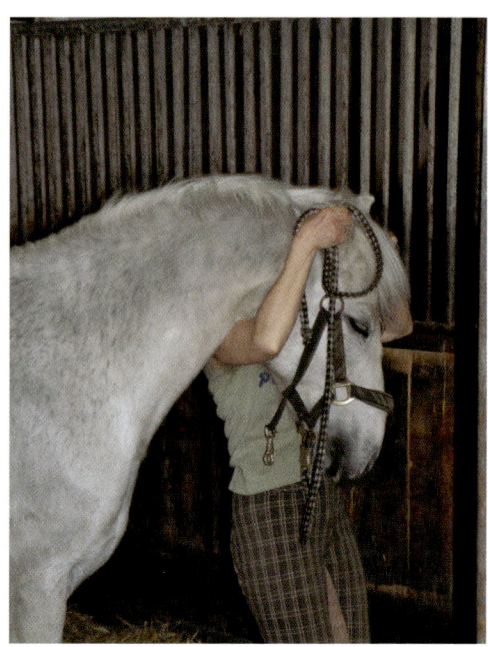
Und so sieht es von der anderen Seite aus.

Halfter wieder ab, gab es ihr, damit sie es erneut versuchen sollte. Wieder das gleiche Spiel. Jedes Mal wenn sie die Box betrat, drehte ihr das Pferd das Hinterteil zu, egal wie es vorher gerade gestanden hatte. Ich machte es ihr noch ein paar Mal vor – das Ergebnis blieb das Gleiche: Kaum, dass sie die Box betreten hatte, drehte sich das Pferd wieder von ihr weg. Dieses Spielchen ging eine ganze Weile und man merkte dem Pferd deutlich an, dass es seinen Spaß an der Situation hatte. Außer, dass es sich immer wegdrehte, machte es nichts weiter. Und mit jedem Mal wurde die Reitschülerin mutloser und ängstlicher. Was das Pferd veranlasste, die Sache auf die Spitze zu treiben. Ich redete daraufhin sehr deutlich mit der Schülerin und versuchte, ihr klarzumachen, dass das Pferd ein Spiel mit ihr spielte. Und solange sie sich davon beeindrucken ließ, würde es sicher auch nicht damit aufhören. Ich forderte sie auf, sich selbst und dem Pferd zu beweisen, wer hier der Boss war. Nachdem sie allen Mut zusammen genommen hatte, sprach sie das Pferd an, ging dann endlich ohne zu zögern am Pferdehinterteil vorbei zum Kopf und klopfte das Pferd kurz am Hals. Und nun konnte sie es endlich ohne Probleme aufhalftern und aus der Box führen. Man sah das Pferd fast grinsen und hätte es sprechen können, wäre ein Satz wie »Siehst du, geht doch! Ich wollte nur ein bisschen Spaß haben«, sicherlich hinter vorgehaltenem Huf zu hören gewesen. Lassen Sie sich also nicht so schnell ins Bockshorn jagen. Manche Pferden testen einfach, wie weit sie gehen können. Sobald Sie selbstbewusst genug auftreten, wird das Pferd Ihnen willig folgen. Sie trauen sich also in die Box, gehen zum Kopf des Pferdes und stellen sich auf die linke Seite (immer vom

Das ABC: Wie holt man ein Pferd aus der Box?

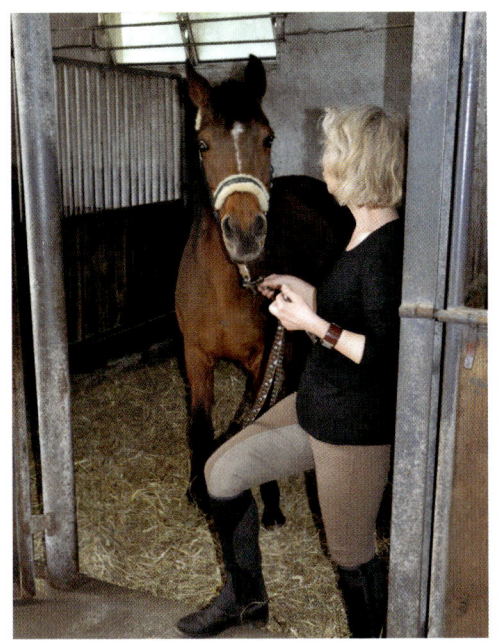

Jetzt können Sie mit Ihrem Pferd aus der Box gehen.

Der richtige Pferdeknoten will geübt sein.

Pferd aus gesehen). Jetzt dürfen Sie dem Pferd auch ein Begrüßungs-Leckerli geben. Nun können Sie ohne Probleme das Halfter über den Pferdekopf ziehen und den Karabinerhaken schließen. Am Anbindestrick, den Sie an dem unteren mittleren Ring des Halfters einhaken, können Sie das Pferd jetzt aus der Box auf die Stallgasse führen. Dabei fasst die rechte Hand den Anbindestrick unterhalb des Panikhakens an und die Linke hält das Strickende. Keinesfalls dürfen Sie sich beim Führen eines Pferdes den Anbindestrick um die Hand wickeln. Im Ernstfall könnten Sie nicht loslassen und der Strick würde sich immer enger um Ihre Hand wickeln, wenn das Pferd daran zieht. Jetzt wird das Pferd mit dem Anbindestrick an einem in der Wand befestigten Ring oder im Freien, an einem Anbindebalken angebunden. Binden Sie ein Pferd nie an beweglichen Teilen, wie z. B.

Türen oder Fenstergriffen, an. Es könnte dadurch zu äußerst gefährlichen Situationen kommen. Pferde haben es schon geschafft, in Panik Türen aus den Angeln zu heben. Und einem Pferd, an dem eine ganze Tür hängt, dem möchten Sie nicht begegnen. Angebunden wird das Pferd mit einem Sicherheitsknoten, auch Pferdeknoten genannt. Das ist ein Knoten, den das Pferd nicht aufbekommt: nicht durch Ziehen und auch nicht wenn es aus Langeweile versucht, ihn durch Herumknabbern zu öffnen. Täuschen Sie sich nicht; es gibt unter den Pferden wahre Entfesselungskünstler. Besonders manchen Ponys gelingt es, fast jeden Knoten zu öffnen. Dieser spezielle Knoten soll sich aber nur vom Menschen öffnen lassen – und das in einer Gefahrensituation bisweilen sehr schnell. Lassen Sie sich diesen Knoten zeigen und dann üben Sie ihn solange, bis Sie ihn im Schlaf oder mit verbundenen Augen können. Am anderen Ende des Anbindestricks befindet sich meist ein sogenannter Panikhaken. Damit wird der Strick am Halfter befestigt. Dieser Haken heißt nicht nur so, sondern er lässt sich bei einer tatsächlichen Panik eines Pferdes sehr schnell öffnen – auch dann, wenn das Pferd mit aller Kraft am Strick zieht.

==Schauen Sie sich also Halfter, Anbindestrick, Panikhaken und den Pferdeknoten genau an und üben Sie die einzelnen Handgriffe solange, bis das Pferd glaubt, es hätte es mit einem absoluten Profi zu tun.==

Auch putzen will gelernt sein

Nachdem Sie das Pferd aus der Box geholt und es auf der Stallgasse angebunden haben, geht es jetzt daran, das Pferd gründlich zu putzen. Jedes Pferd sollte sein eigenes Putzzeug haben. Machen Sie den Putzkasten jetzt ruhig einmal auf und schauen rein.

Natürlich haben Sie zu Hause auch Kamm und Bürste sowie diverse andere Utensilien, um sich täglich zu stylen. Aber dass es für die Pferdepflege so viele verschiedene Bürsten mit merkwürdigen Namen und noch eine Menge anderer »Gerätschaften« gibt, hätten Sie sich nicht vorgestellt. Jetzt gehen wir die mal in Ruhe durch und dann stellen wir gemeinsam fest, was man damit alles machen kann, damit das Pferd hinterher mindestens genau so gestylt ist wie Sie. Übrigens dient das Putzen eines Pferdes in erster Linie seiner Gesundheit. Da Pferde zu den wenigen Lebewesen gehören, die über die Haut schwitzen, gibt es nach jeder Reitstunde nass geschwitzte Stellen am Pferd. Überall dort wo das Lederzeug sitzt, besonders unter dem Sattel, in der sogenannten Sattellage. Aber auch an Hals, Brust, in der Flankengegend sowie an der Innenseite der Hinterbeine schwitzen Pferde nach der Arbeit, an heißen Sommertagen oder auch nach dem Toben auf der Koppel. Nach dem Abtrocknen bleiben verklebte Haare zurück. Werden sie nicht jedes Mal vor dem Reiten sauber und glatt gebürstet, kann es zu Druck- und Scheuerstellen kommen. Pferde, die in Boxen gehalten werden (auch wenn es nur nachts ist), werden es nicht verhindern können, beim Liegen Bekanntschaft mit dem eigenen Mist zu machen. Auch mit Pferden, die nach ausgiebigem Wälzen auf der Koppel eher aussehen wie Wildschweine, werden Sie Bekanntschaft machen. ==Gründliches Putzen ist also eine absolute Notwendigkeit zur Gesunderhaltung eines Pferdes und== kein reiner Styling-Spaß. Dann fangen wir mal an, aus dem Dreckschwein wieder ein gepflegtes Pferd zu machen. Grober Schmutz an den Beinen wird mit der Wurzelbürste entfernt. Dann wird das ganze Pferd mit dem Striegel (Gummi-, Plastik- oder Nadelstriegel) von grobem Schmutz befreit. Die verklebten Stellen werden aufgeraut und das ganze Fell wird mit gleichmäßigen kreisenden Bewegungen unter gleich bleibendem Druck bearbeitet. Ausgenommen sind alle Stellen, wo die Knochen dicht unter der Haut liegen, wie im Hüftbereich, an den Gelenken und natürlich am Kopf. Diese Stellen werden nur mit Bürsten bearbeitet. Übrigens gibt es keinen Unterschied zwischen linker und rechter Hand. Die Ausrede, ich bin aber Linkshänder gibt es beim Putzen, Aufsatteln und Auftrensen nicht. Es muss immer mit beiden Händen gleichmäßig und oft auch gleichzeitig gearbeitet werden. Überhaupt übernehmen die Hände eine sehr wichtige Aufgabe bei der Pferdepflege. Das

Auch putzen will gelernt sein

Berühren des Fells mit der bloßen Hand hilft Verschmutzungen, verklebte Stellen oder Hautverletzungen, Schwellungen und ungewöhnliche Wärme auch an nicht gut sichtbaren Körperteilen zu ertasten. Auch beim Seitenwechsel während des Putzvorganges sagt eine Berührung dem Pferd, wo Sie sich gerade befinden. Wenn das Pferd vom Schmutz befreit ist, wird als Abschluss mit der Kardätsche, das ist die Hauptputzbürste, das ganze Pferd übergeputzt. Auf der linken Pferdeseite haben Sie die Kardätsche in der linken Hand und den Striegel in der rechten. Auf der rechten Pferdeseite ist es umgekehrt. Dann wird mit langen gleichmäßigen Bewegungen über das Fell geputzt. Dabei wird der Schmutz der sich in den Bürstenhaaren befindet, nach jedem Strich (so wird eine lange, mit der Bürste über das Fell streichende Bewegung genannt) an dem Metall- oder Plastikstriegel abgestreift. Und zwar immer vom Körper weg, wenn Sie nicht selbst dabei staubig werden wollen. Ab und zu wird der Striegel auf der Stallgasse ausgeklopft. Zum Schluss wird der Kopf geputzt und zwar immer nur mit weichen Bürsten und einem sauberen Lappen. Schweif und Mähne verdienen bei der Reinigung eine besondere Beachtung. Die Mähne wird mit einer Bürste sauber auf eine Seite gebürstet. Der Schweif sollte grundsätzlich nur mit der Hand verlesen werden. Das bedeutet, dass man vorsichtig Strähne für Strähne mit der Hand abteilt, von Schmutz (Blätter, kleine Äste, Stroh, Späne) befreit und dabei die Haare auseinandersortiert. Schweifhaare sollten bei der Pflege nicht versehentlich ausgerissen werden. Denn es dauert bis zu sieben Jahre, bis ein Schweifhaar in voller Länge nachgewachsen ist. Das Beste haben wir uns bis zum Schluss aufgehoben. Die Hufe! Und jetzt sagen Sie nicht,

Das braucht man tatsächlich alles für die Pferdepflege.

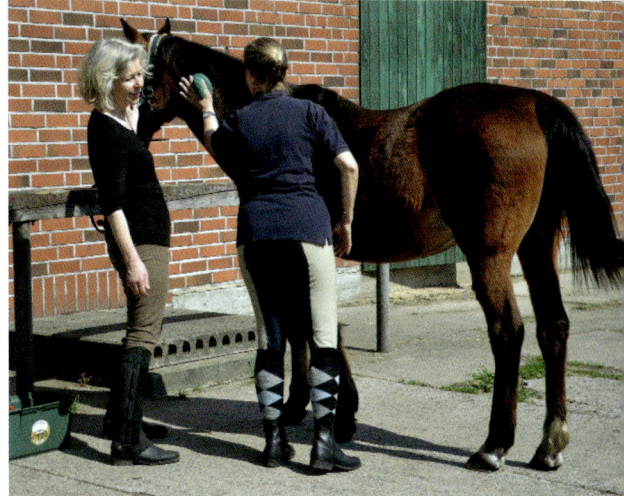

Vormachen und erklären.

dass Sie beim ersten Mal keinen Respekt oder vielleicht sogar Angst davor hatten, die Hufe hochzuheben und zu reinigen. Dann wären Sie schon sehr außergewöhnlich. Sie können sich trösten: Bei den ersten Versuchen haben alle einen ungeheuren Respekt vor den Hufen – insbesondere vor den Hinterhufen. Wenn Sie Gelegenheit bekommen, die ersten Übungen an einem besonders braven Pferd zu machen, werden Sie später auch keine Angst haben, wenn

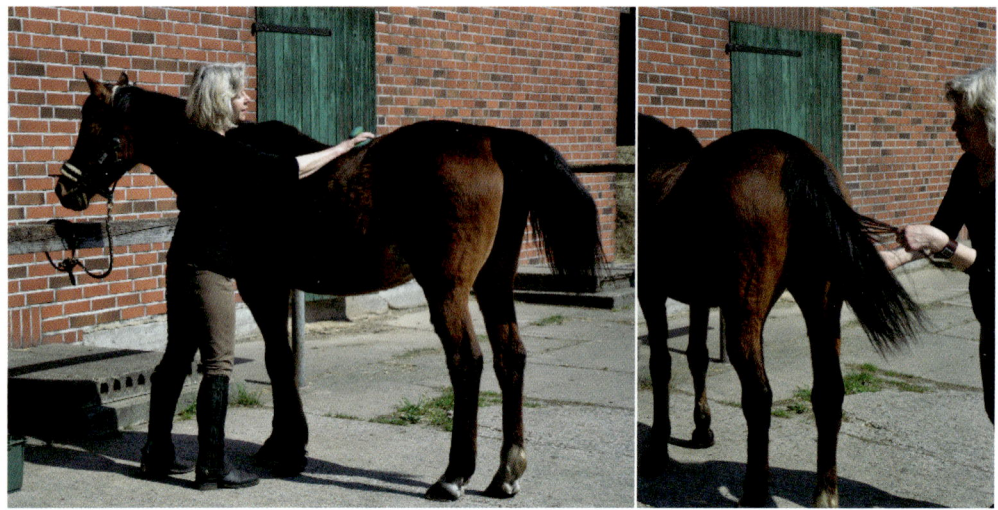

Putzen von Hacken bis Nacken. Der Schweif wird nur mit der Hand verlesen.

ein anderes Pferd sich beim Hufe-Auskratzen ein bisschen bewegt oder mal einen Huf wegzieht. Sie fangen am besten wieder auf der linken Seite an und gehen dann einmal rund ums Pferd. Also linker Vorderfuß, linker Hinterfuß dann rechter Hinterfuß und rechter Vorderfuß. Sie stehen dabei immer dicht am Pferd mit Blickrichtung zum Schweif. Dann wird auf der linken Seite der Huf mit der linken Hand umfasst und gehalten, die rechte kratzt mit dem Hufkratzer den Schmutz und eventuelle Steinchen aus dem Huf; anschließend wird mit der Bürste, die am anderen Ende des Hufkratzers ist, alles sauber gebürstet. Auf der rechten Seite genauso, nur dass Sie hier den Huf mit der rechten Hand halten und mit der linken auskratzen. Ich habe es Ihnen ja schon gesagt: Rechts- und Linkshänder gibt es beim Reiten und in der Pferdepflege nicht. Auch nicht als Ausrede. Wenn Sie jetzt noch Ihren Platz sauber gefegt haben und Ihr Pferd sauber und glänzend vor Ihnen steht, dann kann es losgehen mit dem Aufsatteln und Auftrensen.

Sattel und Trense: Wie schade, dass sich ein Pferd nicht alleine anziehen kann

Blitzblank haben Sie Ihr Pferd geputzt. Richtig schön und gepflegt sieht es aus. Jetzt kommen die Teile der Ausrüstung, die aus einem Pferd ein Reitpferd machen: nämlich Sattel und Trense. Der Sattel besteht auf den ersten Blick aus einem Teil; oder zwei Teilen, wenn man die Satteldecke mitzählt. Dass er in Wirklichkeit aus ganz vielen Teilen besteht, ahnen Sie zu diesem Zeitpunkt zum Glück noch nicht. Das besprechen wir später. Beim Sattel kann man sich jedenfalls noch vorstellen, dass man den halbwegs richtig auf den Pferderücken legen kann. Aber die Trense! Das ist ja ein wahres Wirrwarr an Riemen. Und dann noch das Gebiss, das Sie irgendwie ins Pferdemaul bekommen müssen. Ohne dass Ihnen das Pferd die Hand oder wenigstens ein paar Finger abbeißt. Wie das gehen soll, können Sie sich wirklich nicht vorstellen. Aber zuerst wird nun das Pferd gesattelt.

Sattel und Trense: Wie schade, dass sich ein Pferd nicht alleine anziehen kann

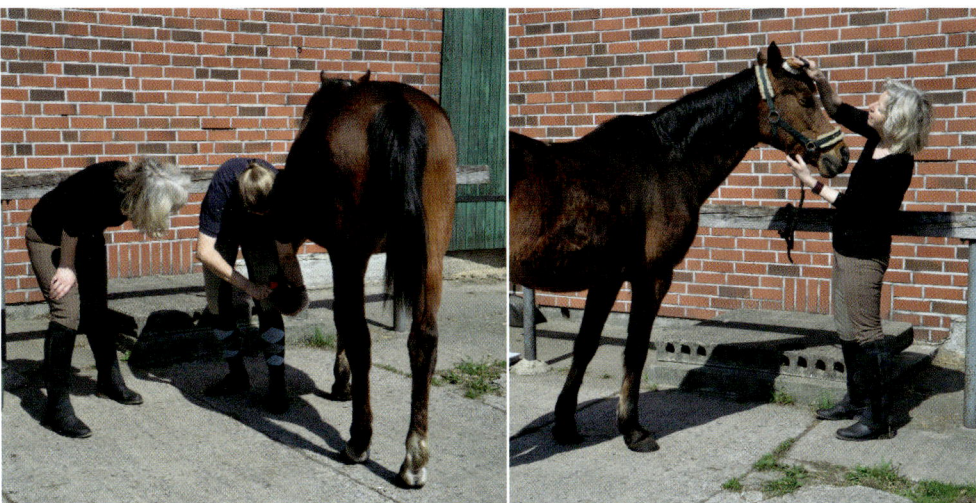

Keine Angst vorm Hufe-Auskratzen. *Auch das Gesicht gehört dazu.*

Es steht am Halfter angebunden auf der Stallgasse, also können Sie in aller Ruhe den Sattel auflegen. Gesattelt wird natürlich auch wieder von der linken Seite. Dabei wird der Sattel vorsichtig auf den Pferderücken gehoben und etwas weiter vorne (Richtung Hals) sanft abgelegt. Dann lässt man ihn von vorne nach hinten in die Sattellage gleiten. Er muss hinter der Schulter liegen, damit er das Pferd in seiner Bewegungsfreiheit nicht behindert. Die Satteldecke wird in die vordere Kammer des Sattels nach oben gezogen (das wird Einkammern genannt). Das ist wichtig, damit es nicht zu Scheuerstellen auf dem Widerrist kommt. Dann wechselt man auf die rechte Seite des Pferdes, überprüft nochmals den Sitz von Sattel und Decke und lässt dann behutsam den Sattelgurt herunter. Wieder auf der linken Seite, wird der Sattelgurt vorsichtig unter dem Bauch zur linken Seite genommen und die Gurtschnallen werden geschlossen. Man gurtet am Anfang nur wenig an, um später nach und nach den Gurt fester anzuziehen (nachgurten).

Pferde mögen ein schnelles, festes Anziehen des Gurtes nicht und können darauf mit Sattelzwang reagieren. Das äußerst sich darin, dass das Pferd beim Satteln anfängt, nach dem Reiter zu schnappen oder sich in ganz schlimmen Fällen sogar bis in eine Panik hineinsteigert und sich mit Sattel hinwirft.

Jetzt kann man noch seine benötigte Bügellänge einstellen und danach das Pferd auftrensen. Die Trense, manchmal auch Zaumzeug genannt, sieht mit ihren vielen Riemen ziemlich kompliziert aus. Das soll also alles irgendwie auf und um den Pferdekopf? Wieder macht Ihr Reitlehrer es Ihnen vor und wieder sieht es so sagenhaft einfach aus. Aber anstatt die Trense auf dem Pferd zu lassen, nimmt er sie wieder ab, drückt sie Ihnen in die Hand, damit Sie jetzt auch noch mal das Vergnügen haben. Armes Pferd, denken Sie und da haben Sie auch ganz recht. Auftrensen stellt nämlich eine echte Herausforderung dar. Gehen wir das Procedere einfach Schritt für Schritt durch. Wenn Ihr Pferd am Halfter angebunden auf der Stallgasse steht,

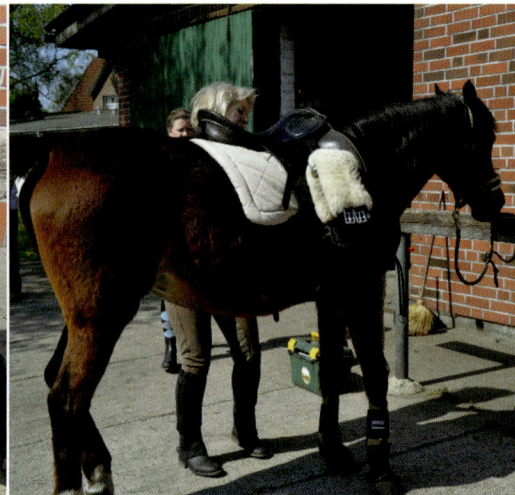

Sattel und Trense, das muss jetzt nur noch aufs Pferd.

Satteln will gelernt sein.

legen Sie zuerst die Zügel über den Hals, bevor Sie das Halfter öffnen und abnehmen. So haben Sie immer die Möglichkeit, das Pferd noch festzuhalten, wenn es sich ohne Halfter am Kopf selbstständig machen will. Sie stehen jetzt an der linken Kopfseite des Pferdes mit Blick nach vorn. Nachdem Sie die Zügel über den Hals gelegt und das Halfter abgenommen haben, kann es mit dem eigentlichen Auftrensen losgehen. Die rechte Hand liegt über der Pferdenase, die linke hält die Trense. Jetzt übernimmt die rechte Hand die Trense, mit den Fingern zwischen den Backenstücken, ohne den Nasenrücken des Pferdes loszulassen. Mit der linken Hand, nehmen Sie das Gebiss, führen es direkt vors Pferdemaul und schieben es vorsichtig hinein. Mit der rechten Hand ziehen Sie gleichzeitig die Trense hoch, damit das Gebiss nach oben bis in den Maulwinkel gleitet. Jetzt die Trense wieder mit beiden Händen übernehmen und das Genickstück erst über das eine, dann über das andere Ohr schieben und die Ohren nach vorne nehmen. Falls das Pferd beim Auftrensen sein Maul nicht von selbst öffnet, fasst man mit dem Daumen kurz vor dem Maulwinkel ins Maul und übt leichten Druck auf die Laden aus; das sollte das Pferd zum Öffnen des Mauls veranlassen. Und keine Angst: An der Stelle hat das Pferd keine Zähne. Ganz sicher! Bevor Sie jetzt anfangen, die Riemen zuzuschnallen, werden Schopf- und Mähnenhaare unter dem Genickstück hervorgeholt und glattgezogen. Der Schopf fällt über den Stirnriemen. Von der Seite und von vorne wird jetzt überprüft, ob das Reithalfter gleichmäßig sitzt. Dann können Sie den Kehlriemen schließen. Die richtige Länge hat er, wenn zwischen Kehle und Kehlriemen eine aufgestellte Faust passt. Dann werden die beiden Enden des Nasenriemens unter die Backenstücke geschoben. Der Nasenriemen liegt richtig etwa ein bis zwei Fingerbreiten unter dem Jochbein. Dann schließen Sie den Nasenriemen, sodass zwischen Nasenrücken und Riemen ungefähr zwei Finger

Sattel und Trense: Wie schade, dass sich ein Pferd nicht alleine anziehen kann

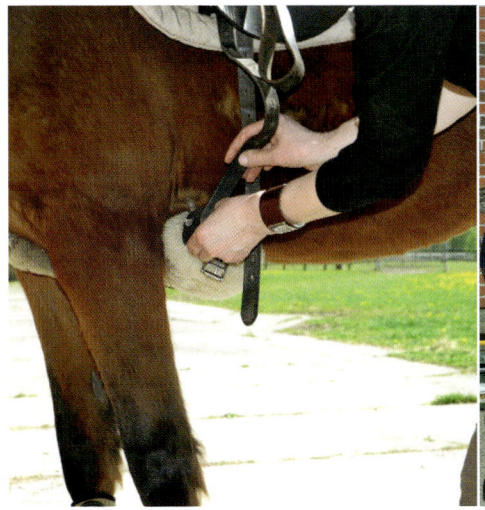
Vorsichtig den Sattelgurt festmachen.

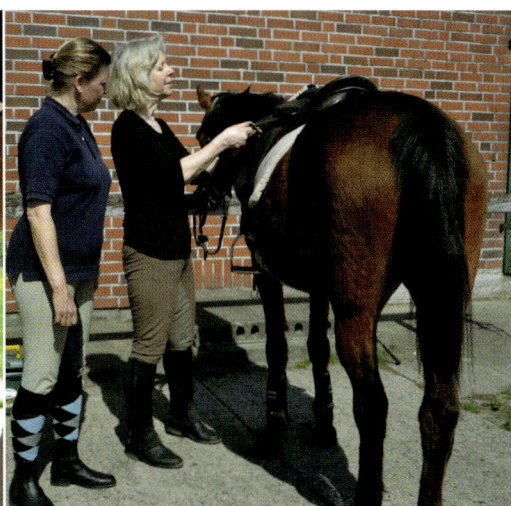
Die Steigbügel kann man gleich einstellen.

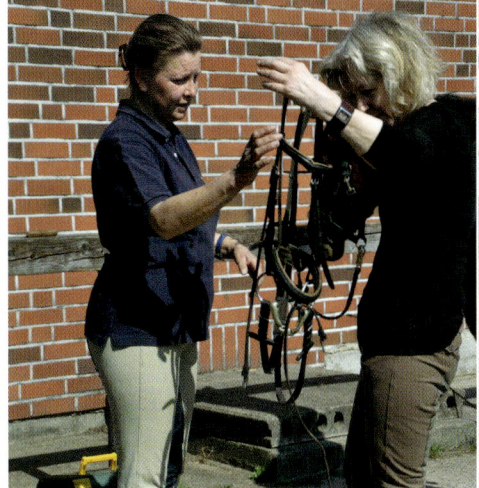
Immer erst schauen, ob alles am richtigen Platz ist.

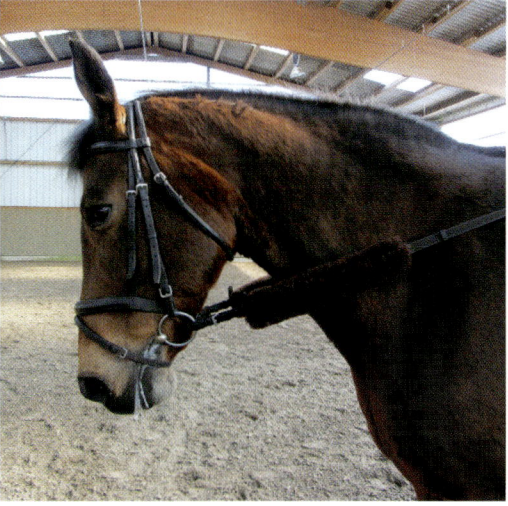
Trense mit englischem Reithalfter: So soll es aussehen, wenn es fertig ist.

Platz haben. Zuletzt wird der Sperrriemen, der unterhalb des Trensengebisses verläuft, geschlossen. Nun habe ich Sie gründlich und komplett verwirrt ... Das hört sich nämlich nicht nur kompliziert an, sondern ist es für den Anfänger auch. Weil Sie jetzt, trotz zunehmender Verwirrtheit, doch durchgehalten haben und tapfer bis hier gelesen haben, werde ich Ihnen ein Geheimnis verraten: Auch Sie werden es lernen! Und der Trick dabei ist: Lassen Sie sich das Auftrensen immer wieder zeigen, bitten Sie Reitlehrer oder erfahrene Reitschüler, Ihnen dabei über die Schulter zu schauen – und dann hilft üben, üben und nochmals üben.

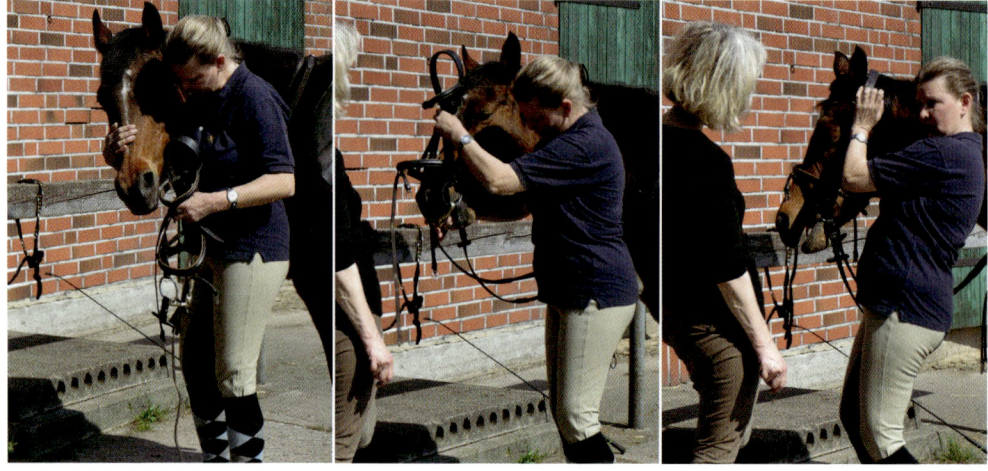

Und noch einmal der Ablauf des Auftrensens.

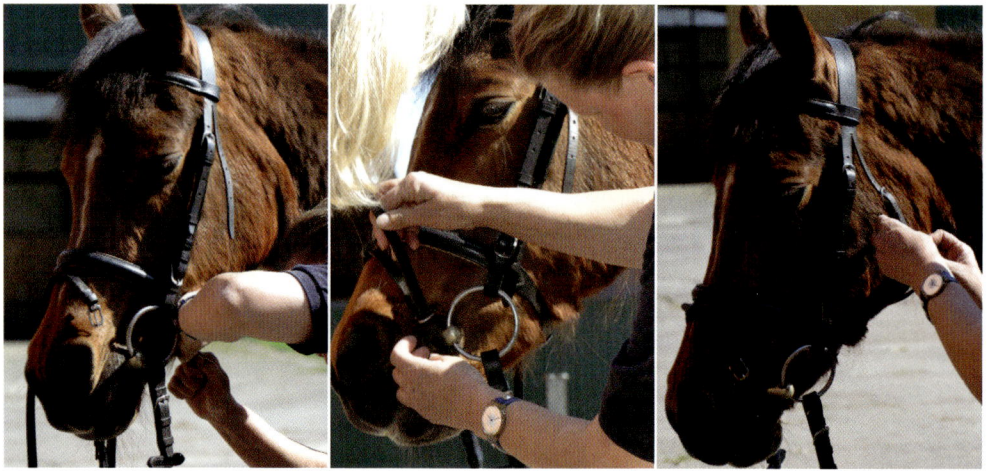

Nacheinander werden die Schnallen zugemacht.

Auf- und Absteigen ist gar nicht so leicht

Jetzt endlich gehen Sie stolz mit dem fertig aufgetrensten und gesattelten Pferd in die Reithalle. Die Bügel sind hochgeschoben und den Zügel haben Sie über den Pferdehals wieder nach unten genommen und führen das Pferd mit dem zusammengelegten Zügel in der rechten Hand. Oder: rechte Hand am Zügel und Zügelende in der linken Hand. Nie, aber auch wirklich nie, dürfen Sie sich die Zügel beim Führen um die Hand wickeln. Falls das Pferd sich vor irgendetwas so erschreckt, dass es losspringt, würden Sie einen um die Hand gewickelten Zügel niemals schnell genug loslassen können und im allerschlimmsten Fall am Zügel hängend hinter dem Pferd hergeschleift werden. Beim Putzen und Satteln des Pferdes haben Sie seine Größe fast vergessen. Außerdem war der

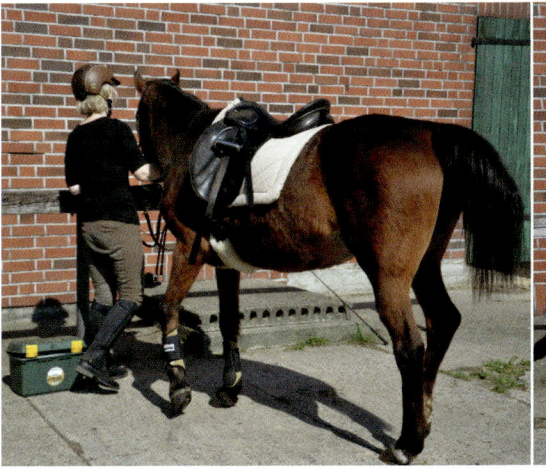
Immer nach rechts, vom Reiter weg, umdrehen.

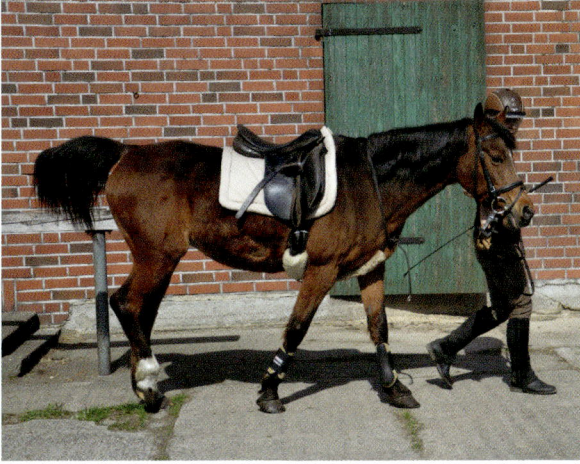
Jetzt kann es losgehen.

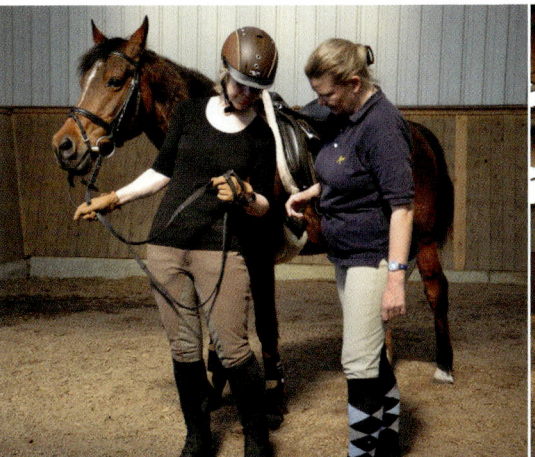
Niemals das Zügelende um die Hand wickeln.

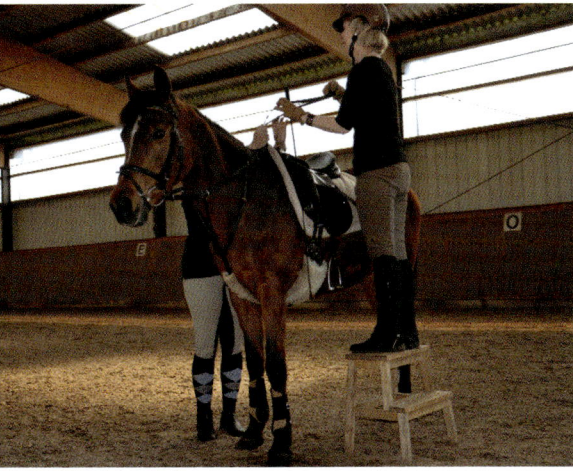
Zur Schonung des Pferderückens, immer mit der Aufstiegshilfe aufsteigen.

Casimir auch wirklich richtig lieb und ruhig. Aber jetzt neben Ihnen gehend wird Ihnen auf einmal wieder voll bewusst, was das für ein Riese ist. Da sollen sie ja gleich raufklettern ... Im Moment eigentlich noch nicht vorstellbar. Auf Anweisung des Reitlehrers gehen Sie noch eine Runde zu Fuß mit dem Pferd in der Halle. Jetzt hat das Pferd sich etwas entspannt, so dass man kurz vor dem Aufsteigen noch einmal nachgurten kann. Das ist ganz wichtig und darf nie von Ihnen vergessen werden. Sonst kann es passieren, dass Sie beim Aufsteigen samt dem Sattel zur Seite herunterrutschen. Und das mögen Pferde gar nicht. Ach, Sie auch nicht? Dann ist es ja gut; so werden Sie das Nachgurten wenigstens nicht vergessen. In vielen Reitställen wird inzwischen das Pferd mit einer Aufstiegshilfe erklommen. Das ist ein Hocker oder eine kleine Treppe. Die Aufstiegshilfe dient dem Schutz der Pferde. Da ja immer von der glei-

Linker Fuß in den Steigbügel und Schwung holen. Rüber mit dem rechten Bein und sanft hinsetzen.

chen Seite (nämlich von links) auf ein Pferd aufgestiegen wird, und das ein Pferdeleben lang, kann man sich vorstellen dass die asymmetrische Belastung durch den an einer Seite »hängenden« Reiters nicht gut für die Wirbelsäule des Pferdes ist. Natürlich werden auch Sattel und Reiter mit diesem Hilfsmittel »geschont« – insbesondere bei großen Pferden.

Übrigens: Falls mal keine Aufstiegshilfe zur Hand sein sollte, kann man sich den linken Steigbügel um fünf bis sechs Loch länger machen, um den Bügel vom Boden aus besser zu erreichen.

Nachgegurtet haben Sie also jetzt, die Bügellänge ist eingestellt und Sie haben die Steigbügel auf beiden Seiten heruntergezogen. Die Aufstiegshilfe und der Reitlehrer stehen neben Ihnen, es kann also losgehen. Aber wie kommt man denn jetzt tatsächlich aufs Pferd? Erst mal steigen Sie auf die Aufstiegshilfe. Jetzt nehmen Sie die Zügel in die linke Hand und fassen gleichzeitig vorne in die Kammer des Sattels. Jetzt stellen Sie ihren linken Fuß in den linken Steigbügel und umfassen mit der rechten Hand den hinteren Sattelkranz. Dann geben Sie sich mit dem rechten Fuß ein wenig Schwung, stoßen sich vom Boden (oder in diesem Fall von der Trittfläche der Aufstiegshilfe) ab und schwingen das angewinkelte rechte Bein über den Sattel und das Hinterteil des Pferdes. Achtung! Schwingen Sie das Bein hoch genug, denn die meisten Pferde schätzen es nicht sonderlich, wenn Sie ihnen mit Schwung den Fuß auf das Hinterteil (Kruppe genannt) knallen. Jetzt kommt etwas Wichtiges, das dem Anfänger manchmal etwas schwer fällt. Die rechte Hand haben Sie vom hinteren Sattelkranz weggenommen und können sich damit jetzt zusätzlich auf der rechten Seite vorne am Sattel abstützen, um sich dann sanft in den Sattel gleiten zu lassen. **Sie dürfen sich nämlich keinesfalls mit Ihrem vollen Gewicht einfach in den Sattel plumpsen lassen. Denken Sie immer an den Pferderücken, den wir als Reiter so weit wie möglich schonen wollen.** Der Schwung, den Sie gebraucht haben, um sich abzustoßen und das Bein über den Pferderücken zu schwingen, muss von Ihnen komplett wieder abgefangen werden, bevor Sie

Erste Schritte: Wie gut, dass es die Longe gibt   **87**

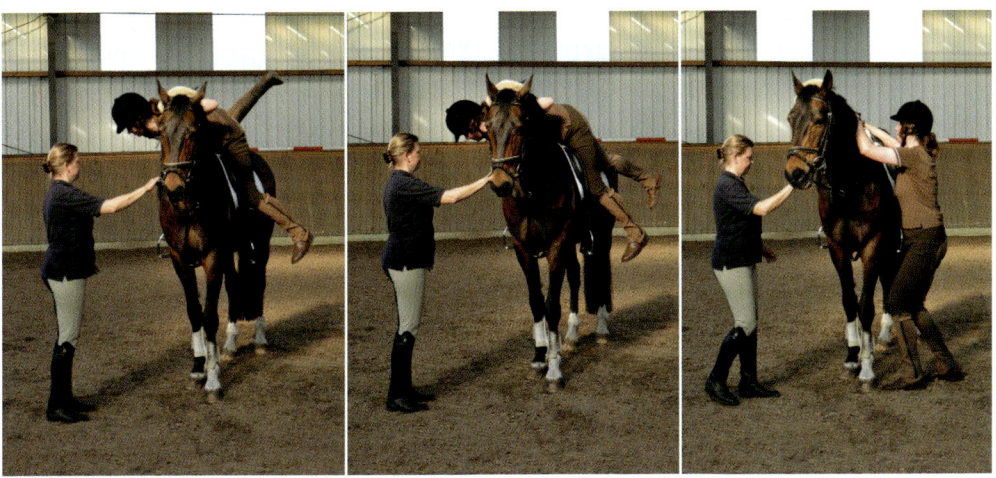

Beim Absteigen genau umgekehrt: beide Füße aus den Bügeln und mit etwas Schwung hinunter; und schließlich hat der Erdboden Sie wieder.

sich vorsichtig in den Sattel setzen. Jetzt sitzen Sie wenigstens erst einmal oben, irgendwann müssen Sie allerdings auch wieder runter. Für das Absteigen nach beendeter Reitstunde gibt es zwei Möglichkeiten. Die erste Variante ist für die Jungen, Aktiven, Supersportlichen gedacht, die weder mit Fuß- noch mit Knie- oder anderen Gelenken irgendwelche Probleme haben. Dabei nimmt man beide Füße aus den Steigbügeln, stützt sich mit den Händen vorn ab und schwingt dann beide Beine gleichzeitig nach hinten-oben, um schließlich in einer schwungvollen, fließenden Bewegung nach links vom Pferd zu springen. Geht und sieht gut aus; aber das lassen wir lieber. Die gebräuchlichere Methode sieht etwas anders aus, wird Ihnen aber besser gefallen. Hierbei nehmen Sie den rechten Fuß aus dem Steigbügel und beugen sich dann ein bisschen vor. Sie können sich mit beiden Händen vorne rechts und links am Sattel abstützen. Dann winkeln Sie das rechte Bein an und heben es hoch über Sattel und Pferderücken auf die linke Seite. Jetzt bleiben Sie, abgestützt durch Arme und Bauch, an der linken Pferdeseite, um in dieser Haltung den Fuß aus dem linken Bügel zu nehmen. Erst dann lassen Sie sich langsam vom Pferd gleiten.

Sie dürfen niemals versuchen, abzusteigen, während Ihr linker Fuß noch im Steigbügel ist. Falls Ihr Pferd einen Schritt nach vorne macht oder sich gar in dem Moment erschrecken würde, in dem Sie mit dem rechten Fuß schon auf dem Boden sind, den linken aber noch im Steigbügel haben, könnte es sein, dass Sie ein Problem bekommen. Und je höher das Pferd, umso größer Ihr Problem. Es sei denn, Sie wollen nebenbei noch für die Kunstturnweltmeisterschaften trainieren. Aber ich glaube, mit dem Reiten-Lernen haben sie zurzeit genug zu tun, nicht wahr?

Erste Schritte: Wie gut, dass es die Longe gibt

Jetzt sitzen Sie also wirklich das erste Mal auf einem Pferd. Endlich! Ist aber ganz schön hoch hier. Es kommt Ihnen noch viel höher vor, als es von unten ausgesehen hat. Ihre größte Sorge

Erste Gleichgewichtsübungen.

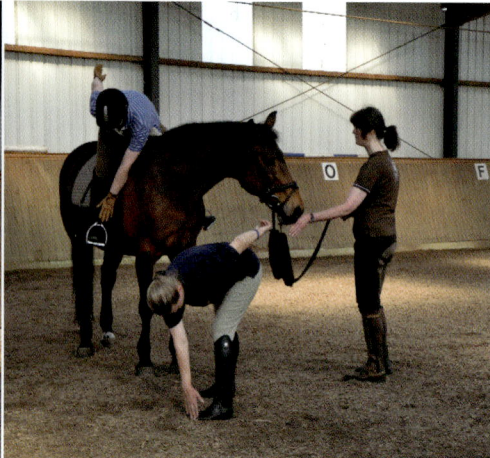
Auch das geht, man glaubt es kaum.

war, dass Sie bestimmt gleich wieder runterfallen. Den Eindruck haben Sie im Moment zum Glück nicht. Aber man kann ja nie wissen. Zum Glück hat der Reitlehrer eine Longe in den Gebissring der Trense geschnallt. Das ist eine ca. sieben Meter lange Leine, an deren einem Ende das Pferd sozusagen angebunden ist; das andere Ende hält Ihr Reitlehrer in der Hand. Deswegen brauchen Sie sich am Anfang nicht darum zu kümmern, wohin Ihr Pferd geht und wie man es dazu bringt, überhaupt irgendwo hinzugehen. Gleichzeitig vermittelt die Longe dem Reitanfänger ein Gefühl der Sicherheit. Denn geben Sie es zu, Ihre größte Angst war doch die, dass Ihr Pferd auf einmal mit Ihnen auf dem Rücken losläuft und Sie noch keine Ahnung haben, wie Sie es wieder anhalten können. Diese Sorge wird Ihnen mit der Longe abgenommen und deswegen können Sie sich jetzt völlig entspannt auf Ihre erste Reitstunde konzentrieren. Und da geht es auch schon los, Ihr Pferd setzt sich in Bewegung. Und dieses unbekannte Bewegungsmuster lässt Sie erst einmal um Ihr Gleichgewicht kämpfen. Der Mensch,

der in seinem normalen Alltag alle Bewegungen in voller Balance ausführen kann, muss jetzt auf dem Pferderücken das Gleichgewicht neu finden. Ein guter Vergleich ist das freihändige Fahrradfahren. Sie sitzen aufrecht, ohne sich am Lenker festzuhalten, geben durch das Treten in die Pedalen den Schwung zum Vorwärts-Fahren und können durch Gewichtsverlagerung die Richtung ändern. Dabei müssen Sie Ihren Körper ständig neu ausbalancieren. Das Prinzip bei ==der Reiterei ist das gleiche. Ziel ist, dass Sie mit aufrechtem Oberkörper, beweglichem Becken und losgelassener Gesäßmuskulatur im Sattel sitzen. Dabei halten Sie die Zügel in der Hand, ohne sich jemals an ihnen festzuhalten.== Der treibende Unterschenkel sorgt für die Vorwärtsbewegung. Soviel zur Theorie. Sie müssen jetzt als Erstes lernen, den Oberkörper aufrecht (senkrecht) zu halten, während das Pferd sich bewegt und versuchen, Ihre Hände vom Sattel oder dem Hilfsriemen wegzunehmen. Ihr Reitlehrer wird in den ersten Stunden ganz viele Gleichgewichtsübungen mit Ihnen machen. Sie werden z. B. mit oder ohne Bügel sitzen, die

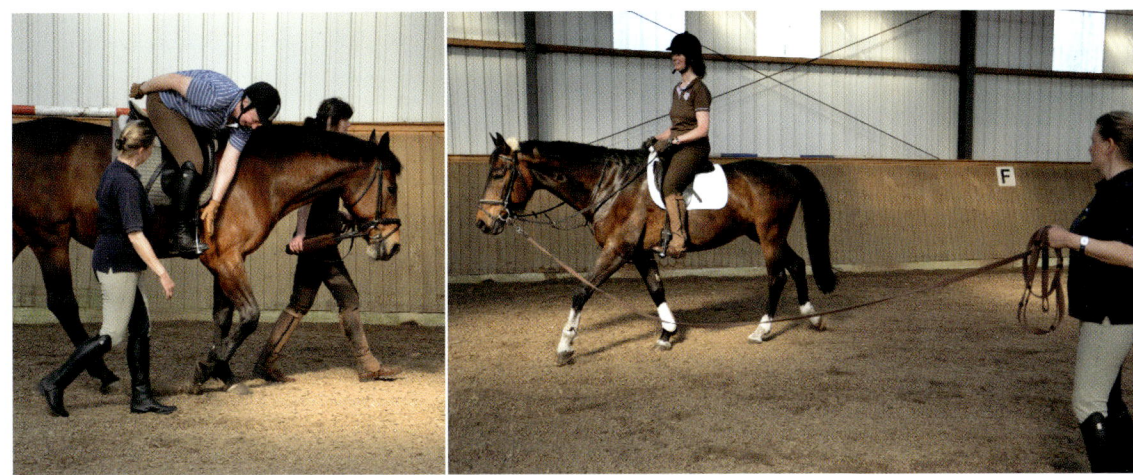

Geführt und an der Longe hat man ein sicheres Gefühl.

Arme seitlich ausstrecken oder gerade nach oben nehmen. Eine schöne Übung ist auch, mit der rechten Hand die linke Fußspitze anzufassen und umgekehrt – zuerst auf dem stehenden, später auch auf dem sich bewegenden Pferd. Diese Übung lässt Rückschlüsse auf Ihre Beckenbeweglichkeit zu, die das Wichtigste bei der Reiterei ist. Sie glauben, das geht nicht? Sie fallen dabei vom Pferd? Also, bis jetzt hat es noch keiner meiner Reitanfänger geschafft, dabei vom Pferd zu fallen, obwohl fast alle fest daran geglaubt haben. Auch Armkreisen oder langsame Drehungen im Rumpf mit dabei seitlich ausgestreckten Armen sind gute Übungen, um Balance auf dem Pferderücken zu erwerben. Um dem Reitschüler ein Gefühl für die Pferdebewegungen zu vermitteln, ist es auch sinnvoll, ihn ein paar Runden mit geschlossenen Augen reiten zu lassen. Dabei sitzt er aufrecht auf dem Pferd und lässt sich ganz auf die Bewegungen des Pferderückens ein. Er lässt es zu, dass das Pferd sein Becken bewegt.

Mit diesen oder ähnlichen Übungen werden Sie also die ersten Reitstunden verbringen und ich verspreche Ihnen, dass Sie sich jedes Mal ein bisschen wohler und sicherer auf dem Pferderücken fühlen. Nach ein paar Reitstunden werden Sie anfangen, die Bewegung auf dem Pferderücken zu genießen und damit sind Sie jetzt nur noch ein paar Jahre vom richtigen Reiten entfernt. Aber wie heißt es so schön: Der Weg ist das Ziel. Und dieser Weg wird Ihnen viel Spaß machen. Versprochen!

Ende gut, alles gut: Beendet ist die Reitstunde erst, wenn das Pferd zufrieden in der Box steht

Die Reitstunde ist zu Ende. Sie haben es geschafft, vom Pferd zu steigen und auch ansonsten sind Sie völlig geschafft von der ungewohnten Bewegung und der Konzentration. Aber egal wie durchgeschwitzt Sie sind oder wie erschöpft – jetzt ist erst mal das Pferd dran. Immer kommt zuerst das Pferd und dann der Reiter. Das ist eine Selbstverständlichkeit, an die Sie sich von Anfang an gewöhnen müssen. Noch in der Reithalle werden die Steigbügel wieder hochgeschoben und der Sattelgurt um zwei bis drei Loch gelockert. Dann nehmen Sie den Zügel über den Hals und führen Ihr Pferd wieder in den Stall. Hat Ihr Pferd stark geschwitzt (was Ihnen wahrscheinlich noch nicht passieren wird) oder ist es kalt und windig, legt man dem Pferd eine Abschwitzdecke über, damit es sich den empfindlichen Nierenbereich nicht erkältet. In der Stallgasse angekommen, gehen Sie zum Anbindeplatz und öffnen die Schnallen an der Trense. Angefangen mit dem Sperrriemen, über den Nasenriemen bis zum Kehlriemen. Der Zügel bleibt derweil über dem Hals liegen. Jetzt können Sie die Trense mit beiden Händen am Genickstück anfassen und langsam über die Ohren nach vorne ziehen. Wenn Sie die Trense jetzt nach unten gleiten lassen, achten Sie unbedingt darauf, dass das Gebiss beim Herausgleiten aus dem Pferdemaul nicht gegen die Zähne schlägt. Jetzt können Sie dem Pferd wieder das Halfter über den Kopf streifen und dann erst den Zügel über den Hals nehmen. (Sie erinnern sich: Thema weglaufen.) Nun werden die Schnallen des Sattelgurtes auf der linken Seite vollständig gelöst. Man lässt den Sattelgurt vorsichtig hinuntergleiten und geht auf die andere Seite des Pferdes, um den Sattelgurt von dort über den Sattel zu legen. Jetzt wird wieder die Seite gewechselt, damit Sie den Sattel nun von links langsam vom Pferderücken nehmen können. Danach werden genau wie vor der Reitstunde die Hufe des Pferdes aufgehoben und Sand aus der Reitbahn oder auch etwaige kleine Steinchen oder Holzteilchen aus dem Huf entfernt; die Sohle des Hufs wird sauber abgebürstet. Es ist für das Pferd eine Wohltat, wenn die verschwitzten Haare in der Sattellage mit einer Bürste geglättet werden. Bei sehr großer Hitze kann das Pferd nach dem Reiten auch mit Wasser abgespritzt oder abgewaschen werden. Nun ist Ihr Pferd fertig versorgt und kann in die Box gebracht werden. Jetzt ist der richtige Zeitpunkt, sich mit einem Leckerli, einer Möhre oder einem Apfel bei Ihrem Pferd zu bedanken. Bevor Sie das durchaus wohlverdiente Getränk genießen, gibt es nun noch ein paar kleine Dinge zu erledigen. Der Sattel muss ordnungsgemäß weggehängt werden und das Trensengebiss wird durch Abwaschen mit Wasser sorgfältig von allen daran haftenden Futter- und Speichelresten gesäubert. Dann wird auch die Trense an ihren Platz gehängt und die Putzbox mit den gesäuberten und von Haaren befreiten Bürsten weggestellt. Wenn Sie jetzt noch Ihren Anbinde- und Putzplatz sorgfältig gefegt haben, dann steht Ihrem Erfrischungsgetränk nichts mehr im Wege.

==Jetzt haben Sie es sich wirklich verdient, gemeinsam mit anderen Reiterkollegen gemütlich im Reiterstübchen sitzend, entspannt auf Ihre erste von vielen Reitstunden zurückzublicken.==

Bügel hoch, Sattelgurt locker, Ende der Reitstunde.

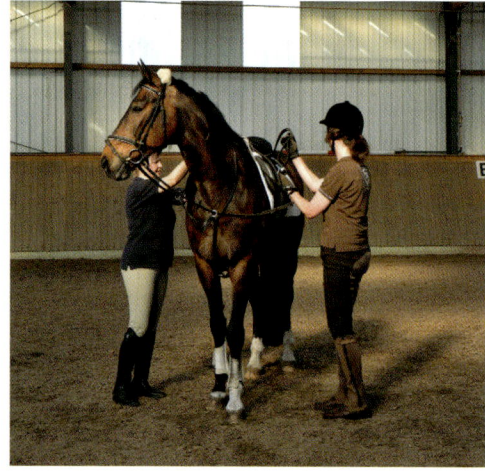

Stimmt es wirklich, dass man das irgendwann lernen kann?
oder
Lust und Frust liegen dicht beieinander

8

8. Stimmt es wirklich, dass man das irgendwann lernen kann?
oder Lust und Frust liegen dicht beieinander

Anhalten und Losreiten: Sah im Fernsehen leichter aus

Eigentlich sieht im Fernsehen alles irgendwie einfacher aus. Das ist eine Frage der Perspektive. Gemütlich im Sessel sitzend macht es richtig Spaß, anderen Menschen bei der Ausübung anstrengender Tätigkeiten zuzusehen. Das Komische dabei ist jedoch, dass sie gar nicht so anstrengend aussehen. Solange Sie noch nicht selbst reiten, ist es ja meistens so, dass die einzigen Reiter, die Sie bis dahin gesehen haben, die richtig Guten sind. Weil Sie Pferde und den Reitsport schon immer faszinierend fanden, haben Sie sich schon oft die Übertragung von Turnieren im Fernsehen angesehen. Was ist Ihnen dabei aufgefallen?

Nehmen wir mal eine Dressursport-Veranstaltung: Sehr schick aussehende Reiter sitzen auf noch schickeren Pferden, beide gleich gut frisiert und angezogen. Sie können zusehen, wie die Pferde die kompliziertesten Bewegungen ausführen – vielleicht noch zu schöner Musik. Mal kraftvoll, mal sehr elegant und geschmeidig. Der Reiter sitzt für Ihr noch laienhaftes Auge in tadelloser Haltung ganz ruhig auf dem Pferd, und es ist wirklich nicht zu sehen, dass er da oben irgendetwas macht. Schon gar nicht, dass er schwitzt. Meistens schaffen es die Reiter sogar noch zu lächeln, während sie mit ihrem Pferd eine anspruchsvolle Olympia-Kür ausführen. Kann ja demnach tatsächlich nicht so schwer sein, oder? Wenn Sie, bevor Sie das erste Mal selbst auf ein Pferd steigen, nur Reiter im Fernsehen oder auf Turnieren gesehen haben, könnte bei Ihnen tatsächlich der Eindruck entstanden sein, dass das Ganze vielleicht doch nicht so schwierig ist. Diesen Zahn werde ich Ihnen jetzt ein für alle Mal ziehen. Denn das, was Sie dort gesehen haben, ist das Ergebnis jahre- oder sogar jahrzehntelanger harter Arbeit. Und erst wenn ein Reiter richtig gut reiten kann, sieht es leicht aus. Sie können sich merken: Je weniger Einwirkung Sie bei einem Reiter sehen, desto länger und besser reitet er. Sie werden später selbst noch oft mit den Ansichten nicht reitender Mitmenschen konfrontiert werden. »Reiten ist doch kein Sport, da tut man doch gar nichts.« Oder: »Warum schwitzt du denn so, dein Pferd läuft doch.« Mit solchen oder ähnlichen Sätzen werden Sie sich auseinandersetzen müssen, während Ihnen der Schweiß der vorangegangenen Reitstunde den Rücken runterläuft und Ihnen nach dem Reiten Muskeln wehtun, von deren Existenz Sie vorher noch nicht einmal etwas geahnt hatten. Wenn Sie also die Gelegenheit haben, sich vor Ihrer ersten Reitstunde ein paar Mal Anfängerunterricht anzusehen, dann sollten Sie das tun. Nicht, um Sie zu frustrieren, sondern um das Bild ein klein wenig geradezurücken. Und damit Sie nicht allzu enttäuscht sind, wenn Folgendes passiert: Der Reitlehrer erklärt Ihnen, was Sie machen

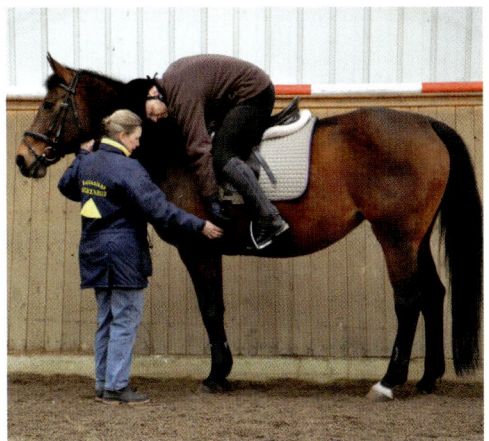
Nachgurten von oben ist gar nicht so leicht.

Das Pferd steht schon ganz gut.

müssen, damit das Pferd sich vorwärtsbewegt; Sie haben genau zugehört, versuchen, alles richtig umzusetzen, und es passiert: NICHTS! Das Pferd bewegt sich einfach nicht. Bisher war ja immer der Reitlehrer mit der Longierpeitsche da, um das Pferd vorwärtszutreiben. Heute sollen Sie auf einmal alles alleine machen. Wie war doch gleich die genaue Anweisung? Schwer machen, also sich mit dem ganzen Gewicht richtig schwer in den Sattel setzen, das Kreuz anspannen, dabei mit dem Oberkörper gerade bleiben, beide Unterschenkel kurz hinter dem Sattelgurt an den Pferdeleib legen und gleichmäßigen Druck ausüben; dabei ein klein wenig mit der Hand nach vorne Richtung Pferdemaul gehen, ohne die Verbindung zwischen Zügelhand und Pferdemaul aufzugeben. Dann sollte das Pferd laut Aussage Ihres Reitlehrers im Schritt losmarschieren. Tut es aber nicht! Es steht immer noch wie festgewachsen an seinem Platz. Das hatten Sie sich tatsächlich einfacher vorgestellt. Und was jetzt? Natürlich gleich noch einmal probieren. Wieder passiert nichts, außer dass das Pferd den Kopf zu Ihnen rumdreht und Sie angrinst. »Na, du bist wohl ganz neu im Geschäft« scheint sein Blick zu sagen. Jetzt kommt der Reitlehrer und zeigt Ihnen noch mal genau, wo der Unterschenkel liegen sollte und wie Sie mit der Hand vorgehen müssen. Das, was Sie unter Druck mit dem Unterschenkel verstanden haben, war in Wirklichkeit nicht mehr als eine sehr sanfte Berührung des Pferdebauchs. Bei einem sehr guten Reiter würde diese leichte Berührung unter Umständen durchaus genügen, um das Pferd vorwärts zu reiten. Das liegt aber daran, dass der gute Reiter ganz selbstverständlich das Kreuz angespannt hat, gleichmäßigen Druck mit beiden Gesäßknochen ausübt und um genau das richtige Maß mit der Hand vorgeht. Alles Dinge, die bei Ihnen natürlich noch nicht automatisch passieren. Und das Pferd hat natürlich längst gemerkt, mit wem es hier zu tun hat. Vielleicht denken Sie jetzt, dass man zum Reiten sehr viel Kraft benötigt. Das kommt jedem Reitschüler am Anfang so vor, ist aber nicht richtig. Reiten, und vor allem gut reiten, ist eine Frage der Technik und die beherrschen Sie am Anfang eben noch nicht. Im Verlauf weiterer Reitstunden werden Sie feststellen, dass Sie mit fort-

Der Reiter sitzt schon recht ordentlich.

Schritt ist eine schwunglose, schreitende Gangart im Viertakt.

schreitender Technik immer weniger Kraft einsetzen müssen. Und deshalb sieht es später bei den guten Reitern immer verhältnismäßig einfach aus. Jetzt müssen Sie aber doch mal ein wenig mehr die Unterschenkel an das Pferd drücken, um endlich vorwärts zu kommen. Und nachdem Sie sich getraut haben, Ihrem Gefühl nach richtig stark zu drücken: Oh Wunder, es bewegt sich! Viele Reitschüler haben am Anfang auch etwas Angst, zu stark zu drücken, weil sie ja noch nicht wissen, was passiert. Manch einer denkt, dass das Pferd dann vielleicht unkontrolliert losspringt. Viele glauben auch, dass das Pferd angaloppiert, wenn man ganz stark drückt oder (auf Anweisung des Reitlehrers) etwas fester mit dem Unterschenkel anknufft. Und davor haben alle Reitanfänger einen Heidenrespekt. Hier hilft es, wenn der Reitlehrer in Ruhe erklärt, dass nichts dergleichen passieren wird. Zum Angaloppieren wartet ein gut ausgebildetes Pferd auf die entsprechende Galopphilfe. Und die können Sie ja nun wirklich noch nicht. Also, keine Angst vor etwas mehr Einsatz. Und wehtun werden Sie dem Pferd damit auch nicht. Auch das ist eine der Sorgen, mit denen

ein Reitanfänger sich herumschlägt. Und wenn ein Anfänger darüber nachdenkt, ist das sicher nicht das schlechteste, denn wehtun wollen wir den Pferden ja auf keinen Fall.
Jetzt hat sich Ihr Pferd doch tatsächlich in Bewegung gesetzt, und damit es auch dabei bleibt, dürfen Sie nicht aufhören, zu treiben. Sie verstehen: Gas weg, Pferd steht – wie beim Autofahren. Um eine gleichmäßige Vorwärtsbewegung des Pferdes im Schritt zu erhalten, müssen Sie auch gleichmäßig und gleich bleibend treiben. Klingt doch eigentlich ganz logisch, oder? Um also das Pferd im Schritt zu halten, müssen Sie mit den Unterschenkeln wechselseitig treiben. Dass Sie abwechselnd mit dem linken und dem rechten Bein treiben, liegt daran, dass der Schritt ein Viertakt ist, bei dem sich der Bauch des Pferdes wechselseitig etwas den Reiterschenkeln nähert. Man sagt auch: Das Pferd holt sich im Schritt seine treibenden Hilfen selbst.
Der Schritt ist eine schwunglose, schreitende Gangart. Deshalb wird dabei auch von **Schritten** gesprochen. Im Gegensatz zu **Tritten im Trab** und **Sprüngen im Galopp**. Im Schritt fußen

Trab ist eine schwungvolle Gangart im Zweitakt. Das diagonale Beinpaar fußt gleichzeitig ab.

Galopp ist ein Dreitakt; er besteht aus einzelnen Sprüngen mit einer Schwebephase dazwischen.

die vier Beine des Pferdes nacheinander auf und ab und zwar gleichseitig aber nicht gleichzeitig. Auf hartem Boden kann man die vier Hufschläge hören. Dann treiben Sie mal schön.

Sie haben Ihr Pferd nun tatsächlich in Bewegung gesetzt; Jetzt kommt Problem Nummer zwei: »Wie halte ich es wieder an?« Wirklich sicher fühlen Sie sich erst, wenn Sie die Kontrolle haben und jederzeit anhalten können. Das geht jedem Reitschüler am Anfang so. Was müssen Sie also tun, um dieses riesige, schwere Tier dazu zu bringen, anzuhalten, wann und wo Sie möchten? Genau wie beim Anreiten, macht man sich auch zum Anhalten schwer, richtet sich gleichzeitig auf und setzt den Körper etwas mehr unter Spannung. Damit bringt man das Pferd dazu, vermehrt mit der Hinterhand unterzutreten und mehr Last aufzunehmen.

Einen ganz wichtigen Satz müssen Sie sich merken: **Angehalten wird immer von hinten nach vorne**, nie umgekehrt. Die Unterschenkel bleiben leicht treibend am Pferd liegen, um bis zum Schluss, also bis das Pferd steht, die Hinterbeine des Pferdes zu animieren, weiter vorzutreten. Die Hand am Zügel hat den kleinsten Part dabei. Während man im Schritt mit der Hand die Nickbewegung des Pferdekopfes mitmacht, bleibt die Hand jetzt stehen und unterbricht sozusagen den Rhythmus. Die Hand nimmt den Zügel an und mit gleichzeitigen treibenden Schenkelhilfen wird das Pferd von hinten nach vorne an die Reiterhand heran getrieben. Sie müssen also mehr oder weniger gleichzeitig Gas geben und bremsen. Wobei auf die Einwirkung der Hand nur ca. 20 % entfallen sollen und die restlichen 80 % gleichmäßig auf Kreuz, Gewicht und Schenkelhilfen verteilt werden. Das hört sich in der Theorie ganz schön schwer an, nicht wahr. Und in der Praxis? Da ist es am Anfang noch viel schwerer. Ein Pferd durch feine, später fast unsichtbare Hilfen zum Halten zu bringen und dafür zu sorgen, dass es gleichmäßig auf allen vier Beinen steht, dabei nicht rückwärts oder seitwärts ausweicht, ist zu Beginn eine schwierige Aufgabe, bei der Sie nur mit viel Geduld und häufigem Üben ans Ziel kommen. Wenn Sie es schaffen, mit sich und dem Pferd so viel Geduld zu haben wie das Pferd mit Ihnen, dann sind Sie schon mal auf dem richtigen Weg. Und deswegen werden wir jetzt auch gleich einmal anfangen, die verschiedenen Möglichkeiten der Kommunikation mit dem Pferd zu beschreiben.

Gewicht, Kreuz, Schenkel, Zügel, sonst noch was?

Zunächst einmal werden alle reiterlichen Einwirkungen auf das Pferd in der Fachsprache als Hilfen bezeichnet. Die verschiedenen Arten der Hilfen werden wir uns nachfolgend anschauen. Vorweg ein ganz wichtiger Grundsatz. Schreiben Sie ihn auf, lernen Sie ihn auswendig und vergessen ihn nie: **Der Motor des Pferdes ist hinten!** Nur mit genug Kraft in der Hinterhand kann es sich selbst und den Reiter tragen. Mit allen unseren Hilfen aktivieren wir also in erster Linie die Hinterhand des Pferdes. Wir kommunizieren dabei über Gewichtshilfen (Kreuzhilfen), Schenkelhilfen, Zügelhilfen und Stimme. Erfolgreich ist die Kommunikation mit dem Pferd jedoch nur, wenn die verschiedenen Hilfen in richtiger Kombination und mit dem richtigen Timing gegeben werden. Keine dieser Hilfen wird für sich alleine eingesetzt, nur das Zusammenspiel aller Hilfen gibt uns die Kontrolle über Tempo, Richtung und Gangart unseres Pferdes. Je weiter ein Reiter in seiner Ausbildung fortgeschritten ist, desto feiner und unauffälliger wird die Hilfengebung.

Jetzt nehmen wir mal die einzelnen Hilfen genauer unter die Lupe.

Was versteht man unter **Gewichtshilfen**? Wie und wofür kann man sie einsetzen? Ganz einfach gesagt, muss man es sich so vorstellen, dass der Reiter mit seinem eigenen Körpergewicht auf den Pferderücken einwirkt. Er kann mithilfe seines Gewichtes das Pferd vorwärts oder auch seitwärts schieben. Natürlich funktioniert das nur gleichzeitig mit Schenkel- und Zügelhilfen. Um das Pferd sozusagen vorwärts zu schieben, muss der Reiter nicht nur sein Gewicht gleichmäßig auf beide Gesäßknochen verteilen, sondern gleichzeitig das Kreuz anspannen. Durch dieses »Anziehen« im Bereich des Kreuzbeines wird bewirkt, dass sich der

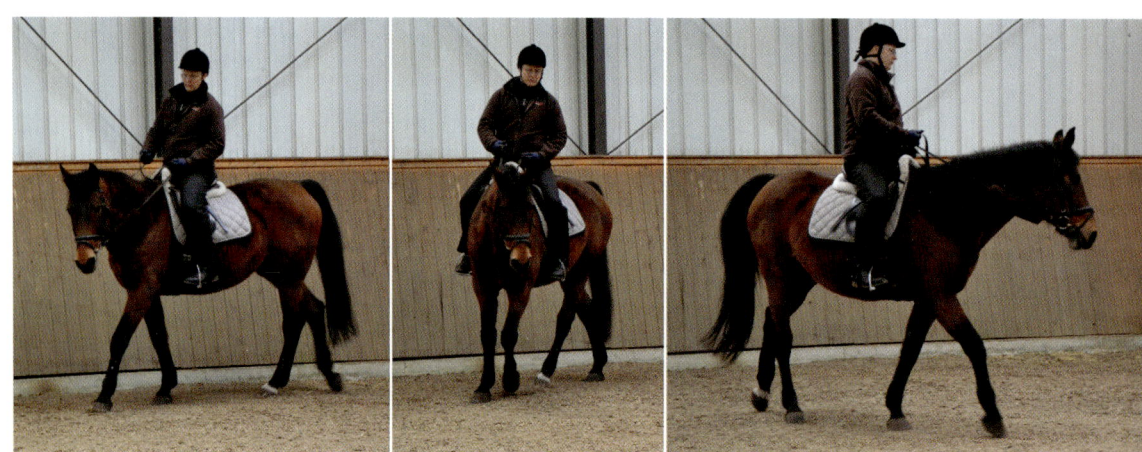

Das soll eine Volte werden ... ... und sieht auch schon ganz gut aus.

Gewicht, Kreuz, Schenkel, Zügel, sonst noch was?

Druck der beiden Gesäßknochen auf den Pferderücken verstärkt und damit auf das Pferd vorwärts treibend wirkt. Ein Pferd weicht immer dem Druck aus. Das gilt für die Gewichtshilfe genauso wie für die Schenkelhilfe. Man kann sein Gewicht auch vermehrt auf einen Gesäßknochen verlagern und damit sein Pferd veranlassen, seitwärts zu gehen, also dem Druck zur Seite auszuweichen. Vereinfacht erklärt passiert Folgendes: Drückt man mit dem linken Gesäßknochen (und/oder Unterschenkel), geht das Pferd nach rechts. Drückt man mit dem rechten Gesäßknochen (und/oder Unterschenkel), geht das Pferd nach links, wird mit beiden gleichzeitig gedrückt, geht das Pferd vorwärts. Na, das klingt ja endlich mal recht einfach, werden Sie denken. Ist es aber nicht. Denn erstens braucht es viel Übung, bis man das mit dem Druck und dem Anspannen des Kreuzes hinbekommt, und zweitens funktioniert es ohne ergänzende Schenkel- und Zügelhilfen auch nicht. Also doch wieder ein Pferdefuß bei der Sache. Irgendwie haben Sie es ja gleich geahnt. Wäre ja auch zu schön gewesen.

Kümmern wir uns also gleich einmal genauer um die **Schenkelhilfen**.
Was genau sind Schenkelhilfen? Und wie werden sie eingesetzt? Sie kennen doch den Satz: aller guten Dinge sind drei! Genauso ist es bei den Schenkelhilfen. Also wieder nichts mit einfach, zu früh gefreut. Schenkelhilfen gibt es vorwärts treibend, vorwärts-seitwärts treibend und verwahrend. Das Pferd erkennt die unterschiedlichen Kommandos aufgrund des Bereichs, an dem Sie mit dem Schenkel treiben. Alles klar? Nicht? Dann wollen wir mal ins Detail gehen. Beim vorwärts treibenden Schenkel, liegt der Unterschenkel des Reiters dicht hinter dem Gurt. Durch kurzes, starkes Anspannen der Wadenmuskulatur werden die Hinterbeine des Pferdes zu vermehrter Aktivität aufgefordert. Der vorwärts-seitwärts treibende Schenkel liegt ungefähr eine Handbreit hinter dem vorwärts treibenden Schenkel. Er soll das Pferd, je nach gewünschter Übung, dazu bringen, im Schritt zuerst mit dem Hinterbein, dann mit dem Vorderbein oder im Trab mit dem diagonalen Beinpaar (z. B. rechtes Vorderbein und linkes

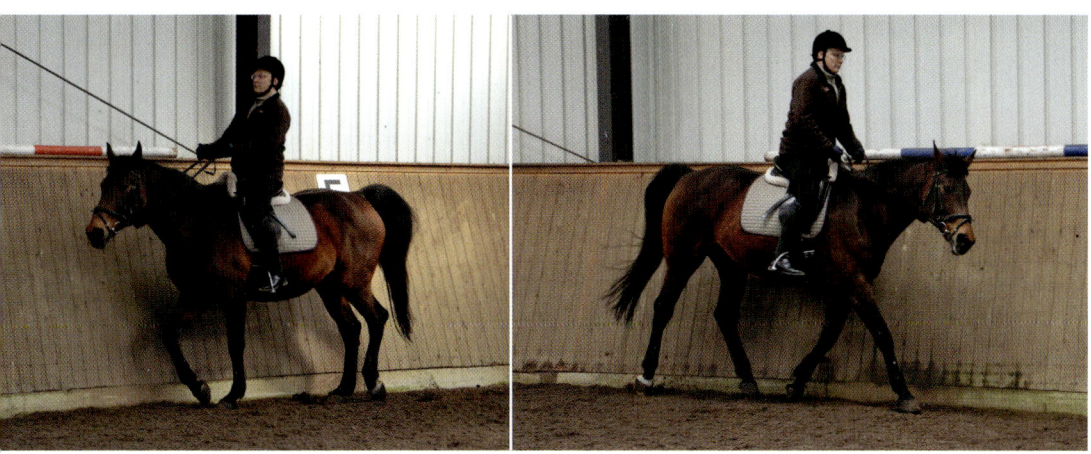

Aller Anfang ist wirklich schwer.

Hinterbein) gleichzeitig vorwärts-seitwärts überzutreten. Der verwahrende Schenkel liegt nur ein klein wenig weiter hinten als der vorwärts-seitwärts treibende. Er ist etwas weniger aktiv. Seine Aufgabe ist es, ein Ausweichen der Hinterhand zu verhindern. Da, wie wir ja vorhin schon gelernt haben, ein Pferd immer dem Druck ausweicht, würde ein einseitig vorwärts treibender Schenkel (wie beim Galoppieren) oder ein vorwärts-seitwärts treibender Schenkel das Pferd dazu animieren, mit der Hinterhand dem Druck zur Seite auszuweichen. Und damit das nicht passiert, wird das Pferd mit dem verwahrenden Schenkel daran gehindert. Er sorgt dafür, dass Hinter- und Vorderbeine in der gleichen Spur bleiben. Er ist sozusagen die äußere Begrenzung für das Pferd. Da die richtige Lage des Unterschenkels sehr wichtig ist, wenn Sie wollen, dass Ihr Pferd Sie versteht, müssen Sie diese immer und immer wieder üben. Lassen sie sich von Ihrem Reitlehrer immer wieder die richtige Lage des Schenkels erklären, und bitten Sie darum, dass er Ihren Unterschenkel an die richtige Stelle legt, bis sie genau verstanden haben, was mit welcher Positionsangabe gemeint ist.

Damit Sie nicht glauben, dass es das jetzt war, kommen wir nun zu den **Zügelhilfen**. Ein alter Reitmeister hat einmal gesagt: »Vom Zug an den Zügeln, kommt das ganze Unheil in der Reiterei.« Dem ist eigentlich nicht mehr viel hinzuzufügen. Werde ich aber trotzdem, damit Sie es verstehen.

Also, **Zügel sind nicht (nie) zum Ziehen da**; Zügel sind nicht (nie) zum Festhalten da. Der Zügel dient der allerfeinsten Verbindung zwischen Reiterhand und Pferdemaul. Und am Pferdemaul wird nun einmal nicht gezogen oder sich festgehalten. Klar soweit? Was macht also der Zügel, bzw. was macht der Reiter mit dem Zügel? Beginnen wir mal mit einem ganz wichtigen Punkt: Zügelhilfen werden nie alleine gegeben, sondern immer nur in Verbindung mit Gewichts- und Schenkelhilfen. Die Zügelhilfen können nachgebend, annehmend, durchhaltend, verwahrend und seitwärts weisend wirken. Man braucht sie für halbe oder ganze Paraden, das Reiten von Übergängen, beim Stellen und Biegen des Pferdes und ganz allgemein zur Vorbereitung auf jede neue Übung. Die Reiterfaust muss dabei stets fest um den Zügel geschlossen sein, der leicht gekrümmte Daumen drückt den Zügel dabei auf den Zeigefinger und verhindert so ein Durchrutschen. Das Durchrutschen der Zügel und das damit verbundene ständige Nachfassen bringt viel Unruhe ins Pferdemaul und sollte deshalb möglichst vermieden werden. Mit verdeckten Fäusten, mit steifen, unbeweglichen Handgelenken oder heruntergedrückten Zügelfäusten können keine gefühlvollen Zügelhilfen gegeben werden. Viele Reiter (nicht nur Anfänger) neigen dazu, zu viel und zu hart mit dem Zügel (mit der Hand) einzuwirken. In der Folge werden die Pferde im Maul unsensibel und fest.

Beachten Sie am besten die folgende Richtlinie: Die **Zügeleinwirkung** sollte maximal 20 % aller gegebenen Hilfen ausmachen. Die anderen 80 % werden von Kreuz, Gewicht und Schenkel übernommen. Arbeiten Sie immer daran, mit den Zügeln so wenig und so fein wie möglich einzuwirken. Ihr Pferd wird es Ihnen danken.

Als Letztes wollen wir auf die Einwirkung der **Stimme** zu sprechen kommen. Auch wenn Sie dem Pferd die eigentlichen Kommandos nicht verbal geben, so ist die Stimme des Reiters in vielen Fällen ein wirkungsvolles und wichtiges

Nicht aufgeben, jeder kann es lernen.

und Führen, beim Hufschmied, Tierarzt und bei der klassischen Bodenarbeit) kann auf die Stimme nicht verzichtet werden. Auch der Reiter, der auf einem Pferd sitzt, das sich erschreckt hat oder sich in einer (aus Pferdesicht) gefährlichen Situation befindet (raschelnde Blätter, bellender Hund oder springender Hase), wird feststellen, dass man mit ruhiger, tiefer Stimme durchaus beruhigenden Einfluss auf sein Pferd nehmen kann. In diesem Sinne: Sprechen Sie »ruhig« mal mit Ihrem Pferd.

Ganze Parade, halbe Parade: Wie spreche ich mit dem Pferd?

»Hallo Mäxchen, ich bin die Christa, ich möchte gleich eine Reitstunde mit dir verbringen und es wäre unheimlich toll, wenn du genau das machen würdest, was ich möchte.« So oder ähnlich könnten Sie natürlich mal versuchen, mit Ihrem Pferd zu reden. Ich glaube, dass Ihr Pferd das sehr nett finden würde, vor allem, wenn diese kleine Ansprache noch mit dem einen oder anderen Leckerli verbunden wird. Nur reiterlich nützen wird es Ihnen gar nichts. Es wird Ihnen – wie allen anderen Reitern vor Ihnen – nichts anderes übrig bleiben, als die nächsten Jahre damit zuzubringen, die Sprache zu erlernen, die Ihr Pferd versteht und in der es seine eigene Ausbildung erhalten hat.

Wie lautet sie denn nun, die **Sprache**, mit der sich Reiter und Pferd verständigen? Sie haben die einzelnen Hilfen, also die Möglichkeiten, auf das Pferd einzuwirken, ja schon kennen gelernt. Und Sie haben auch verstanden, dass nur ein Zusammenspiel der einzelnen Hilfen zum Erfolg führt. Grundsätzlich müssen wir unterscheiden zwischen den Hilfen, die das

Instrument. Vorausgesetzt, Sie sprechen richtig mit dem Pferd. Hohe, schrille, kreischende Töne sowie eine Stimme, der Angst oder Hektik deutlich anzuhören ist, eignen sich z.B. nicht zum Beruhigen des Pferdes, sondern bewirken das Gegenteil.

Beim Longieren eines Pferdes wird ein Großteil der Kommandos über die Stimme gegeben. Da der Reiter in diesem Fall ja nicht auf dem Pferd sitzt, und somit keine Gewichts- oder Schenkelhilfen geben kann, ist sie ein wichtiges Hilfsmittel. Bei der Arbeit mit jungen oder ängstlichen Pferden sowie grundsätzlich bei allen Arbeiten vom Boden aus (beim Putzen

Pferd in der gewählten Gangart halten und dafür sorgen, dass es sich in dieser Gangart weiter vorwärts bewegt, und den Hilfen, die eine Veränderung bewirken sollen.

Das harmonische Zusammenspiel von treibenden und verhaltenden Hilfen mit dem Ziel, Tempo und Gangart des Pferdes zu kontrollieren oder zu verändern, wird als **Parade** bezeichnet. Unterschieden wird dabei zwischen ganzen und halben Paraden. Um dieses zugegebenermaßen schwierige Kapitel etwas zu vereinfachen, werde ich die Anweisungen, die wir dem Pferd mit der ganzen oder den halben Paraden geben, einmal in Menschensprache übersetzen. Was ist eine ganze Parade? Was sagt sie dem Pferd? In Menschensprache übersetzt bedeutet die **ganze Parade**: Halt! Und zwar aus jeder Gangart. Die ganze Parade bringt das Pferd aus dem Schritt, dem Trab oder dem Galopp (Isabell Werth) zum Stehen. Die ganze Parade hat nur diese eine Bedeutung.

Anders verhält es sich mit der **halben Parade**: Die halbe Parade ist für alles andere zuständig. Wieder in Menschensprache: Achtung, aufpassen! Nicht einschlafen, schön aufmerksam bleiben! Achtung, gleich will ich etwas von dir! Ich möchte, dass du gleich antrabst. Ich möchte, dass du gleich angaloppierst. Aber auch: Ich möchte, dass du aus dem Galopp gleich in den Trab übergehst – oder vom Trab zum Schritt. Sie sehen also, das Betätigungsfeld der halben Paraden ist groß.

Noch mal in Kurzform: **»Ganze Parade« bedeutet Anhalten aus jeder Gangart**. »Halbe Paraden« machen das Pferd aufmerksam auf alles, was da kommen könnte. Sie haben jetzt wahrscheinlich auch erkannt, dass der halben Parade eine enorme Bedeutung zukommt. Sie nimmt den Großteil unserer Kommunikation mit dem

Egal, wie groß das Pferd ist – die Richtlinien für Sitz und Hilfengebung sind für alle gleich.

Pferd ein. Nun möchten Sie wahrscheinlich gerne wissen, wie sie denn nun aussehen (bzw. ausgeführt werden), die ganzen und die halbe Paraden.

Beginnen wir mit der **ganzen Parade**. Da sie nur eine Bedeutung hat, sind wir schnell damit durch – jedenfalls mit der Theorie. Die ganze Parade wird auch durchhaltende Parade genannt. Weil sie im Gegensatz zu den halben Paraden – vereinfacht gesagt – die Unterbrechung der Vorwärtsbewegung des Pferdes solange »durchhält«, bis dieses steht. Um es noch leichter verständlich zu machen: Vollbremsung, aber mit Gefühl. Vorbereitet wird die ganze

Parade immer mit einer oder mehreren halben Paraden. (Bedeutung in diesem Fall: Achtung, bereite dich schon mal darauf vor, gleich möchte ich, dass du anhältst). Dann wird das Pferd durch Annehmen der Zügel unter Beibehaltung der treibenden Hilfen (Gas geben und bremsen zu gleicher Zeit) zum Halten durchpariert (so heißt es korrekt). Die treibenden Hilfen sind dabei enorm wichtig, damit das Pferd von hinten nach vorne zum Halten kommt und nicht umgekehrt. Gerade bei der ganzen Parade muss das Pferd mit der Hinterhand Last aufnehmen, sollte im Idealfall gleichmäßig auf allen vier Beinen zum Stehen kommen und danach ruhig und unbeweglich stehend die nächsten Kommandos abwarten. Sobald das Pferd anhält, muss der Reiter mit der Hand leicht werden. Würde er den Druck auf dem Zügel nach dem Anhalten beibehalten, so würde das Pferd rückwärts treten oder seitlich ausweichen. Es ist also ganz wichtig, den richtigen Zeitpunkt zum Nachgeben nicht zu verpassen. Entschuldigung – nun ist der Abschnitt zu den ganzen Paraden doch etwas länger geworden.

Im Unterschied zu den ganzen Paraden soll sich das Pferd bei **halben Paraden** durchaus weiter vorwärts (oder auch seitwärts bzw. rückwärts) bewegen. Der Reiter darf also den Bewegungsfluss des Pferdes nicht komplett unterbrechen. Wenn der Reiter z. B. vom Trab zum Schritt durchparieren will, dann darf der Zügel nicht so stark angenommen werden, dass das Pferd zum Halten kommt. Die Zügelfaust wird nur kurz eingedreht und danach gleich wieder gerade gestellt. Später reicht dazu auch eine Bewegung der Hand, die als »Schwamm ausdrücken« bezeichnet wird. Gleichzeitig werden bei jeder halben Parade die treibenden Hilfen zur Aktivierung der Hinterhand gegeben. Die halben Paraden sollen Takt und Haltung des Pferdes sowie das fleißige Vortreten der Hinterbeine erhalten oder verbessern. Allerdings brauchen Sie sich damit noch nicht so intensiv zu beschäftigen. Am Anfang werden Sie froh sein, wenn Sie es schaffen, mit einer korrekten ganzen Parade Ihr Pferd zum Halten zu bringen, oder mithilfe der halben Paraden einen Gangartwechsel vorzunehmen.

Dann gibt es natürlich auch noch die ganz normalen vorwärts treibenden Hilfen, die es Ihnen ermöglichen, Ihr Pferd »einfach« nur in der gewünschten Gangart zu halten. Wenn Sie mit einem tiefen Sitz, gleichmäßigem Druck auf beiden Gesäßknochen, vorwärts treibenden Unterschenkeln und einer stetigen, feinen Anlehnung Ihrer Hand an das Pferdemaul ein freudig vorwärts gehendes Pferd haben, das auf Anweisung von Ihnen die Gangart wechselt oder dort zum Halten kommt, wo Sie möchten, dann haben Sie sich wirklich den ersten reiterlichen Ritterschlag verdient.

Das geht nicht alles gleichzeitig, ehrlich!

Zugegeben, das ist schon nicht so ganz einfach bei der Reiterei. Man muss – im Gegensatz zu vielen anderen Sportarten – sehr viele unterschiedliche Dinge gleichzeitig tun. Am besten lernt man, seinen Körper in verschiedene Segmente einzuteilen, die dann tatsächlich alle etwas anderes tun.

Schauen wir uns mal den Reiterkörper von oben nach unten an. Der Kopf wird ruhig getragen, ohne durch die Bewegung des Pferdes zu wackeln. Der Oberkörper ist gerade und aufrecht, ohne dabei steif zu sein. Wenn der Reitlehrer Sie auffordert, gerade zu sitzen, sollten Sie nicht so aussehen, als hätten Sie einen Stock verschluckt. Kommen wir jetzt zu Ihren Armen. Der Oberarm sollte locker, mehr oder weniger senkrecht herunterhängen. Ober- und Unterarm bilden einen annähernd rechten Winkel. Da aber die Arme und das Längenverhältnis von Ober- zu Unterarm von Mensch zu Mensch verschieden ist, ändert sich damit auch der Grad des Winkels. Der Unterarm und die Hände stellen eine gedankliche Verlängerung der Zügel dar. Unterarm und Zügel sollten im Idealfall eine ungebrochene Linie bilden. Die Hände werden aufrecht getragen und weder abgekippt noch eingerollt. Die Hände umschließen die Zügel in Form einer Faust, wobei der Daumen dachförmig auf dem Zügel liegt und die Zügelfaust nach oben abschließt. Das Gesäß ruht fest und schwer im Sattel, wobei Ihr Gewicht gleichmäßig auf beide Gesäßknochen verteilt ist. Das Becken (vielleicht eines der wichtigsten Körperteile beim Reiten) ist beweglich und losgelassen, um die Bewegungen des Pferdes geschmeidig aufzunehmen und in der Bewegung mitzuschwingen. Gleichzeitig können Sie jederzeit Ihre Beckenbewegungen kontrollieren, um damit Ihr Gewicht je nach Anforderung von beiden auf einen Gesäßknochen zu verlagern oder den Beckenkamm nach hinten abzukippen. Oberschenkel und Knie liegen locker am Sattel. Keinesfalls dürfen Sie sich mit Oberschenkel und/oder Knie am Sattel festklammern. Der Unterschenkel liegt in der jeweils gewünschten Position mit leichtem Kontakt am Pferdeleib, um jederzeit durch Anspannen und Loslassen der Wadenmuskulatur dem Pferd die erforderlichen vorwärts

Immer schön gerade und aufrecht bleiben und die Gelenke loslassen.

oder seitwärts treibenden bzw. verwahrenden Hilfen geben zu können. Der Fuß ruht auf dem Ballen leicht im Steigbügel. Die Fußspitze wird dabei ganz leicht auswärts gedreht (vom Pferdeleib weg); der Absatz ist tief, das Fußgelenk beweglich. Losgelassene Fußgelenke (aber auch losgelassene Kniegelenke) sind sehr wichtig, denn die Losgelassenheit in den Gelenken ermöglicht es Ihnen, den Schwung der Bewegungen durch den ganzen Körper hindurch nach unten abzufedern.

Nochmal in Kurzform: Kopf ruhig, Oberkörper aufgerichtet und deswegen stabil, Becken beweglich, Oberarm hängend, Ellbogen gewinkelt, Hände ruhig getragen, Gesäß schwer im Sattel, Oberschenkel und Knie ruhig am Sattel, Unterschenkel treibend, Fuß ruhig, Fußgelenk locker, Absatz tief und federnd.

Das alles soll ich mit einem einzigen Körper machen? Wie soll das denn gehen, werden Sie jetzt sagen. Jep, und auch noch gleichzeitig. Sie haben schon recht, wenn Sie bei dieser Aufzählung verzweifeln und sich wirklich nicht vorstellen können, das jemals gleichzeitig, nur mit dem einen, Ihnen zur Verfügung stehenden Körper, hinzubekommen.

Jetzt will ich Sie mal ein bisschen beruhigen: Erstens ist das die Theorie. Und zwar die Theorie vom perfekt sitzenden Reiter. Und Sie wissen ja, wie das mit der Theorie so ist. Meistens hält sie der Wirklichkeit nicht stand. Aber es ist natürlich wichtig zu wissen, wie es eigentlich aussehen soll. Wir brauchen ein Idealbild, an dem wir uns immer wieder orientieren können. Vielleicht werden Sie dieses Idealbild nie erreichen und trotzdem ein sehr passabler Reiter werden. Das ist sogar sehr wahrscheinlich. Aber nur das Streben nach Vollkommenheit lässt uns immer besser werden. Und zweitens haben Sie schließlich ein Leben lang Zeit, es zu lernen, das bedeutet, von jetzt an den Rest Ihres Lebens. Sie wissen doch: Lebenslang lernen hält jung und gesund. Was will man mehr. Und schlussendlich heißt es ja nicht von ungefähr: Reiten lernt man nie. Sie wollen ja auch in zehn Jahren noch irgendetwas zu tun und zu verbessern haben. Sonst würde es Ihnen noch irgendwann langweilig werden bei der Reiterei. Und das wollen wir ja nicht, nicht wahr? Diese Sorge brauchen Sie also schon mal nicht zu haben. Und während Sie so auf dem Weg zu reiterlicher Vollkommenheit sind, lassen Sie sich nicht verunsichern und verzweifeln Sie nicht. Arbeiten Sie mit Ihrem Reitlehrer immer wieder an einzelnen Problemen. Versuchen Sie nicht, alles auf einmal richtig zu machen. Das funktioniert nämlich sowieso nicht. Arbeiten Sie sich Stück für Stück an die einzelnen Schwierigkeiten heran und holen Sie sich immer wieder Zuspruch bei Ihrem Reitlehrer und Ihren Mitreitern. Denn wer wüsste besser um die Schwierigkeiten als Ihr Reitlehrer, der diesen Weg kennt und schon lange gegangen ist. Und genau wie Sie jetzt auch immer weiter gehen wird. Denn umkehren tut keiner, den die Pferde richtig gepackt haben.

Hilfe, das lerne ich nie!

Ich wette mit Ihnen, diesen Satz werden Sie in den nächsten ein bis zwei Jahren ganz oft sagen und noch viel häufiger denken. Manchmal werden Sie vielleicht auch kurz vor dem Aufgeben stehen und sich fragen, welches Teufelchen Sie damals geritten hat, als Sie meinten, unbedingt reiten lernen zu wollen. Nach besonders frustrierenden Unterrichtsstunden, in denen einfach gar nichts klappt, sind Sie kurz davor, die Reitkappe an den sprichwörtlichen Nagel zu hängen. Wenn da nicht die Momente absoluten Hochgefühls im Sattel wären. Zum Glück gibt es diese Augenblicke immer wieder. Und seien Sie ehrlich, diese Phasen sind doch inzwischen viel häufiger als am Anfang. Man macht allerdings immer wieder den Fehler, nur das zu sehen, was man alles noch nicht kann, und dabei zu vergessen wie viele Dinge inzwischen doch schon recht gut funktionieren. Erinnern Sie sich in diesen frustrierenden Augenblicken immer wieder an Ihre Anfänge. Als Sie sich noch nicht einmal trauten, ein Pferd alleine aus der Box zu holen. Oder die Schwierigkeiten, die Sie hatten, bis es Ihnen endlich gelang, das Pferd ganz alleine zu satteln und aufzutrensen. Oder die allerersten Reitstunden, in denen Sie bei jeder Bewegung des Pferdes gedacht haben, dass Sie sicher gleich runterfallen. Als Sie vergeblich versucht haben, das Pferd dazu zu bringen, einfach nur im Schritt loszugehen. Jetzt werden Sie vielleicht sagen, dass das doch Kleinigkeiten waren im Vergleich zu den Problemen, die Sie jetzt haben. Erinnern Sie sich, wie Sie sich in der damaligen Situation gefühlt haben. Das war absolut kein Kleinkram. Sie waren damals wie heute fest davon überzeugt: Das lerne ich nie. Und nun schauen Sie mal, was Sie schon alles können. Und auch in zehn Jahren, wenn Sie über Ihre heutigen Probleme lachen können, werden Sie sich an neuen reiterlichen Anforderungen die Zähne ausbeißen.

Gerade das lebenslange Weiterlernen macht den Reiz dieser Sportart aus.

Sie dürfen nur nicht aufgeben. Und damit Ihnen das leichter fällt, werde ich Ihnen ein paar Geschichten erzählen, die Ihnen helfen werden, Ihre Probleme ins richtige Licht zu rücken und Ihren Frust zu vergessen. Eine meiner Reitschülerinnen hatte ein Problem damit, zu erkennen, ob sie auf dem richtigen oder falschen Fuß leichttrabte. Worum es dabei genau geht, werde ich Ihnen später noch erklären. Egal, wie oft wir darüber sprachen und wie oft ich versucht habe, es zu erklären, es funktionierte einfach nicht. Die Reitschülerin wurde immer verzweifelter und mutloser. Das wirkte sich auch auf den Rest ihrer Reiterei aus. Bald glaubte sie von sich, dass es besser wäre, wenn sie wieder damit aufhören würde. Ich zergrübelte mir den Kopf, wie ich es noch verständlicher erklären

Reiten bedeutet in erster Linie Konzentration.

könnte, aber irgendwann fiel auch mir nichts mehr ein. Ich habe aber nicht aufgegeben, sie weiter zu motivieren. Wenn es einmal richtig klick gemacht hätte, würde sie es immer erkennen und auch nie wieder falsch machen. Sie glaubte mir zu dem damaligen Zeitpunkt nicht; es gelang mir aber, sie bei der Stange zuhalten. Es hat wirklich unglaubliche zwei Jahre gedauert, bis sie es lernte. Es war dann genau so, wie ich es ihr prophezeit hatte: Sie hat es danach nie mehr falsch gemacht und ist heute eine sehr gute, einfühlsame Reiterin geworden. Ab und zu erinnern wir uns beide mit einem Schmunzeln daran; immer wenn ich Reitschüler habe, die an irgendeiner Aufgabe verzweifeln, bitte ich sie, ihnen ihre eigene Geschichte zu erzählen. Nie verfehlt es seine Wirkung; ich merke, wie erleichtert die anderen Reitschüler sind, wenn durch diesen Erfahrungsbericht ihre eigene Verzweiflung ins rechte Maß gerückt wird. Gleichzeitig zeigt diese Geschichte, was man mit Beharrlichkeit erreichen kann, auch wenn man selbst manchmal kaum noch dran glaubt.

Wenn Sie jetzt allerdings immer noch glauben, dass es niemanden geben kann, der sich so dumm anstellt wie Sie, dann bekommen Sie jetzt von mir eine weitere wahre Geschichte zu hören. Und danach ist Ihre Welt garantiert wieder in Ordnung. Es ist schon ein paar Jahre her, da tauchte eine Frau bei mir auf dem Hof auf, die gerne reiten lernen wollte. Sie war Mitte vierzig, hatte lange in Brasilien gelebt und war nach eigenen Angaben dort auch geritten. Da sie aber noch nie Reitunterricht gehabt hatte, wollte sie das jetzt nachholen und alles noch einmal von der Pike auf lernen. Wie immer mit meinen Anfängern begann ich, sie mit dem Pferd vertraut zu machen; sie sollte es einfach nur korrekt putzen, satteln und auftrensen. Von Anfang an hatte sie sehr viele Probleme, Abläufe und Zusammenhänge zu begreifen. Auch die einfachsten Handgriffe mussten wir wieder und wieder üben, bis sie halbwegs klappten. Das Satteln und Auftrensen fand sie unbegreiflich schwer. Jede Unterrichtsstunde versuchte ich, sie ein klein wenig selbstständiger zu machen. Wir hatten bestimmt 25–30 Stunden hinter uns, als ich zu ihr sagte, heute solle sie doch mal versuchen, alles alleine zu machen; ich würde nach nebenan in die Sattelkammer gehen, damit sie sich völlig ungestört fühlen könne, wäre aber jederzeit auf Zuruf sofort bei ihr, falls es ein Problem gäbe. Das Putzen hatte sie alleine einigermaßen im Griff. Irgendwann kam sie in die Sattelkammer um den Sattel für das Pferd zu holen. Es dauerte eine ganze Weile, da rief sie aus der Stallgasse, ich möge doch bitte herkommen, sie hätte ein Problem. Ich ging zu ihr, sah das Pferd und dachte, mich trifft der Schlag. »Ich weiß gar nicht was ich noch tun soll«, sagte sie, »egal was ich mache, der Sattelgurt geht einfach nicht zu, nicht einmal ins erste Loch«. Ich fragte sie, ob sie sich denn irgendwie erklären könne, warum das so wäre. Sie sagte völlig verzweifelt und ratlos, dass sie auch schon die ganze Zeit darüber nachgedacht hätte und ihr wäre schon klar, dass da irgendetwas nicht stimmen könnte, sie käme aber nicht darauf, was es wäre. Vermutlich werden Sie die Geschichte kaum glauben, aber sie hatte den Sattel doch tatsächlich verkehrt herum aufs Pferd gelegt! Wenn sie so aufsteigen würde, hätte sie statt Kopf und Hals das Hinterteil des Pferdes vor sich gehabt. Ich erzähle Ihnen diese schier unglaubliche, aber wirklich wahre Geschichte, damit Sie, falls Sie irgendwann einmal glauben, an einer Aufgabe wirklich zu verzweifeln, sich sagen können: »Schlimmer geht immer.«

Und nun: Nur Mut, Sie werden es bestimmt lernen.

Dein Pferd, das unbekannte Wesen
oder
Warum macht es nicht, was ich will?

9

9. Dein Pferd, das unbekannte Wesen
oder Warum macht es nicht, was ich will?

Um Himmels Willen, jetzt geht es auch noch rückwärts!

Was ist denn jetzt schon wieder los! Dabei fing es doch gar nicht so schlecht an. Ihr Pferd hat ganz ruhig gestanden, als Sie aufgestiegen sind. Und jetzt wollten Sie eigentlich nur im Schritt losreiten und was macht Ihr Pferd stattdessen? Es geht rückwärts! Warum tut es das? Was ist los? Jetzt ruft Ihr Reitlehrer Ihnen zu, dass Sie den Zügel mal locker lassen sollen und energisch vorwärts treiben. Und, siehe da, es ist wieder so, wie es sein soll. Das Pferd geht wieder vorwärts. Na, dann wollen wir heute mal den Unterschied zwischen rückwärts und vorwärts reiten kennenlernen und üben, sagt Ihr Reitlehrer. Rückwärts gehen muss jedes Pferd können. Und jeder Reiter sollte die Hilfen dafür kennen. Rückwärts gehen hat allerdings für das Pferd nicht nur die Bedeutung einer gymnastischen Übung, sondern ist auch eine Unterwerfungsgeste. Wenn sich zwei Pferde auf der Weide gegenüber stehen und man beim Zusehen den Eindruck hat, dass sie sich vielleicht nicht besonders mögen, dann beobachten sie die beiden einmal. Wer von den beiden geht rückwärts? Natürlich der Schwächere. Das unterlegene Tier bzw. dasjenige, das die Stärke oder den Führungsanspruch des anderen anerkennt, wird zuerst zurückweichen. Das ist auch im menschlichen Verhalten so. Wenn ein Streit zwischen zwei Personen eskaliert, dann wird meistens der dominantere von beiden einen Schritt nach vorne machen und so sein Gegenüber zwingen, einen Schritt zurückzugehen. Es ist der schwächere Part, der nachgibt, egal ob bei Mensch oder Tier. Deswegen kann man das Rückwärtsrichten auch als Strafe einsetzen. Bestimmt haben Sie schon einmal ein Springturnier gesehen. Dabei haben Sie sicherlich auch schon einmal gesehen, dass ein Pferd einen Sprung über ein Hindernis verweigert hat. Ist Ihnen aufgefallen, was der Reiter dann meistens macht? Er richtet sein Pferd mehrere Meter rückwärts, um damit ganz deutlich zu machen, wer hier der Chef ist, wer also das Sagen hier im Parcours hat. Indem das Pferd rückwärts geht, unterwirft es sich seinem Reiter und erkennt seinen Führungsanspruch an. Danach geht es meistens problemlos über das Hindernis. Unabhängig von dem Aspekt der Bestrafung oder Unterwerfung gehört das Rückwärtsrichten eines Pferdes jedoch auch zum ganz normalen Reiteralltag und wird z. B. in jeder Dressurprüfung verlangt, weil es einen gymnastizierenden Effekt hat, wenn es richtig gemacht wird.

Was muss man nun als Reiter tun, damit ein Pferd rückwärtsgeht? Auch wenn sich das für Sie als Anfänger vielleicht seltsam anhören mag: Die Hilfen für »rückwärts« sind denen für »vorwärts« sehr ähnlich; es gibt nur einen kleinen Unterschied. Sie erinnern sich an die Hilfen für »vorwärts«? Was muss man tun? Richtig: Hinsetzen, Druck mit beiden Unterschenkeln, Kreuz anspannen und leicht mit der Hand in Richtung Pferdemaul vorgehen. Um damit dem Pferd den Weg zu zeigen, den man gehen will. Das Pferd weicht dem Druck aus, den wir über

Schenkel, Kreuz und Gewicht aufgebaut haben und wird, da wir ihm mit der nachgebenden Hand den Weg nach vorne zeigen, auch nach vorne (also vorwärts) gehen. Wenn wir nun, bei ansonsten gleicher Hilfengebung, mit der Hand nicht nach vorne gehen, sondern sie »stehen lassen« und dem Pferd damit zeigen, dass »vorwärts« nicht erwünscht ist, muss es eine andere Möglichkeit finden, dem Druck auszuweichen: es weicht nach hinten (also rückwärts) aus. Bei jungen Pferden, aber auch bei Pferden, die den Reiter nicht gleich verstehen, kann man ganz vorsichtig auch ein wenig mit der Hand rückwärts einwirken. Bei unerfahrenen, also in der Ausbildung befindlichen Pferden, wird man sich in der Lernphase dann vielleicht auch noch leicht mit dem Oberkörper nach vorne neigen, also eine deutliche Entlastungshaltung einnehmen. Im Prinzip ist es jedoch so, dass der Unterschied zwischen rückwärts und vorwärts in der Hilfengebung sehr gering ist, und es deshalb zwischen Reitanfänger und Pferd in dieser Beziehung oft zu Missverständnissen kommt. Denn wenn Sie eigentlich vorwärts reiten möchten, dabei aber vergessen haben, mit der Hand leicht zu werden, kann es Ihnen ganz schnell passieren, dass Ihr Pferd Sie missversteht. Genau so schnell kann es Ihnen passieren, dass Ihr Pferd rückwärts geht, wenn Sie eine ganze Parade geben, Ihr Pferd also aus Schritt, Trab oder Galopp zum Halten durchparieren. Wenn Ihr Pferd dann schon zum Stehen gekommen ist, Sie aber nicht schnell genug reagiert haben, und den Druck am Zügel weggenommen haben, wird Ihr Pferd aus dem Halten sofort rückwärts laufen. Viele Reitanfänger reagieren in dem Moment auch noch mit verstärktem Annehmen des Zügels und wundern sich, wenn ihr Pferd dann immer weiter rückwärts geht. Dabei müssten sie einfach nur rechtzeitig ein wenig mit der Hand vorgehen und das Problem wäre gelöst. **Es kommt eben auf den kleinen Unterschied an. Wie eigentlich immer im Leben, nicht wahr?**

Wer ist hier der Chef?

Chef sein ist wichtig! Wenn Sie im Umgang mit einem etwa 700 kg schweren Pferd nicht der Chef sind, dann haben Sie ein Problem. Oder könnten eins bekommen. Ja, aber ich bin doch noch Anfänger, werden Sie jetzt sagen. Ich fühle mich überhaupt noch nicht wie ein Chef. Egal, auch wenn Sie Anfänger sind, müssen Sie der Chef sein. Und Chef sein bedeutet auch, möglichst immer zu wissen, was man als nächstes tun will und wo man hin möchte. Planlosigkeit verunsichert Pferde. Sie fühlen sich dann von ihrem Reiter allein gelassen. Pferde möchten jemandem folgen können und registrieren sehr schnell, was mit ihrem Reiter los ist. Ihr Pferd wird Sie so behandeln, wie Sie ihm gegenüber auftreten. Pferde spiegeln den Menschen schonungslos, aber wertfrei wider. Das bedeutet, dass für das Pferd nur das zählt, was es direkt wahrnimmt. Chef für das Pferd ist nicht, wer im wirklichen Leben Chef »spielt«, sondern wer sich wie ein echter Chef benimmt. Nicht Mercedes, Jaguar, Rolex oder Ferienhaus am Mittelmeer zählen für das Pferd. Auch nicht, ob Sie im täglichen Leben 200 Mitarbeiter unter sich haben. Sondern ob Sie echte Autorität besitzen und souverän wissen, was wann zu tun ist. Nicht umsonst gibt es inzwischen viele sogenannte pferdegestützte Management-Seminare. Bei diesem Management-Training mit Pferden stellt sich immer ganz schnell heraus, wer wirk-

Wenn klar ist, wer das Sagen hat, reagiert das Pferd sicher auf die Signale des Menschen – auch bei der Bodenarbeit ohne Halfter. Das Pferd stoppt und geht rückwärts, weil der Mensch stoppt und rückwärts geht.

lich Führungsqualitäten hat. Viele »Pseudo-Führungskräfte«, die im Berufsleben hohe Positionen bekleiden, neigen dazu, ihren Führungsanspruch mit äußerlichen Attributen und Statussymbolen darzustellen. Lautes Reden und Aggressivität sollen bisweilen ihr Gegenüber verunsichern und über eigene Unsicherheiten hinwegtäuschen. Solches Verhalten entlockt Pferden nur ein »müdes Grinsen«. Menschliche »Papiertiger« werden von den Pferden entweder ignoriert oder sie wenden sich sogar ganz deutlich ab. Keinesfalls würden sie bei einem solchen Menschen auch nur daran denken, irgendwelche Befehle zu befolgen. Pferde sind imstande, den wahren Menschen hinter seiner Maskerade sehr schnell zu entlarven. Bei solchen Seminaren ist oft zu beobachten, dass der ruhige, gelassene Mensch derjenige ist, der von den Pferden sehr schnell als Chef akzeptiert wird. Der wirklich souveräne, selbstsichere Mensch lässt sich nicht so schnell aus der Ruhe bringen und hat es nicht nötig, sich durch große und laute Gesten oder Äußerungen in den Vordergrund zu spielen. Solchen Menschen schenken Pferde ihr Vertrauen – und Respekt und Gehorsam gleich dazu. Beobachten Sie einmal Pferde auf der Weide. Sie werden relativ schnell herausfinden, wer der Chef ist. Der Boss wird keinesfalls lautstark wiehernd über die Weide laufen oder ständig nach allen anderen beißen und schlagen. Der wahre Chef hat so ein Verhalten gar nicht nötig. Achten Sie bei Ihrer Beobachtung auf Kleinigkeiten: Mal wird nur der Kopf gedreht, wenn ein rangniederes Pferd einem ranghohen zu nahe kommt. Bei besonders hartnäckigen Störenfrieden werden vielleicht auch mal die Ohren angelegt. Ein Zähneblecken oder eine »Winken« mit dem Hinterbein versteht dann auch der aufdringlichste Weidekumpan. Sehr selten fühlt sich ein Pferd gezwungen, einem anderen überdeutlich zu zeigen, wer der Boss ist. Das ist nur manchmal der Fall bei echten Rangordnungskämpfen. Aber auch da gehen Pferde normalerweise nicht bis

Angelegte Ohren sagen den anderen Pferden: »Kommt bloß nicht zu nahe.«

Dominanz: Der Reiter mit Führungsqualitäten kann dem Pferd vorgeben, wohin welcher Körperteil ausweicht.

zum Äußersten. Wenn ein Pferd dem anderen deutlich klar gemacht hat, wer hier das Sagen hat, geht die Auseinandersetzung ohne weiteren Schlagabtausch zu Ende. Wir Menschen könnten eine Menge von ihnen lernen.

Die Sache mit der Dominanz

Wahre Dominanz folgt aus innerer Stärke und ist absolut keine lautstarke Angelegenheit. Natürliche Autorität könnte man auch dazu sagen. Das kennen Sie sicherlich auch. Es gibt Menschen, deren Wort hat Gewicht. Ohne dass sie sich besonders in den Vordergrund drängen

müssten. Mit einem Satz sagen sie mehr aus als andere in einer halben Stunde. Sie wissen, was sie tun und wo sie hinwollen.

Dominanz bedeutet im Umgang mit dem Pferd nicht, sich das Pferd brutal zu unterwerfen. Wer laut, unbeherrscht und unsensibel ist, wird sich dem Pferd nie wirklich annähern können, nie ein guter Reiter werden. Pferde zwingen den Menschen auf Dauer zu Selbstbeherrschung und fairem Verhalten, wenn er Erfolg beim Reiten haben will. Daher sind der Reitsport und das Zusammensein mit Pferden auch so gut für Kinder und Jugendliche. Sie merken beim Umgang mit dem Pferd, dass sie mit Unbeherrschtheit, Trotz oder Gleichgültigkeit keinen Erfolg haben. Stattdessen ist Gefühl, Geduld, Sensibilität, Fairness und manchmal ein bisschen Mut gefragt. Pferde erziehen Kinder und machen sie gleichzeitig stark fürs Leben. Ich habe jedoch auch viele Erwachsene erlebt, die von Pferden und vom Reitsport stark profitiert haben; die selbstbewusster geworden sind, mutiger und gleichzeitig auch geduldiger. Nicht umsonst wird Reiten auch zur Therapie bei Verhaltensstörungen benutzt. Körperlich oder geistig behinderte Menschen profitieren von der Stärke und der Sensibilität der Pferde. Viele meiner erwachsenen Reitschüler haben mir erzählt, wie gut ihnen das Reiten tut. Sie merken, dass sie mit Geduld viel weiter kommen, dass Ärger und Aufregung nichts bringen – und mit Sicherheit keine Leistungssteigerung. Viele haben auch festgestellt, dass ihnen das Reiten im Umgang mit Vorgesetzten oder schwierigen Kunden hilft. Sie haben dadurch gelernt, ruhig und geduldig zu bleiben. »Seit ich reite, habe ich im Job weniger Probleme« habe ich nicht nur einmal gehört. Auch sehr sensible oder ängstliche Menschen profitieren von den Pferden. Durch den erfolgreichen Umgang mit den großen Tieren haben sie im Umgang mit anderen »hohen Tieren« wesentlich weniger Probleme. »Seit ich neulich über das kleine Hindernis gesprungen bin, trau ich mir auch im Job mehr zu.« »Ich trete in der Firma viel selbstbewusster auf, seit ich reite, das ist sogar schon meinem Chef aufgefallen.« Ist es nicht großartig, dass einem die Pferde zusätzlich zur körperlichen Bewegung auch zu einem gänzlich neuen Lebensgefühl verhelfen können? Das Selbstbewusstsein, welches man im Umgang mit den Pferden bekommt, hilft auch, viele Probleme des normalen Alltags leichter zu bewältigen. Also seien wir den Pferden dankbar, dass sie uns helfen, stark zu werden.

Was macht eigentlich einen guten Reiter aus?

Warum man gerne für den arbeitet, der sein Handwerk versteht

Mal ehrlich, hätten Sie gerne einen Chef, der keine Ahnung von seinem Beruf hat? Der bei der kleinsten Kleinigkeit unbeherrscht herumbrüllt? Dem jegliche Sensibilität im Umgang mit seinen Mitarbeitern fehlt? Der immer nur noch mehr Leistung von Ihnen fordert aber nie ein aufmunterndes Wort, nie ein Lob für Sie übrig hat? Bei dem Sie in schwierigen Situationen keinen Rückhalt finden, weil er auch nicht weiß, was zu tun ist? Natürlich nicht, werden Sie sagen. Und wahrscheinlich würden Sie sogar noch etwas weiter gehen und es gut finden, wenn Ihr Chef etwas mehr Ahnung hat als Sie. Damit Sie bei Problemen jemanden fragen können, der wirklich kompetent ist. Ein fachlich und menschlich kompetenter Chef gibt Ihnen und der ganzen Firma Sicherheit. Sie können sich darauf verlassen, dass da einer ist, der weiß, was er tut. Der Sie auch in schwierigen Situationen nicht im Regen stehen lässt. Sie sind selbst der Chef? Dann wird genau das von Ihnen erwartet: Große Fachkenntnis, soziale Kompetenz, Fairness, ruhiges, souveränes Auftreten vor allem in Krisensituationen. Und manchmal auch ein gewisser Mut zum Risiko. Sehen Sie – genau das erwartet Ihr Pferd von Ihnen. Und würden Sie nicht auch, genau wie Ihr Pferd, gerne für so einen Chef arbeiten? Stellen Sie sich vor, wie Sie sich einen idealen Chef wünschen, wenn Sie nicht mehr weiter wissen, ein Problem beim Reiten oder mit Ihrem Pferd haben, in einer schwierigen Situation stecken. Und versuchen Sie dann, genau dieser Chef für Ihr Pferd zu sein oder zu werden. Sie werden feststellen, je häufiger Sie es schaffen, souverän und »richtig« zu reagieren, desto mehr Respekt werden Sie sich bei Ihrem Pferd verschaffen. Das Pferd wird anfangen, Sie ernst zu nehmen, und was noch viel wichtiger ist, es wird anfangen, Ihnen zu vertrauen.

Verspielen Sie dann dieses erste, vorsichtige Vertrauen nicht durch Unbeherrschtheit oder Unsensibilität. Denken Sie immer daran: Vertrauen ist das Wichtigste – wie im »richtigen« Leben. Das Pferd wird Ihnen mangelndes Können nicht übel nehmen. Das ist meistens die größte Sorge der Anfänger: Ich weiß noch nichts, ich kann doch nichts, ich mache bestimmt alles falsch, da kann ich doch kein Chef sein, sagen Sie. Nein, am Anfang sind Sie natürlich noch kein vollwertiger Chef für das Pferd. Aber Pferde sind sensibel genug, auch beim Anfänger zu erkennen, wo die wahren Motive liegen. Wollen Sie nur aus Prestigegründen reiten lernen, oder weil Sie es für eine coole Sportart halten oder steht wahre Pferdeliebe dahinter? Im zweiten Fall werden Sie von Anfang an versuchen, das Pferd richtig zu behandeln. Sie werden schnell den korrekten Umgang mit dem Pferd erlernen und sich dabei immer im Klaren sein, dass es ein Lebewesen mit eigenen Bedürfnissen und Gefühlen ist. Den guten Reiter macht vor allem aus, dass er den Fehler immer zuerst bei sich selbst suchen wird, wenn irgendetwas nicht funktioniert oder eine Übung nicht geklappt hat. Denn das Pferd ist eigentlich nie schuld. Der Reiter muss sich immer fragen: Hat mein Pferd mich auch richtig verstanden? Oder konnte es gar nicht »richtig«

Ein guter Reiter vergisst nie, sich bei seinem Pferd zu bedanken.

reagieren, weil mein Kommando undeutlich oder unverständlich war?

Pferde brauchen klare Anweisungen und Hilfen. Das Pferd muss ein Kommando als schwarz oder weiß, richtig oder falsch, ja oder nein erkennen. Es ist nicht in der Lage, Spekulationen darüber anzustellen, was der Reiter da wohl gerade gemeint hat.

Wenn eine Anweisung für das Pferd nicht klar zu erkennen ist, kann es eigentlich nur auf drei Arten reagieren: Es macht nichts, weil es nicht weiß, was es tun soll. Es macht etwas Falsches (aus Sicht des Reiters), weil es die Anweisung so verstanden hat. Oder es übernimmt selbst das Kommando, wenn es den Hilfen des Reiters

Was macht eigentlich einen guten Reiter aus?

Lob ist ganz wichtig für Pferde.

Ein Leckerli nach der Arbeit wird gern genommen.

nicht vertraut. An allen diesen drei – aus Sicht des Reiters – fehlerhaften Reaktionen ist nicht das Pferd schuld, sondern der Reiter, der nicht (oder noch nicht) imstande war, seinem Pferd klar mitzuteilen, was es tun soll. Der gute Reiter stellt sich jetzt folgende Fragen: Warum hat mein Pferd anders als erwünscht reagiert, warum hat es mich nicht verstanden, was habe ich falsch gemacht? Denn die meisten Pferde wollen alles richtig machen. Sie versuchen nicht, aus lauter Bosheit den Reiter zu ärgern. Wenn Sie sich immer, wenn etwas falsch läuft, fragen, wo Ihr Fehler lag und beim nächsten Mal versuchen, es besser zu machen, sind Sie auf dem Weg zu einem guten Reiter schon ein ganzes Stück vorwärtsgekommen. Ein guter Reiter wird auch erkennen, wenn eine Aufgabe für ein Pferd vielleicht noch zu schwer ist, es eine Pause braucht oder einfach an dem Tag nicht so gut drauf ist. Ein guter Reiter lässt sich nicht anhand seiner Turniererfolge, goldener Schleifen oder Medaillen erkennen.

==Die Bedürfnisse des Pferdes immer in den Vordergrund zu stellen, es nicht zu überfordern, sich immer zuerst um das Pferd zu sorgen und zu kümmern, bevor man an seine eigenen Interessen denkt – das macht den wahrhaft guten Reiter aus. Denken Sie also immer daran: Erst kommt das Pferd und dann der Reiter.==

Vorfahrtsregeln und Hufschlagfiguren?
oder
Ich wollte doch reiten lernen,
Auto fahren kann ich schon

10

10. Vorfahrtsregeln und Hufschlagfiguren?
oder Ich wollte doch reiten lernen, Auto fahren kann ich schon

Allgemeine Etikette: der Knigge im Reitstall

Dies ist eigentlich ein Kapitel, das man gar nicht schreiben müsste – wenn nämlich jeder sich allen anderen gegenüber immer korrekt verhalten würden, wäre es völlig überflüssig. Die Realität ist, wie wir leider wissen, anders. Hier also ein Kapitel über das gute Benehmen. Und falls Sie jetzt sagen: »Was für eine Unverschämtheit; glaubt sie denn, dass ich mich nicht benehmen kann?« kann ich zu Ihrer Beruhigung erwidern, dass es hier natürlich in erster Linie um die speziellen Regeln im Umgang mit Pferden und Reitern und das Benehmen ganz allgemein in einem Reitstall geht. Wobei die Grenzen zum »normalen Alltag« natürlich fließend sind. Denn freundlich »Guten Tag« zu sagen, wenn man irgendwo hineingeht oder jemanden trifft, schadet natürlich nie und sollte für alle Lebensbereiche gelten.

Dann wollen wir mal anfangen, Ihnen »Benehmen« beizubringen.

Fragen Sie immer um Erlaubnis, bevor Sie einen fremden Stall betreten. Fassen Sie nicht jedes fremde Pferd an, auch wenn es Sie noch so nett über seine Boxentür anschaut. Viele Pferdekrankheiten können auf diesem Wege übertragen werden. Das Gleiche gilt für das Füttern fremder Pferde. Auch das gehört sich nicht, ohne vorher mit dem Besitzer gesprochen zu haben. Grundsätzlich sollten Sie jedoch mit offenen Augen durch den Stall gehen und bei Verhaltensauffälligkeiten bzw. Krankheitsanzeichen jemandem Bescheid sagen, auch, wenn Sie sonst nichts mit dem betreffenden Pferd zu tun haben. Natürlich kann man immer seine Hilfe anbieten, wenn man sieht, dass jemand mit seinem Pferd Schwierigkeiten hat. Da Reiten eine ordentliche und korrekte Angelegenheit ist, sollte man sich selbst auch möglichst immer ordentlich und korrekt verhalten. Das fängt damit an, dass der Platz, an dem man sein Pferd geputzt und ihm die Hufe ausgekratzt hat, sorgfältig sauber gefegt wird, bevor man ihn verlässt. Auch aus Halle oder Reitbahn sind die Pferdeäpfel von allen regelmäßig zu entfernen. Zum guten Ton gehört es auch, sich an der täglichen Pflege (harken) des Hufschlages zu beteiligen. Ein ordentliches Erscheinungsbild des Reiters ist zudem wünschenswert. Das bedeutet im Einzelnen: kein Kaugummi während des Reitens; Rauchverbot im Stall, in der Halle und auf dem Pferd. Ein klingelndes Handy gehört nicht auf ein Pferd – und auch nicht in die Jacke, die auf der Bande liegt. Denn selbst wenn das eigene Pferd völlig abgehärtet ist, mag manch ein junges, unerfahrenes Pferd sich beim Klingelton erschrecken. Die Bekleidung des Reiters sollte zweckmäßig sein. Eng anliegende Bekleidung ermöglicht es dem Reitlehrer, die Haltung bzw. Haltungsfehler des Schülers besser zu erkennen und schneller zu korrigieren. Jacken oder Westen werden auf dem Pferd geschlossen, lange Haare von Reiterinnen ordentlich zusammengebunden. Üppige Walle-

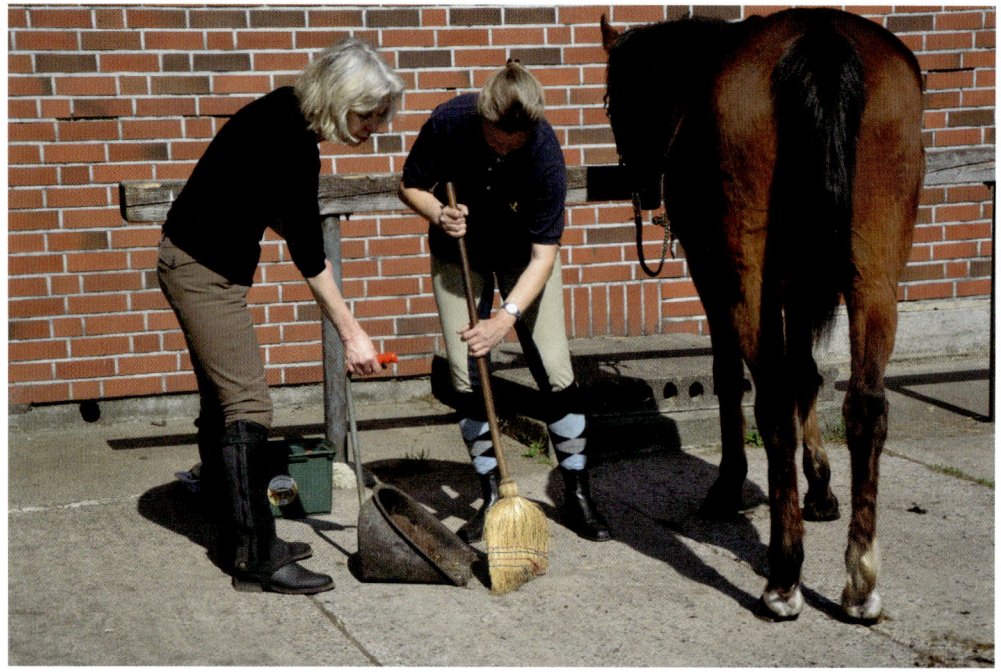
Putzplatz sauber fegen: eine Selbstverständlichkeit.

Walle-Mähnen haben auf dem Pferd nichts zu suchen. Dazu kann ich Ihnen einmal meinen absoluten Lieblingsspruch verraten. Es trug sich zu in der Landesreitschule Hoya zu Lehrgangsbeginn. Herr Hans-Heinrich Meyer zu Strohen, der Schul- und Lehrgangsleiter begrüßte unseren Ausbilder-Lehrgang, und fuhr dann mit den Worten fort: »Die Damen mit den etwas längeren Haaren bitte ich, diese unter Order zu halten.« Seien Sie ehrlich: Kann man das noch genialer formulieren? Sie merken schon, reiten ist eine ernsthafte, ordentliche Angelegenheit, bei der sich Reiter und Pferde korrekt und gepflegt präsentieren. Dazu gehört auch, dass nicht über Mitreiter und/oder deren Pferde gelästert wird. Überhaupt ist Kritik an Pferden äußerst verpönt, denn an fast allen »Fehlern« ist ja sowieso der Reiter schuld.

Und nun zum Schluss das Allerwichtigste: Immer – und wenn ich immer sage, meine ich immer – wird zuerst das Pferd versorgt. Egal, wie erschöpft man ist oder wie sehr das Reiterstübchen mit dem kühlen Getränk auch ruft – das sorgfältige Abwarten eines Pferdes mit allem, was dazu gehört, wird immer zuerst erledigt: Hufe auskratzen, überputzen, gegebenenfalls abduschen und trocken führen, sowie Auswaschen des Gebisses und sorgfältiges Säubern und Wegräumen von Sattel, Trense und Putzzeug und abschließendes Fegen der Stallgasse. ==Also, egal ob kalt oder warm, müde, überarbeitet, gestresst oder genervt, das Pferd kommt immer zuerst. Punkt!==

Wissen Sie eigentlich, wo Sie hinwollen?

Oberstes Gebot in Halle, Bahn aber auch im Gelände: Sie sollten immer wissen, wo Sie hinwollen. Das bedeutet, dass Sie sich darüber im Klaren sind, was Sie im Moment gerade tun und was Sie als nächstes tun möchten. Das hat auch wieder mit »Chef-Sein« zu tun. Der Chef gibt die Marschrichtung vor. Der Chef weiß und sagt, wo es hingeht. Bei einem Ausritt ist es von Vorteil, wenn Sie wissen, was nach der nächsten Wegbiegung kommt (viel befahrene Straße, Weide mit Rindvieh, Silageballen, Grundstück mit freilaufenden Hunden, Bachdurchquerung). Je besser Sie Bescheid wissen, desto weniger können Sie von einer Reaktion Ihres Pferdes überrascht werden. In der Halle oder der Reitbahn sind oft mehrere Reiter zugleich unterwegs. Häufig mit sehr unterschiedlichem Können und reiterlichem Anspruch. Da tummeln sich dann die etwas ältere Anfängerin auf dem gemütlichen Schulpferd, das junge Mädchen mit seinem Turnierpony sowie der Bereiter mit einem gerade erst angerittenen, jungen Pferd. Von den restlichen zwei bis vier »Normalreitern« mal gar nicht zu reden. Und die sollen nun alle unfallfrei miteinander klarkommen. Wie soll das gehen? Für solche Fälle hat jemand die Hufschlagfiguren und Bahnregeln erfunden (natürlich nicht nur dafür). Wer wars? Die Schweizer? Der liebe Gott? Die FN? Wer auch immer, er hat gut daran getan. Diese einheitlichen Bahnbezeichnungen, Hufschlagfiguren und Bahnregeln sollen der allgemeinen Verständigung dienen. Sie müssen sich die Hufschlagfiguren wie ein gut ausgebautes Straßennetz vorstellen, wobei jeder die Straßenkarte im Kopf hat. Dieses Straßennetz sorgt für einen reibungslosen Verkehrsfluss, bei dem jeder trotzdem die Freiheit hat dahin zu reiten, wohin er möchte. Vorausgesetzt, er weiß was er tut und hält sich an die »Verkehrsregeln«. Für den Anfänger ist es besonders wichtig, dass er sich immer darüber im Klaren ist, ob er gerade auf der rechten oder auf der linken Hand reitet. Denn sonst nützen ja die besten Vorfahrtsregeln nichts. Die Hand auf der man reitet, ist immer die zur Bahnmitte zeigende. Das wird gleichzeitig auch als innere Seite (innere Hand) bezeichnet. Wenn also Ihre linke Hand nach innen zur Bahnmitte zeigt, dann reiten Sie auf der linken Hand. Die rechte Seite von Ihnen und auch Ihrem Pferd wird dann als äußere Seite bezeichnet. Alle Figuren und Regelungen in der Reitbahn basieren darauf, wer wem wann ausweichen muss. Die wichtigsten Hufschlagfiguren und Bahnregeln sollte auch der Anfänger bald lernen. Am Anfang wird man auf jeden Fall mit dem Hufschlag, also Kommando »Ganze Bahn«, konfrontiert, sowie mit den Figuren »Zirkel« und »Durch die ganze Bahn wechseln«. Diese sind für den Beginn am wichtigsten. Grundsätzlich können Sie sich merken: Immer, wenn in einem Kommando das Wort »wechseln« vorkommt, dann bedeutet das, dass Sie einen Handwechsel vornehmen müssen – also hinterher anders herum reiten. Wenn Sie beim Handwechsel leichttraben, müssen Sie am Wechselpunkt umsitzen. Wenn Sie etwas weiter fortgeschritten sind, kommen noch andere Hufschlagfiguren hinzu, wie »Volten«, »aus der Ecke kehrt«, »aus dem Zirkel wechseln«, »durch die Länge der Bahn wechseln«. (Haben Sie es gemerkt? Da war es wieder, das Wechseln.) Noch etwas schwieriger zu reiten sind so schöne Hufschlagfiguren wie »durch den Zirkel wechseln«, »einfache und doppelte Schlangen-

118 Wissen Sie eigentlich, wo Sie hinwollen?

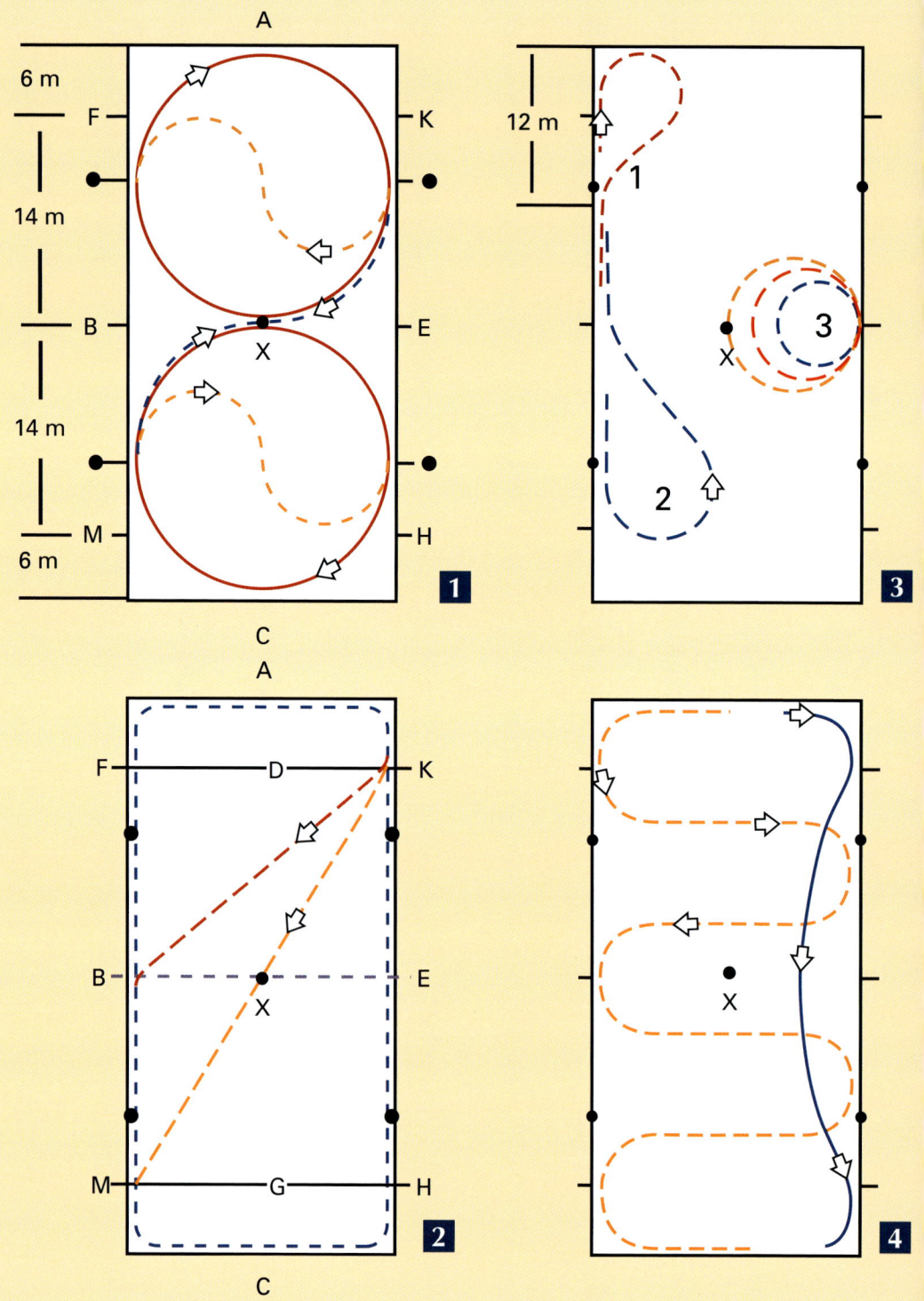

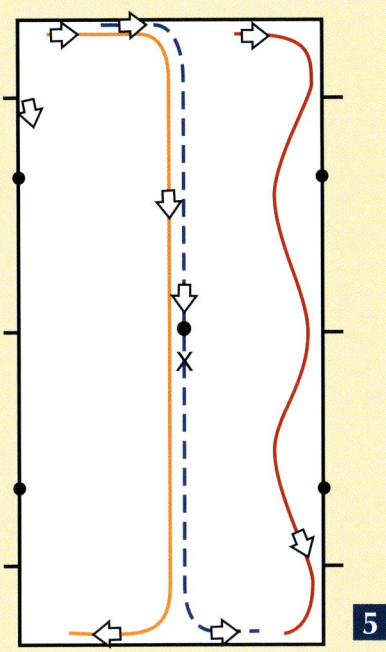

Hufschlagfiguren
1. rot: Zirkel; blau: aus dem Zirkel wechseln; orange: durch den Zirkel wechseln
2. blau: Ganze Bahn; halbe Bahn; rot: durch die halbe Bahn wechseln; orange: durch die ganze Bahn wechseln
3. rot: Aus der Ecke kehrt (1) blau: Kehrtvolte (2) und Volten 10 m, 8 m, 6 m Durchmesser (3)
4. blau: Einfache Schlangenlinie an der langen Seite, orange: Schlangenlinien in 5 Bogen durch die Bahn
5. blau: Durch die Länge der Bahn wechseln; orange: Durch die Länge der Bahn reiten; rot: doppelte Schlangenlinie an der langen Seite
6. Schlangenlinien in 3 Bogen (rot) und 4 Bogen (blau) durch die Bahn

linien an der langen Seite«, oder auch »Schlangenlinien durch die Bahn in drei Bogen« (gibt es auch mit vier, fünf und sechs Bogen). Dabei hilft wieder nichts als üben. Und wenn Sie glauben, dass das jetzt alles war – Isabell Werth kennt noch ein paar mehr.

Vorfahrt achten!

Zusätzlich zu den Hufschlagfiguren, also den imaginären Straßen und Wegen in einer Reitbahn, gibt es wie im Straßenverkehr Vorfahrtsregeln, hier Bahnregeln genannt. Sie sind noch wichtiger als die Hufschlagfiguren. Denn was nützt Ihnen die schönste Bahnfigur, wenn Ihnen ein anderer Reiter im Galopp entgegenkommt und Sie nicht wissen, ob Sie ausweichen müssen oder nicht. Fangen wir einmal damit an, dass Sie mit einem Pferd eine Reithalle betreten möchten, in der sich schon andere Reiter befinden. Vor dem Betreten der Bahn muss sich der Reiter mit dem Ruf »Tür frei« und dem Abwarten der Antwort »Tür ist frei« vergewissern, dass er gefahrlos die Tür öffnen und die Halle betreten kann. Die Antwort kommt dabei entweder von einem anwesenden Reitlehrer, oder

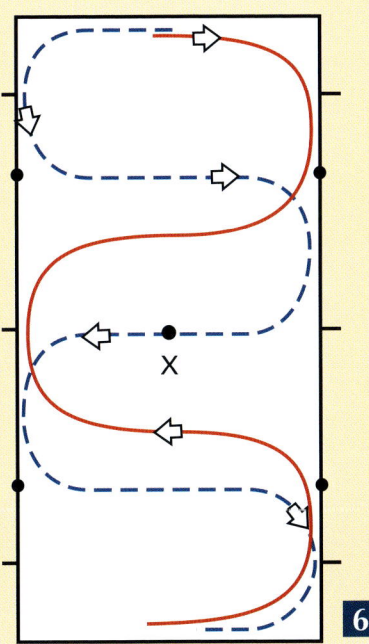

Die linke Hand hat Vorfahrt (Hufschlag), die rechte weicht aus.

Ganze Bahn vor Zirkel; der Zirkelreiter weicht nach innen aus.

dem erfahrensten Reiter in der Bahn. Das Gleiche gilt auch beim Verlassen der Halle und natürlich genauso für einen Außenreitplatz. Diese Vorgehensweise darf nie unterlassen werden, weil sie für die Sicherheit von Reiter und Pferd extrem wichtig ist. Wenn Sie jetzt mit Ihrem Pferd in der Halle sind, stellen Sie sich zum Auf- und auch zum Absteigen sowie zum Nachgurten in die Mitte eines Zirkels oder auf die Mittellinie. Dort behindern Sie die anderen Reiter am wenigsten. Sowohl beim Halten als auch beim Reiten ist darauf zu achten, immer einen ausreichenden Sicherheitsabstand von mindestens drei Schritten (das sind ca. 2,5 m) zu anderen Pferden einzuhalten. Kommen wir jetzt zu den Vorfahrtsregeln während des Reitens, also in der Bewegung. Dazu wenden wir uns kurz einmal dem Straßenverkehr zu, denn die wichtigste Regel können Sie sich im Vergleich mit dem Straßenverkehr recht einfach merken. Beim Auto fahren gilt die Regel: »Rechts vor Links«. Beim Reiten ist es genau umgekehrt, da heißt es »Links vor Rechts«. Das bedeutet, dass der auf der linken Hand reitende Reiter den Hufschlag für sich beanspruchen kann, wenn ihm ein anderer Reiter entgegenkommt. Er hat also gewissermaßen Vorfahrt. Meistens. Ganz so simpel ist es jedoch wieder nicht. Das wäre ja auch zu schön. Denn im Schritt ist der Hufschlag (auch erster Hufschlag genannt) grundsätzlich frei zu halten. Das ist eine gute und richtige Maßnahme, denn ein auf dem Hufschlag Schritt reitender Reiter, würde alle Schnelleren behindern. Deswegen wird im Schritt auf dem zweiten oder dritten Hufschlag geritten. Wenn Sie also im Trab oder Galopp auf der linken Hand auf dem Hufschlag reiten, müssen Ihnen entgegenkommende, auf der rechten Hand reitende Reiter, Platz machen. Dabei ist dann nach innen (zur Bahnmitte) auszuweichen. Sind Sie der Reiter auf der rechten Hand, müssen Sie allen entgegenkommenden Reitern

Ein friedliches Durcheinander

Sie mögen es sich zurzeit noch nicht vorstellen können, aber es ist durchaus möglich, mit zehn Reitern zugleich in einer Halle zu reiten und dabei sein Pferd in allen drei Grundgangarten zu bewegen. Das setzt natürlich einen gewissen Ausbildungsstand von Reiter und Pferd voraus, zudem das, was man »vorausschauendes Reiten« nennt sowie eine gute Kenntnis von Hufschlagfiguren und Bahnregeln.

ausweichen. Wenn Sie im Trab auf dem Hufschlag reiten und von hinten kommt ein Reiter im Galopp, dann brauchen Sie allerdings nicht mit Ihrem Pferd vom Hufschlag zu springen, sondern der andere Reiter muss Sie innen mit ausreichendem Sicherheitsabstand überholen. Wenn Sie das bis jetzt halbwegs verstanden haben, kommt noch eine wichtige »Kleinigkeit« hinzu. Und zwar die Regelung »Ganze Bahn vor Zirkel«. Das bedeutet, dass ein Reiter, der auf dem Zirkel reitet, immer dem, der auf dem Hufschlag (erster Hufschlag) ganze Bahn reitet, das Vorrecht gibt. Egal auf welcher Hand: Auf dem Zirkel befindliche Reiter weichen den »Ganze-Bahn-Reitenden« nach innen aus. Diese Regelung gilt sowohl für das sogenannte »Durcheinander-Reiten«, also das Reiten auf beiden Händen, als auch für das Reiten auf einer Hand (nach vorheriger Ansage). Klar soweit? Na, dachte ich's mir doch. Ist doch gar nicht so schwer, oder? Alles klingt zuerst etwas kompliziert, aber Sie haben ja ein bisschen Zeit und hoffentlich nette Mitreiter, die am Anfang ein wenig auf Sie aufpassen.

Je mehr Reiter zugleich in der Bahn sind, desto größer muss die gegenseitige Rücksichtnahme sein. In der Praxis bedeutet dies z. B., dass man selbstverständlich in einer vollen Halle nicht mehr zu zweit nebeneinander Schritt reitet, um dabei ein bisschen klönen zu können. Bei mehr als drei Reitern in der Bahn oder während des Reitunterrichts darf nicht mehr longiert werden. Auch Sprünge oder Trabstangen haben in der Halle nichts verloren, wenn sich zu viele Reiter darin aufhalten. Wenn so viele Reiter zugleich in der Bahn sind, dass ein vernünftiges Arbeiten auf beiden Händen nicht mehr möglich ist, soll-

Zu Dritt nebeneinander zu reiten behindert die anderen.

te man sich auf das Reiten auf einer Hand verständigen. Nach alter Regel sagt entweder ein in der Bahn befindlicher Reitlehrer die Handwechsel an oder der jeweils »Dienstälteste« Reiter. Das könnte allerdings auch ein Jugendlicher sein, wenn er über mehr Reiterfahrung verfügt als die übrigen Reiter in der Bahn. Der »angesagten Richtung« ist dann absolut Folge zu leisten. Unabhängig von der Anzahl der anwesenden Reiter sind alle Haltemanöver auf dem Hufschlag anzukündigen; z.B. wenn jemand auf dem Hufschlag halten möchte, um eine Jacke oder eine Pferdedecke abzulegen. Aber auch bei reiterlichen Übungen wie Rückwärtsrichten, Vor- und Hinterhandwendungen sowie etwas längerem Halten ist dieses den anderen Reitern rechtzeitig mitzuteilen z. B. mit den Worten »Hufschlag frei bei B«. Es sei denn, der einzige andere Reiter in der Bahn ist so weit entfernt, dass man ihn nicht behindern würde. Ansonsten gibt man mit diesen Ankündigungen allen Mitreitern die Gelegenheit, rechtzeitig auszuweichen, ohne ihre Arbeit unterbrechen zu müssen. Gegenseitige Rücksichtnahme ist in jedem Fall das Wichtigste. Insbesondere gilt das für Situationen, in denen vielleicht ein Mitreiter die Kontrolle über sein Pferd verliert. In so einem Fall (z.B. durchgehendes Pferd) sollten alle in der Bahn anwesenden Reiter ihre Pferde sofort zum Schritt durchparieren oder sogar anhalten, da sich erfahrungsgemäß der Düsewind so am ehesten beruhigt.

Dass man grundsätzlich auf den schwächsten Reiter bzw. das jüngste Pferd in der Bahn Rücksicht nehmen sollte, versteht sich eigentlich von selbst. Wenn alle diese Regeln beherzigen, dann wird aus dem vermeintlichen Chaos ein entspanntes und friedliches Durcheinander.

Alle anderen sind besser!
oder
Kann ich das irgendwann lernen?

11

11. Alle anderen sind besser!
Oder sieht das nur so aus?

Sind alle anderen besser?

Manchmal kommt es einem so vor, als wenn tatsächlich alle anderen besser reiten. Meistens natürlich nach Reitstunden, in denen irgendwie gar nichts geklappt hat. Und leider gibt es davon immer mal wieder eine. Dann fällt Ihnen auf, dass alle anderen gerader sitzen als Sie, die Unterschenkel ruhiger halten und selbstverständlich nicht immer noch diese Probleme mit den verflixten Steigbügeln haben, die einfach nicht da bleiben, wo sie nach Meinung des Reitlehrers hingehören

Lassen sie sich von niemandem verunsichern! Jeder hat beim Lernen sein eigenes Tempo, beim einen funktioniert dies etwas besser oder schneller, beim anderen jenes. Während Sie sich zum wiederholten Mal darüber ärgern, dass Sie ständig die Steigbügel verlieren, nehmen Sie gar nicht mehr wahr, dass der Reitlehrer Sie schon wieder für Ihren ruhigen, geraden Oberkörper gelobt hat. Und auch die Haltung Ihrer Hände ist schon ewig nicht mehr kritisiert worden. Der Mensch neigt dazu, sich immer nur an dem aufzuhängen, was noch nicht funktioniert und dabei völlig aus den Augen zu verlieren, was er alles schon gelernt hat. Wenn Sie mal ganz frustriert sind, fragen Sie ruhig mal Ihren Reitlehrer, wie er Ihre Gesamtleistung einschätzt. Ich glaube, Sie werden sich wundern, wie viel Ihr Reitlehrer inzwischen schon von Ihren reiterlichen Fähigkeiten hält. Glauben Sie ihm ruhig. Er hat nämlich im Gegensatz zu Ihnen den Gesamtüberblick und hat schon viele Anfänger mit immer wiederkehrenden Problemen erlebt. Er wird Ihnen Mut machen, weiter an sich zu glauben. Wer ernsthaft Reiten lernen will, der schafft es auch. Bisweilen müssen jedoch Umwege, Sackgassen und Verzögerungen in Kauf genommen werden, die bei jedem anders aussehen. Vergleichen Sie sich nicht ständig mit anderen, denn die haben ihre eigenen Probleme und ihr eigenes Lerntempo. Und vielleicht stellen Sie in einem Gespräch mit anderen Anfängern fest, dass Sie von denen um Ihren ruhigen, geraden Oberkörper beneidet werden. Wenn ich doch endlich mal so gerade sitzen könnte wie du, hören Sie dann auf einmal. Oder jemand anderes sagt: Kannst du mir mal verraten, wie du das hinbekommst, dass du deine Hände immer so ruhig hältst? Ohne dass Sie davon wussten, sind Sie auf einmal beneidenswert. Sie können alles lernen, wenn Sie es nur wirklich wollen, egal wie sehr Sie manchmal bei einzelnen Übungen an sich zweifeln. Und lassen Sie sich nicht von »freundlichen« Mitreitern irritieren. Es gibt nämlich genug Besserwisser, die glauben, die reiterliche Weisheit schon mit Löffeln gefressen zu haben, obwohl sie gerade mal zehn Reitstunden mehr haben als Sie, und die dieses vermeintliche Wissen gerne an Sie weitergeben wollen. Solche Zeitgenossen meinen, jeden der auch nur eine Unterrichtsstunde weniger hat als sie selbst, korrigieren zu müssen. Da heißt es dann: Na, du solltest aber langsam auch mal etwas gerader sitzen, ich bekomme das ja schon ganz gut hin. Oder: Deine Hacken sind ja irgendwie immer noch nicht ganz tief, schaffst du das nicht? Oder auch: Mir ist es ja am Anfang auch so wahnsinnig schwer gefallen, die Hände ruhig zu halten, zum Glück kann ich das inzwischen. Die Wahrheit sieht aber meistens ganz anders aus. Schauen Sie den Neunmalklugen ruhig ganz genau beim Reiten zu. Viel besser als Sie sind die selten. Bisweilen sogar eher etwas schlechter. Die haben nur das größere Mundwerk und mehr Geltungsbedürfnis. Während Sie im Stillen mit sich hadern oder sich auch ganz alleine freuen, wenn eine Stunde mal so richtig gut war, posaunen diese »netten Kollegen« einfach alles raus. Und am liebsten werden andere kritisiert, um sich wichtig zu machen und dabei von eigenen Fehlern abzulenken. Also, am besten gar nicht hinhören. Wenn Sie weiterhin so fleißig reiten und lernen, werden Sie an diesen Möchtegern-Champions bald ganz locker vorbeiziehen (äh, natürlich vorbeireiten).

Galopp am Strand: der Traum vieler Anfänger.

Im Reiterstübchen wird Grand Prix geritten

Kennen Sie das auch? Sie kommen ins Reiterstübchen, weil Sie nach Ihrem Reitunterricht eigentlich nur ein Glas trinken wollen, da geraten Sie unvermittelt in einen anschaulichen Vortrag über reiterliche Großtaten, die sich zu Ihrem allergrößten Erstaunen in Ihrem eigenen Reitstall abgespielt haben sollen. Schade, dass Sie nichts davon mitbekommen haben. Einige Reiter, Ihnen flüchtig vom Sehen bekannt, sitzen am Nebentisch und erzählen von großartigen reiterlichen Erlebnissen. Da fliegen Sätze durch den Raum, wie: Meiner hat ja neulich den Oxer gesprungen wie ein Gummiball, der war so hoch und so breit, das glaubt ihr gar nicht. Richtig geflogen ist der. Während ein anderer von den sagenhaften Einer-Wechseln schwärmt, die noch nie besser geklappt hätten. Am liebsten wird dabei offensichtlich von Reitstunden erzählt, bei denen kein anderer anwesend war (schade, dass ihr nicht da wart, das hättet ihr sehen sollen). Nachdem Sie eine Weile zugehört haben, kommt Ihnen das Ganze so langsam vor wie Anglerlatein. Sie wissen schon – der Fisch war soooo groß. Hier heißt es stattdessen: Das Hindernis war sooo hoch; das Pferd war so wild, aber ich habe alles im Griff gehabt. Reiterlatein ist dem Anglerlatein durchaus vergleichbar. Hören Sie ruhig noch etwas zu, Sie werden sich amüsieren und wundern. Am tollsten sind die Geschichten von Mitreitern, die aus einem Reiterurlaub zurückkommen. Kaum zu glauben, was die alles erlebt zu haben scheinen. Vom blutigen Anfänger kriegen Sie dann zu hören, wie er mit einem wilden, schwarzen Hengst in Spanien am Strand entlanggaloppiert ist und der einzige in der Gruppe war, der sein Pferd einigermaßen im Griff hatte.

Galopp-Pirouette: Wer sich ein echtes Urteil darüber erlauben will, sollte selber auf diesem Niveau reiten.

Gleiches gilt für Äußerungen zum Springen.

Ein anderer Reiter, von dem Sie wissen, dass er bei jedem noch so kleinen Hüpfer seines Pferdes in ängstliches Juchzen ausbricht, erzählt Ihnen von den sagenhaft dicken und breiten Baumstämmen, über die er in seinem Reiterurlaub in Ungarn gesprungen ist. Gar keine Probleme hätte er dabei gehabt, sogar richtig Spaß hat es gemacht. Ein tolles Erlebnis. Ludger Beerbaum lässt grüßen. Die Baumstämme sind natürlich nur deswegen so hoch und die Hengste so wild, weil ja – Gott sei Dank – niemand aus dem heimischen Reitstall dabei war. Also, Vorsicht bei solchen Märchen aus den Ferien. Glauben Sie davon maximal zehn Prozent. Schön war neulich auch die Begegnung mit den zwei Damen, die am Tresen saßen und sich über einen Turnierbesuch unterhielten. Natürlich in einer Lautstärke, die sicherstellte das alle Anwesenden von ihrer Fachkenntnis profitierten. Sie bekommen also mit wie die eine der anderen erzählt: »Ich war ja neulich auf dem Grand-Prix-Turnier, da sollte angeblich die Weltelite starten – na, ich sag dir, so toll waren die gar nicht. Dieser angebliche Superreiter aus Holland, der hat ja seine Galopp-Pirouetten total verpatzt. Und diese Deutsche, die angeblich im Olympia-Kader reitet – da fragt man sich wirklich, wie die da rein gekommen ist. Da war ja die ganze Prüfung irgendwie total daneben.« In diesem Stil geht das noch eine ganze Weile so weiter. Und während Sie sich noch fragen, ob hochkarätige Dressur-Reiterinnen den Weg in das kleine Reiterstübchen in Ihrem netten, aber völlig normalen kleinen Reitstall, gefunden haben, dreht sich die eine Dame in Ihre Richtung. Das gibt es ja gar nicht, denken Sie. Die haben Sie doch neulich erst in der Reitstunde vor Ihnen gesehen, als sie lautstark mit dem Reitlehrer darüber diskutierte, warum sie gerade heute nicht das erste Mal angaloppieren wollte. Außerdem war Ihnen aufgefallen, dass der Reitlehrer sie mehrfach ermahnt hat, nicht so stark am Zügel zu ruckeln und endlich mal ein bisschen gerader zu sitzen. Und genau diese Person lästerte gerade über Reiter in einer Grand-Prix-Prüfung? Und beim nächsten Mal sind vielleicht Sie das Opfer dieser Läster-Attacken. Wundern Sie sich also nicht, wenn Sie dann auf einmal hören, wie über »die Dicke da, in dem gestreiften T-Shirt«, herzhaft gelästert wird. »Die lernt das Aussitzen auch nicht mehr. Da kann einem ja das Pferd leid tun.« Und obwohl Ihre Waage Ihnen noch heute Morgen absolutes Normalgewicht bescheinigt hat und der Reitlehrer gerade sehr zufrieden mit Ihnen war, sind doch tatsächlich Sie gemeint! Sie sehen also, was von diesen Experten-Gesprächen im Reiterstübchen zu halten ist. Absolut nichts! Denn auch wenn im Reiterstübchen Grand Prix geritten wird: Draußen wird aus dem Riesen-Oxer ganz schnell wieder ein Cavaletti und auch die Trab-Traversalen entpuppen sich bei näherem Hinsehen als normaler Arbeitstrab an der langen Seite. Es ist eben noch kein Meister vom Himmel gefallen, dafür aber schon viele »Möchtegern-Meister« vom Pferd.

Nur nicht verrückt machen lassen

Was wollen Sie eigentlich? Wollen Sie tatsächlich irgendwann Ludger Beerbaum Konkurrenz machen? Oder mit Isabell Werth darüber diskutieren, wer gerade die besseren Galopp-Pirouetten geritten hat? Und das, obwohl Sie schon die Fünfzig hinter sich gelassen hatten, als Sie das erste Mal auf ein Pferd gestiegen sind. Na sehen Sie: Das wollen Sie eigentlich nicht. Also, was wollen Sie wirklich? Sie sind nach ungefähr jeder dritten Reitstunde frustriert, dass gewisse Sachen immer noch nicht funktionieren. Wenn Sie vor dem Fernseher sitzen und sich hochklassige Dressur- oder Springprüfungen ansehen, hört man Sie seufzen: Ach wenn ich das doch auch könnte, das sieht so gut aus, so leicht, so schön, so spektakulär, oder …, Suchen Sie sich ein Attribut aus. Aber hat das alles etwas mit dem zu tun, was Sie eigentlich wollen? Nein. Schauen Sie sich ruhig mit Begeisterung sehr gute Reiter auf Weltklassepferden in schweren Prüfungen an. Versuchen Sie jedoch, das mit etwas mehr Distanz zu sehen. Denn Ihnen muss klar sein, dass sich Ihre Reiterei nicht mit der von Olympiareitern vergleichen lässt. Und das ist doch auch gar nicht schlimm. Sie wollten doch eigentlich in erster Linie mit Spaß und Freude Ihrem Hobby nachgehen, ohne ständig frustriert darüber zu sein, wie gut andere im Gegensatz zu Ihnen reiten. Man muss keine Traversalen oder Galopp-Pirouetten können, um beim Reiten glücklich zu werden. Auch wenn Sie vielleicht niemals über ein Hindernis springen werden, weil Ihnen einfach der Mut dazu fehlt, heißt das noch lange nicht, dass Sie weniger Spaß beim Reiten haben als Ludger Beerbaum.

Sie wollten immer reiten. Schon als Kind und als Jugendliche war das Ihr größter Wunschtraum. Damals gab es Gründe, die es Ihnen nicht erlaubt haben, reiten zu lernen. Aber der Wunsch ist geblieben und wird jetzt im etwas fortgeschrittenen Alter von Ihnen verwirklicht. Das ist doch ein Grund zur Freude. Endlich erfüllen Sie sich Ihren Jugendtraum. Allein der Umgang mit den Pferden ist ein Garant für gute Laune. Reiten ist die wohl schönste Möglichkeit, komplett abzuschalten und den Alltag mit all seinen Sorgen und Problemen zu vergessen. Was bedeutet es schon, dass Sie in der heutigen Reitstunde zweimal den Steigbügel verloren haben und beim Aussitzen immer noch nicht das Gefühl haben, wirklich am Sattel zu kleben. Na, und? Das kommt schon noch. Und auf dem Weg dahin nehmen Sie ganz viel Freude, Erholung und Spaß im Umgang mit dem Pferd mit. Was wollen Sie mehr! Entspannen Sie sich, gehen Sie locker und unverkrampft an Ihre Reitstunden heran, schrauben Sie Ihre Erwartungen und Ziele ein wenig herunter. Oder wie meine jüngeren Reitschüler immer zu sagen pflegen: Hey, chill' doch mal. Setzen Sie sich nicht ständig unter Erfolgsdruck. »Heute muss das endlich mal funktionieren mit dem Leichttraben«, oder »Wenn ich noch mal meine Bügel verliere, dann hör ich auf«. Wenn Sie locker und ohne Erwartungsdruck an Ihre Reitstunden herangehen, werden Sie sehr viel mehr Erfolg haben, das kann ich Ihnen versprechen. Druck und falscher Ehrgeiz führen zu Verkrampfungen. Und wenn Sie verkrampft und angespannt sind, können Sie nicht gut reiten. Außerdem merkt Ihr Pferd sowieso immer genau, was mit Ihnen los ist. Je losgelassener und unverkrampfter Sie an die Sache herangehen, desto mehr wird Ihr Pferd Sie lieben und zu Ihrer großen Freude selbst mit Losgelassenheit reagieren. Und dann können Sie auf einmal aussitzen. In diesem Sinne: Chillen Sie mal ein bisschen!

Nächstes Jahr lachen Sie darüber …

Vor einem Jahr wussten Sie, dass ein Pferd im Gegensatz zu einer Kuh keine Hörner hat. Und viel mehr auch nicht. Ein Jahr später regen Sie sich darüber auf, dass es mit dem Angaloppieren noch nicht so gut klappt. Merken Sie was? Innerhalb eines Jahres ist aus einem Nicht-Reiter ein Mensch geworden, der sich im Stall zuhause fühlt. Im Umgang mit dem Pferd haben Sie eine große Sicherheit erworben. Niemand käme auf die Idee, dass Sie sich vor einem Jahr in genau diesem Reitstall kaum aus dem Auto getraut haben, als Sie zu Ihrer ersten Reitstunde angemeldet waren. Reiten-Lernen ist wie ein ganz großes Puzzle. Mit so unendlich vielen Teilchen, dass Ihnen beim ersten Anblick geradezu schwindelig wird. Auch beim Puzzle kann Ihnen keiner sagen, wie lange es dauern wird, bis Sie alle Teile richtig zusammengefügt haben und das Bild fertig ist. Genau wie bei der Reiterei haben Sie auch bei einem überdimensionierten Puzzlespiel das Gefühl: Das kriege ich nicht hin, ich habe mich übernommen, das sind zu viele Einzelteile. Das wird bei mir nie ein Gesamtbild ergeben. Aber schließlich gab es ja einen Grund, das Puzzle zu kaufen. Denn das fertige Bild war auf der Packung abgedruckt und hat Sie so sehr fasziniert, dass Sie allen Schwierigkeiten und Zweifeln zum Trotz das Spiel gekauft haben. Auch die angekündigten 10.000 Einzelteile haben Sie nicht vom Kauf abgehalten. Weil das fertige Bild so schön war. So ist es auch mit dem Reiten. Da wissen Sie auch, wie es aussehen kann. Das haben Sie schließlich schon oft gesehen und bewundert. Lassen Sie sich also durch die unendlich vielen kleinen Teilchen nicht abschrecken. Denn auch Ihr Puzzle beginnt mit einem einzigen kleinen Teilchen – dem ersten. Ich sage meinen Reitschülern immer: Der Anfang ist wie eine große leere Fläche, auf der irgendwann Ihr Puzzle entstehen soll. Am Anfang werden die wichtigsten Teilchen gesucht und gefunden; sie bilden gewissermaßen das Grundgerüst. Da ist zum einen das Erreichen der Sicherheit im Umgang mit dem Pferd und das Verständnis für dieses wundervolle Lebewesen; zum zweiten sind es die ersten gemeinsamen Schritte mit dem Pferd. Für jeden kleinen Erfolg, für jede neue Erkenntnis gibt es ein Puzzlestück. Ich schenke meinen Reitschülern als Sinnbild für ein gelöstes Problem oder einen geglückten wichtigen neuen Schritt tatsächlich ein Puzzlestück um ihnen klar zu machen, dass sie dieses Teil gefunden haben und auch behalten werden, wenn sie gut darauf aufpassen. Manchmal finden sie ein Teilchen, das für sich alleine steht; manchmal haben sie das große Glück, dass sie zwei oder drei Teilchen finden, die sich nahtlos aneinander fügen. Und dabei wächst ihr Gesamt-Bild. Auch wenn es in diesem Stadium als Bild überhaupt noch nicht vollständig zu erkennen ist. Sie müssen bei Ihrer Suche aber nicht im Dunklen tappen, denn das Bild in seiner ganzen Schönheit liegt ja immer als »Vorlage« vor Ihnen. Je mehr dieser Puzzlestückchen Sie finden, desto eher bekommen Sie an einzelnen Stellen einen klaren Bildausschnitt, der es Ihnen dann leichter macht, nach weiteren passenden Teilchen zu suchen. Es wird Stunden geben, da gehen Sie ohne ein einziges neues Puzzlestück traurig nach Hause. Aber in der nächsten Stunde finden Sie gleich drei Puzzlestücke auf einmal. Und alle Puzzlestücke die Sie gefunden haben, gehören für immer Ihnen. Die kann Ihnen keiner mehr wegnehmen. Und Ihr Bild wird immer vollständiger. Einzelne Abschnitte können Sie schon ganz genau erkennen während andere zu Zeit noch im Verborgenen liegen. Aber die Teile sind da. Sie liegen greifbar vor Ihnen. Sie erkennen sie nur noch nicht. Kennen Sie das Gefühl, dass Sie ein ganz bestimmtes Teilchen suchen, um ein wichtige Lücke schließen zu können? Sie wissen: Wenn Sie dieses Teilchen finden, haben Sie einen wichtigen Bildausschnitt vollendet. Je mehr Sie suchen und nicht finden, desto verzweifelter werden Sie. Und irgendwann, wenn Sie ohne Druck und ohne Erwartungshaltung an Ihr Puzzle gehen, sehen Sie, dass es die ganze Zeit vor Ihrer Nase gelegen hat, ohne dass Sie es erkannt haben. Und je mehr Sie im Laufe der Zeit Ihren Blick schulen, desto leichter wird es Ihnen fallen, die passenden Teilchen zu finden. Irgendwann wird Ihr Bild erkennbar – und selbst wenn am Ende ein paar Puzzlestücke fehlen werden, wird es dem Gesamteindruck keinen Abbruch tun. Denn allen anderen Reitern fehlen auch noch ein paar Teilchen.

Endlich Erfolg!
oder
Das höchste Glück der Erde liegt eben doch auf dem Rücken der Pferde

12

12. Endlich Erfolg!
oder Das höchste Glück der Erde liegt eben doch auf dem Rücken der Pferde

Leichttraben und Aussitzen

Ach, wie schön wäre die ganze Reiterei im Schritt. Sie fühlen sich inzwischen sehr wohl und auch schon relativ sicher auf dem Pferd. Die leicht wiegende Bewegung im Schritt ist bequem und angenehm. Und damit soll auf einmal Schluss sein? Offensichtlich meint Ihr Reitlehrer, dass Sie heute mal, im wahrsten Sinne des Wortes, einen Gang höher schalten sollten. Schluss mit gemütlichem Schritt, jetzt wird getrabt. Von etwas fortgeschritteneren Mitreitern haben Sie schon von wahren »Schüttelorgien« gehört, die Sie dabei angeblich erwarten. Schwierig soll es sein. Aber das kennen Sie ja schon. Jetzt hat sich also Ihr Reitlehrer mit Longe und Longierpeitsche bewaffnet, um Ihnen die ersten Trabtritte so einfach wie möglich zu machen. Oder was hatten Sie gedacht? Während er Ihr Pferd an die Longe nimmt, gibt es erst einmal eine theoretische Einweisung. Was hat es mit dem Trab eigentlich auf sich und wie soll es aussehen, wenn man alles richtig macht.

Lassen Sie uns also vom Trab reden. Beim Trab wird von Tritten gesprochen. Trab ist eine schwungvolle Gangart, in der Leichtfüßigkeit und Elastizität erwünscht ist. Das Pferd bewegt im Trab die jeweils diagonalen Beine gleichzeitig: linkes Vorderbein und rechtes Hinterbein, sowie im Anschluss das rechte Vorderbein gemeinsam mit dem linken Hinterbein. Deswegen sprechen wir beim Trab von einem Zweitakt. Zwischen dem Wechsel der diagonalen Beinpaare gibt es eine so genannte Schwebephase. Das bedeutet, dass für einen kleinen Moment kein Pferdebein den Boden berührt. Soviel zur Theorie des Trabes. Jetzt zu Ihnen. Was macht der Reiter, wenn das Pferd trabt? Außer, dass er am Anfang durchgeschüttelt wird, Angst vor dem Herunterfallen hat oder die Gangart zumindest als äußerst wackelig empfindet. Beim Trab hat der Reiter zwei Möglichkeiten: das Leichttraben und das Aussitzen. Das Leichttraben ist ein ständiges Aufstehen und Niedersetzen des Reiters im Takt der Bewegung. Beim Aussitzen bleibt der Reiter mit dem Gesäß im Sattel sitzen. Jetzt könnten Sie natürlich denken: Alles klar, leichttraben heißt so, weil es leichter ist. Und aussitzen – na, das Thema sitzen wir dann irgendwie aus. Mancher mag auch denken: Das Aussitzen ist sicherlich einfacher, weil man ja ganz offensichtlich nichts weiter tun muss, als sitzen zu bleiben. Nach den ersten Versuchen im Leichttraben werden Sie Letzteres ganz sicher denken. Aber Sie können mir glauben: Das richtige, geschmeidige Aussitzen zu erlernen, ist deutlich schwieriger. Das Leichttraben dient in erster Linie der Schonung des Rückens und der Gelenke des Pferdes. Die Ausbildung junger Pferde findet am Anfang nur im Leichttraben statt. Die Ausbildung »junger« Reiter ebenso. Grundsätzlich wird erst das Leichttraben erlernt. Denn jede Reitstunde

Am Anfang ist es ganz schön schwer, überhaupt anzutraben.

So soll das Bein beim Aufstehen nicht durchgestreckt werden.

beginnt nach der Schrittphase mit dem Leichttraben. Das gilt für den Reitanfänger genauso wie für den Profi mit dem hoch ausgebildeten Dressurpferd. Diese Phase wird Lösungsphase genannt und dient dazu, Pferd und auch Reiter auf die eigentliche Arbeit (z. B. im ausgesessenen Trab) vorzubereiten. Die Arbeit im Leichttraben macht Pferd und Reiter locker, warm und geschmeidig (ja, glauben Sie es ruhig) und sorgt dafür, dass Gelenke und Muskeln keinen Schaden erleiden. Man muss es allerdings wirklich können, damit es sich positiv auf die Bewegungsmechanik des Pferdes auswirkt. Und genau da liegt der berühmte Hase im Pfeffer. Das, was sich so leicht anhört, ist am Anfang gar nicht leicht. Sie haben es sicherlich schon wieder geahnt. Wie geht es denn nun, das Leichttraben? Die Aktion des Reiters besteht daraus, sich beim ersten Trabtritt mit dem Gesäß aus dem Sattel zu heben, also gewissermaßen »aufzustehen« und sich beim darauf folgenden Trabtritt sanft wieder in den Sattel zu setzen. Und so geht es immer weiter. Es ist also ein ständiges Auf-und-Nieder, Auf-und-Nieder, Auf-und-Nieder ... Diese Bewegung lässt sich tatsächlich über längere Strecken sehr gut durchhalten. Wie z.B. beim Reiten im Gelände, wo grundsätzlich im Trab nur leichtgetrabt wird. Vorher gilt es allerdings in der Reitbahn, den gemeinsamen Takt mit dem Pferd zu finden – und die Suche nach dem richtigen Takt kann sich schon mal ein bisschen hinziehen. Bevor Sie jetzt wieder verzweifeln, trösten Sie sich mit der Tatsache, dass fast alle am Anfang große Schwierigkeiten haben, das Leichttraben zu erlernen. Wie immer wird es nach unterschiedlichen Anfangsschwierigkeiten jeder lernen. Die meisten machen am Anfang den Fehler, die Anweisung zum Aufstehen zu wörtlich zu nehmen. Man steht dabei nicht wirklich auf, denn die Knie bleiben die ganze Zeit in mehr oder weniger gebeugter Haltung. Das Bein wird ==nicht komplett gestreckt. Leichttraben ist eine Auf- und Ab-Bewegung des Gesäßes mit gebeugten Knien bei nahezu unveränderter Haltung des Unterschenkels.== Alles klar?

Nachdem das geklärt ist und Sie nach gaaaanz viel Üben tatsächlich das Leichttraben erlernt haben, kann ich Sie ja erneut verwirren. Womit? Mit dem Leichttraben auf dem richtigen Fuß!

Phase: »Auf« mit Blick auf die äußere Schulter.

Phase »Ab« – das Hinsetzen.

Was soll das denn jetzt schon wieder sein, werden Sie fragen. Also erst einmal wieder zur Theorie: In der Bahn (Reithalle oder Reitplatz) wird grundsätzlich auf dem inneren Hinterfuß leicht getrabt. Das bedeutet, dass der Reiter sich setzt, wenn der innere Hinterfuß den Boden berührt. Das wäre auf der linken Hand der linke Hinterfuß und auf der rechten Hand der rechte Hinterfuß. Da man aber als Reiter sehr schlecht das innere Hinterbein beobachten kann, erinnern wir uns daran, dass sich im Trab die jeweils diagonalen Beinpaare gleichzeitig nach vorn bewegen. Wenn also der innere Hinterfuß den Boden berührt, dann berührt auch gleichzeitig der äußere Vorderfuß den Boden. Da es einfacher ist, sich am Vorschwingen der Pferdeschulter zu orientieren, hat es sich eingebürgert, dem Reitschüler beizubringen, dass er aufstehen muss, wenn das äußere Vorderbein nach vorne schwingt. Das äußere Bein (mit der Schulter) geht nach vorne, der Reiter steht auf – das Bein geht nach hinten, der Reiter setzt sich wieder. Man schaut dabei nicht auf den Boden, sondern »schielt« zur Orientierung kurz auf die äußere Pferdeschulter. Wenn man dann feststellt (oder am Anfang wahrscheinlich eher der Reitlehrer), dass man auf dem falschen Fuß leichttrabt, muss man umsitzen. Was ist denn das schon wieder? Merken Sie was? Es hört einfach nicht auf. Also, umsitzen bedeutet, dass Sie in Ihrer Auf-und-Nieder-Bewegung einmal mehr sitzen bleiben als normal. Wie bitte? Das sieht dann so aus: Auf-und-Nieder, Auf-und-Nieder, Auf-und-Nieder-Nieder, Auf-und-Nieder. Ganz einfach, nicht wahr? Bei jedem Handwechsel müssen Sie umsitzen, so dass Sie auf der neuen Hand wieder aufstehen, wenn die äußere Schulter des Pferdes vorgeht. Das bedeutet, dass Sie z. B. nach dem Kommando »Durch die ganze Bahn wechseln«, auf der Diagonalen kurz vor Erreichen der Ecke (der neuen Richtung) automatisch umsitzen müssen, da die vorherige innere Seite des Pferdes ja nun die äußere wird. Zugegeben, das Ganze ist wirklich sehr verwirrend für den Anfänger und damit gut geeignet, Sie zur Verzweiflung zu treiben. In Kapitel 8 habe ich erzählt, dass ich eine Reitschülerin hatte, die wirklich zwei lange Jahre gebraucht hat, um zu erkennen, ob sie auf dem richtigen oder auf dem falschen Fuß leichttrabt. Das

Wenn nur die Steigbügel nicht immer woanders wären als geplant.

So sieht es doch schon viel besser aus.

Umsitzen selbst hat sie aber ganz schnell gelernt. Das werden Sie dann ja wohl auch noch hin bekommen. Übrigens: Wenn Sie im Gelände reiten, wo grundsätzlich leichtgetrabt wird, müssen Sie von Zeit zu Zeit umsitzen (auch auf geraden Strecken), um eine gleichmäßige Belastung der Pferdebeine sicherzustellen. So, das reicht Ihnen sicherlich erst einmal zum Thema Leichttraben. Beschäftigen wir uns jetzt mit der anderen Möglichkeit, im Trab auf einem Pferd zu sitzen, nämlich dem Aussitzen. Dieses Thema könnten wir – im Gegensatz zum Leichttraben – eigentlich in wenigen Worten abhandeln. Zur Erklärung reicht ein einziger Satz: Sie müssen einfach nur sitzen bleiben. Das klingt doch wirklich gut, das hört sich doch jetzt endlich einmal unkompliziert an. Sie brauchen nicht an das ständige Auf-und-Nieder zu denken. Sie brauchen auch nicht ans Umsitzen zu denken. Sie müssen nicht wissen, wo der richtige Fuß ist, wann die äußere Schulter vorgeht, wo Sie hingucken müssen und wie Sie das hinbekommen mit dem richtigen Aufstehen und Hinsetzen. Immer gleichmäßig und immer im Rhythmus, wie soll ich das bloß machen? Nein, mit dem Aussitzen ist es ganz leicht. Einfach nur sitzen bleiben. Soviel zur Theorie; die Praxis sieht anders aus. Wenn Sie bis jetzt tatsächlich das Erlernen des Leichttrabens als schwierig empfunden haben, werden Sie mir, sobald Sie mit dem Aussitzen anfangen, Recht geben: Es wird noch schwieriger.

Grundvoraussetzung für richtiges Aussitzen sind ein lockerer, gut im Becken mitschwingender Reiterkörper und ein losgelassener, schwingender Pferderücken. Nur dann kann der Reiter zu einer Übereinstimmung mit den Bewegungen des Pferderückens finden und das Aussitzen als angenehm erleben. Erschwerend kommt hinzu, dass nicht jeder Reiter auf jedem Pferd gleich gut aussitzen kann. Der Reiter muss sich den Bewegungen des Pferdes anpassen – und das fällt auf schwungvollen Pferden mit »viel Bewegung« schwer, aber auch auf Pferden, die den Rücken festhalten. Blockiert der Reiter sein Becken, kann er nicht mitschwingen. Und den eigenen Körper so zu beherrschen, dass das Becken losgelassen bleibt, ohne dass die

Aussitzen ist am Anfang noch viel schwerer.

Kaum zu glauben, man fällt auch ohne Steigbügel nicht herunter.

Stabilität im Sitz verloren geht, erfordert schon einen gut ausbalancierten Sitz. Beim Erlernen des Aussitzens ist also wiederum erst einmal der Frust vorprogrammiert.

Aber auch hier gilt: Übung macht den Meister, und auch das Aussitzen ist erlernbar. Es dauert nur ein bisschen länger. Nur Mut. Wenn man es dann irgendwann kann, gibt es kaum etwas Schöneres, als auf einem kraftvoll schwingenden Pferderücken das Gefühl zu erleben, eins mit dem Pferd zu sein.

Hurra, man kann auch ohne Steigbügel reiten

Auf Ihre heutige Reitstunde haben Sie sich wie immer richtig gefreut. Aber während Sie Ihr Pferd im Schritt warm reiten, lässt doch auf einmal Ihr ach so netter, freundlicher und verständnisvoller Reitlehrer seine Maske fallen. Und was verbirgt sich dahinter? Ein richtiger Sadist! Das hätten Sie überhaupt nicht vermutet. Was ist mit dem Menschen los? Regelrecht bösartig erscheint er Ihnen. Und warum? Er hat Ihnen gerade gesagt, Sie sollen die Bügel überschlagen. »Wir wollen heute mal ohne Steigbügel reiten.« Na, das geht ja wohl gar nicht! Was hat er sich denn dabei gedacht? Will er, dass Sie endlich mal runterfallen, oder was hat er für Motive? Und außerdem, was heißt denn WIR? Er ja wohl nicht, er steht ganz entspannt unten in der Reithalle und lächelt freundlich. Jetzt erzählt er Ihnen doch glatt, dass das Reiten ohne Bügel eine unheimlich gute Übung ist. Das Gleichgewicht wird geschult und der tiefe Sitz im Sattel deutlich verbessert. Als er Ihnen aber dann noch sagt, dass man auch ohne Steigbügel leichttraben kann, zweifeln Sie vollends an seinem Verstand. Das kann doch gar nicht gehen! Wie soll man denn bitte schön im Sattel aufstehen ohne Bügel? Sie sind ja gerade heilfroh, dass es mit Steigbügeln so einigermaßen klappt. Während Sie noch überlegen, ob es sich bei der Ankündigung nicht doch um einen Scherz gehandelt hat, bittet Ihr Reitlehrer Sie, das Pferd anzuhalten, damit Sie die Bügel überschlagen können. Also doch kein Scherz. Sie legen also nach Anweisung die Bügel über Kreuz über den Widerrist des Pferdes. Direkt vor dem Sattel liegen sie jetzt, gut sichtbar, aber leider für Sie nicht mehr erreichbar. Das Losreiten im Schritt geht ja noch, stellen Sie fest. Man fällt also nicht gleich runter. Das kommt dann wahrscheinlich erst später, im Trab. Sie stellen aber schon jetzt im Schritt fest, dass Sie anders auf dem Pferd sitzen. Tatsächlich irgendwie tiefer im Sattel. Allerdings wissen Sie nicht wirklich, was Sie mit Ihren Beinen machen sollen. Die hängen gewissermaßen tatenlos rechts und links am Pferd runter. Der Gang Ihres Pferdes wird auch immer schleppender, bis es schließlich anhält. Jetzt haben Sie doch glatt vor lauter Aufregung und Konzentration völlig vergessen, zu treiben. »Lassen Sie mal Ihre Beine nicht einfach so hängen« kommt jetzt die Anweisung des Reitlehrers. Die Beine und Füße sollten ohne Steigbügel genauso gehalten werden wie mit. Das heißt: Oberschenkel und Knie locker am Sattel, ohne sich damit festzuklammern. Die Fußspitze leicht anheben, damit der Absatz tief kommt und somit Spannung in die Wade. Schließlich sollen Sie ja Ihr Pferd vorwärts treiben. Eben alles genau wie mit Bügeln. Nachdem Sie sich nach einer Weile daran gewöhnt haben und es Ihnen ganz gut gelingt, das Pferd vorwärts zu treiben, kommt das, was Sie die ganze Zeit befürchtet haben: »An der nächsten langen Seite bitte antraben und leichttraben.« O Gott, denken Sie, jetzt kommt das Ende meiner erst so kurzen Reiterlaufbahn. Ich falle bestimmt runter. Und wenn nicht, dann kann ich auf jeden Fall nicht leichttraben. Aber jetzt versuchen Sie erst einmal, das Pferd anzutraben. Oberkörper aufrichten, schwer machen, Kreuz anspannen, beide Unterschenkel mit gleichmäßigem Druck kurz hinter dem Sattelgurt an den Pferdebauch und schon trabt Ihr Pferd los. Macht es tatsächlich! Und viel schneller als jemals zuvor. Vor lauter Schreck parieren Sie wieder zum Schritt durch. Was war das

Ohne Bügel zu reiten, geht auch im Trab: Das ist anstrengend aber lehrreich.

denn? So einfach ging das ja noch nie. Ihr Reitlehrer erklärt Ihnen, dass das durch den tieferen Sitz im Sattel kommt. Das Pferd spürt mehr Druck und mehr Gewicht und reagiert entsprechend schnell. Also noch mal – und jetzt wollen Sie auch versuchen leichtzutraben. Das Pferd trabt wieder sofort an und Sie denken auch daran, weiter zu treiben, nur Ihr Hinterteil bekommen Sie beim besten Willen nicht aus dem Sattel. Sie versuchen es wirklich, strengen sich an bis Sie fast keine Luft mehr bekommen, aber es geht einfach nicht. Das geht am Anfang allen so, tröstet Sie Ihr Reitlehrer. Jeder denkt beim ersten Mal, dass es nicht geht. Bevor Sie endgültig an Ihrem Reitlehrer zweifeln, bittet dieser eine sehr gute Reiterin, die mit ihrem eigenen Pferd mit Ihnen in der Bahn ist, Ihnen zu zeigen, dass Leichttraben ohne Bügel tatsächlich möglich ist. Die Reiterin pariert kurz ihr Pferd durch, schlägt die Bügel über und trabt gleich darauf völlig selbstverständlich wieder an. So als wäre überhaupt nichts gewesen. Und wenn sie nicht selbst sehen würden, dass die Steigbügel übergeschlagen sind, sie würden es bis zwei Loch verkürzt! Wie kann das denn angehen? Es hat doch niemand Ihre Bügel verstellt. Zauberei? Eigenleben von Bügelriemen? Oder doch eine andere Erklärung? »Genau, das war der Sinn und Zweck dieser Übung«, teilt Ihnen Ihr Reitlehrer mit. Nicht die Bügelriemen sind kürzer geworden, sondern Ihre Beine länger. Toll, längere Beine wollten Sie schon immer haben. Aber bevor Sie überlegen, durch erneutes Überschlagen der Bügel noch ein paar Zentimeter mehr rauszuholen, erklärt Ihr Reitlehrer Ihnen, dass durch das Reiten ohne Steigbügel, das Bein tatsächlich »länger« wird. Denn das Festhalten und Abstoßen am Steigbügel, sowie das falsche Hochziehen von Knie und Oberschenkel »verkürzen« das Bein. Der Reiter kommt durch häufiges Reiten ohne Bügel zu einem entspannten und vor allem tieferen Sitz im Sattel. Es ist der erste Schritt auf dem Weg, nicht mehr »auf dem Pferd«, sondern irgendwann »im Pferd« zu sitzen. Und erst wenn man es schafft, im Pferd zu sitzen, wenn also die Bewegungen von Pferd und Reiter eins werden, dann fängt die Reiterei an. Also, weg mit den Bügeln, möge der Muskelkater kommen.

Wenn die Körperspannung stimmt, braucht man keine Bügel, um stabil zu bleiben.

nicht glauben. Genauso wie vorher mit Bügeln trabt die Reiterin jetzt ohne Bügel leicht. Nicht zu fassen, denken Sie, es geht also doch. Und wie bekommt man es nun selber hin? Richtig! Üben, üben, üben. Das tun Sie dann auch – und kurz bevor Sie die Kräfte verlassen, funktioniert es tatsächlich. Wenigstens ein bisschen. Es ist, wie dann auch Ihr Reitlehrer zugibt, eine wirklich anstrengende Übung. Ihre Oberschenkel haben Ihnen noch nie so weh getan. Jetzt dürfen Sie zur Belohnung die Bügel wieder aufnehmen. Und jetzt stellen Sie etwas Seltsames fest. Während der Zeit, die Sie ohne Bügel geritten sind, hat sich die Bügellänge um mindestens ein

Der erste Galopp: Augen zu und durch

»Hopp, hopp, hopp, Pferdchen lauf Galopp« oder »Hoppe, hoppe Reiter, wenn er fällt, dann schreit er.« Wer kennt die alten Kinderreime nicht? Der Galopp ist die Gangart, um die sich die meisten Geschichten ranken. Aus welcher Gangart fallen die meisten Reiter vom Pferd? Richtig: aus dem Galopp! In welcher Gangart ist ein Pferd, wenn es durchgeht? Richtig: Galopp! In welcher Gangart wird eine Attacke auf die

Der erste Galopp, Augen zu und durch

An der Longe fühlt man sich am Anfang sicher.

gegnerische Armee geritten? Richtig: im Galopp. Die Zweikämpfe der Ritter fanden natürlich auch im Galopp statt. Und sieht nicht eine Pferdeherde im Galopp wunderschön aus? Bleibt uns nicht das Bild des schwarzen Hengstes, der für eine Bierwerbung den menschenleeren Strand entlang galoppiert, aufgrund seiner Schönheit, Kraft und Eleganz lange im Gedächtnis? Die Zeitlupenstudie eines Dressurpferdes im Galopp verschlägt uns manchmal geradezu den Atem.

Der Galopp beschäftigt also die Menschen. Besonders den Reitanfänger. Es gibt einige, die freuen sich darauf, endlich galoppieren zu dürfen. Die meisten haben jedoch einen Heidenrespekt, um nicht zu sagen Angst, vor dem ersten Galopp. Viele fürchten tatsächlich, dass sie im Galopp mit Sicherheit vom Pferd fallen werden. Umso wichtiger ist also das erste Erlebnis auf einem galoppierenden Pferd. Es prägt die spätere Einstellung zum Galopp. Ich habe nicht wenige Reitschüler gehabt, die aufgrund eines negativen ersten Galopp-Erlebnisses (manchmal leider sogar mit Sturz) aufgehört haben, zu reiten. Oft fanden diese Erlebnisse unter Bedingungen statt, vor denen man nur warnen kann. Da ist z.B. der Reiter, der im Urlaub gerne einmal reiten möchte, aber zuhause erst ein paar Reitstunden hatte. Ein blutiger Anfänger also. Und wenn dieser Anfänger dann von den falschen Leuten aufs falsche Pferd gesetzt wird, kann aus einem vermeintlich schönen Urlaubserlebnis schnell mal das Ende der gerade erst begonnenen Reiterkarriere werden. Der schönste Strand wiegt dann nicht das Gefühl des Reiters auf, wenn er im Galopp die Kontrolle verliert. Auch eine zu große Abteilung, in der mehrere Reiter zugleich galoppieren sollen, und die Pferde sich auf einmal ein ungeplantes Wettrennen liefern, ohne dass sie von den Reitschülern angehalten werden können, hinterlässt negative Spuren. Oder nehmen wir den Einzelgalopp in der Abteilung: Das Pferd soll allein eine Runde vom Anfang bis ans Ende der Abteilung galoppieren und bremst dabei aus vollem Galopp, ohne Zutun des Reitschülers,

Und so sieht es aus, wenn man es kann.

Oder so.

wenn es wieder am Ende angekommen ist. Dabei kann man als Reitanfänger schnell mal, wie es in der Reitersprache so schön heißt, in »Wohnungsnot« kommen. Solche Erlebnisse sind natürlich nicht dazu geeignet, den Galopp in seiner Schönheit und Kraft positiv zu empfinden. Es ist also sehr wichtig, dass der erste Galopp möglichst in ruhiger, entspannter Umgebung auf einem ruhigen, gut ausgebildeten Pferd unter fachkundiger Anleitung stattfindet. Nur dann wird sich dem Reiter die Faszination des Galopps erschließen, ohne dass er Angst bekommt. Fangen wir also erst einmal wieder mit der Theorie an. Im Galopp spricht man von Sprüngen, im Gegensatz zu Schritten im Schritt oder Tritten im Trab. Der Galopp ist ein Dreitakt. Das bedeutet, dass das Pferd zuerst das äußere Hinterbein aufsetzt, danach das diagonale Beinpaar (bestehend aus innerem Hinterbein und äußerem Vorderbein) und zuletzt das innere Vorderbein. Danach gibt es wieder (wie auch im Trab) eine Schwebephase, in der kein Bein den Boden berührt (siehe Foto S. 130). Und als Besonderheit kann das Pferd im Galopp sowohl Rechts- als auch Linksgalopp gehen. Das ist daran zu erkennen, welches der beiden Vorderbeine weiter nach vorne ausgreift. Übrigens spricht man beim Galoppieren nie von schnell oder langsam (außer beim Galopprennen), sondern von versammelt oder raumgreifend.

==Die höhere Geschwindigkeit beim starken Galopp im Gegensatz zum versammelten oder Arbeitsgalopp ist nur ein Nebenprodukt des vermehrten Raumgriffs. Raumgriff bezeichnet die Weite des einzelnen Galoppsprunges.== Im Mittelgalopp oder starken Galopp werden die Sprünge des Pferdes weiter, es macht also mit einem Galoppsprung mehr Boden gut als beim versammelten oder Arbeitsgalopp. Jetzt wissen Sie also schon ein wenig über den Galopp: faszinierend und ein bisschen Furcht einflößend. Denn Sie sind bis jetzt ja noch nicht galoppiert. Das soll aber heute losgehen, hat Ihr Reitlehrer Ihnen versprochen (oder war das eine Drohung?). Für Ihren ersten Galopp nimmt der Reitlehrer das Pferd an die Longe, damit Sie sich ganz auf Ihren Sitz und die Hilfengebung konzentrieren können (Toll!). Allerdings hat er schon Recht, denn Ihre größte Sorge ist ja, dass Ihr Pferd mit Ihnen im Galopp unkontrolliert durch die Bahn schießen könnte. Mit dem Pferd an der Longe müssen Sie diese Sorge schon mal nicht haben. Sie fühlen sich sehr beruhigt und das ist ja keine schlechte Voraussetzung für den ersten Galopp. Was jetzt noch fehlt, ist eine winzige Kleinigkeit: Wie mache ich dem Pferd klar, dass ich galoppieren will? Und, will ich überhaupt? Man kann sowohl aus dem Schritt als auch aus dem Trab angaloppieren. Isabell Werth und Kollegen, sowie natürlich ihre entsprechend ausgebildeten vierbeinigen Mitarbeiter, können das auch aus dem Halten. Wenn man aus dem Trab angaloppieren möchte, muss man kurz vorher aussitzen. Aus dem Leichttraben geht es nicht, weil man die Einwirkung des Reitergewichtes auf den Rücken des Pferdes braucht. Deswegen ist es für den Reitanfänger leichter, aus dem Schritt anzugaloppieren, vorausgesetzt das Pferd ist entsprechend ausgebildet. Auf die Frage, welchen Galopp das Pferd denn nun gehen soll, wenn es doch rechts oder links angaloppieren kann, kann man sich merken: rechte Hand = Rechtsgalopp; rechtes Bein treibt – linke Hand = Linksgalopp, linkes Bein treibt. Normalerweise wird in einer Reithalle oder auf einem Reitplatz immer im sogenannten Innen- oder Handgalopp geritten. Dass ein Pferd auch auf der rechten Hand einen Linksgalopp gehen kann und umgekehrt, gehört mal wieder in das Reich von Isabell Werth und Co. Wir konzentrieren uns erst einmal auf das Normale und haben damit ganz bestimmt auch schon genug zu tun.

Wenn ich also auf der linken Hand reite und mein Pferd angaloppieren möchte, dann bereite ich es mit einer halben Parade darauf vor. Sie erinnern sich? Hallo sagen und dem Pferd signalisieren »ich will gleich etwas von dir«. Die halbe Parade, also kurzes Annehmen der Zügel bei gleichzeitig vorwärts treibenden Schenkeln, dient hier vor allem dazu, die Hinterhand zu aktivieren. Die Lastaufnahme mit den Hinterbeinen ist notwendig, um dem Pferd das Angaloppieren zu erleichtern. Jetzt wird der innere, in diesem Fall der linke, Gesäßknochen vermehrt belastet. Der innere (linke) Unterschenkel liegt vorwärtstreibend kurz hinter dem Sattelgurt. Mit dem inneren Zügel wird das Pferd leicht nach links gestellt. Der äußere (rechte) Zügel begrenzt das Pferd nach außen. Der äußere, rechte Schenkel wird verwahrend etwa eine Handbreit hinter den Sattelgurt gelegt. Dieser Schenkel soll verhindern dass das Pferd dem einseitigen Druck des inneren Schenkel folgt und während des Galopps nach außen weicht. Sie erinnern sich? Wenn man rechts drückt, geht das Pferd nach links und wenn man links drückt, geht es nach rechts. Weil im Galopp aber nur mit einem Bein getrieben wird, kommt dem äußeren (verwahrenden) Schenkel im Galopp eine sehr wichtige Bedeutung zu. Er ist sozusagen das Gegengewicht zum inneren treibenden Schenkel. Ich erkläre meinen Reitschülern immer, dass ein verwahrender Schenkel sozusagen eine Aufpassfunktion hat. Er ist gewissermaßen die zweite Eisenbahnschiene, die dafür sorgt, dass das Pferd auf Spur bleibt. Damit ist gemeint, dass die Hinterhufe immer genau in die Spur der Vorderhufe treten. Wenn Ihr Pferd Sie jetzt tatsächlich verstanden hat und angaloppiert ist, müssen Sie darauf achten, dass Sie den Galoppsprung nicht abbremsen, indem Sie den Zügel zu stark festhalten, sondern durch Nachgeben mit der inneren Hand den Galoppsprung herauslassen. Um das Pferd dann im Galopp zu halten (oder einen gleichmäßigen Galoppsprung zu erhalten), werden, im Rhythmus des Galoppsprunges, die gleichen Hilfen wie zum Angaloppieren gegeben, nur mit etwas weniger Aktivität. Jetzt sind Sie vermutlich wieder einmal völlig verwirrt. Und erneut hilft nur fleißiges Üben.

Wenn Sie das Problem mit dem An- und Weitergaloppieren dann aber irgendwann hingekriegt haben, und auch noch das Glück haben, ein Pferd zu reiten, das einen weichen, schönen und rhythmischen Galoppsprung hat, werden Sie feststellen, dass das, wovor Sie soviel Angst gehabt haben, sich wahrscheinlich als Ihre neue Lieblingsgangart herausstellt. Ich wünsche viel Spaß beim Galoppieren.

Hindernisse sind zum Überwinden da

Nichts ahnend betreten Sie mit Ihrem Pferd die Reithalle und überlegen, ob Sie sich in der Zeit, im Ort oder überhaupt irgendwie geirrt haben. Ihr Reitlehrer ist gerade dabei, viele bunte Stangen in die Reithalle zu tragen, dazu zwei Hindernisständer. Jetzt wird Ihnen klar, Ihr Reitlehrer erwartet Besuch von Ludger Beerbaum. Kann ja gar nicht anders sein, oder? Bevor Sie die Halle verlassen können, kommt er freudestrahlend auf Sie zu und verkündet mit fröhlicher Miene: »Heute wollen wir mal über ein paar Stangen treten und wenn das gut geht dann machen Sie vielleicht noch einen kleinen Sprung.« Erwartet er jetzt etwa, dass Sie sich freuen? Sie sind vor lauter Schreck wie erstarrt, das kann ja wohl nicht sein Ernst sein. Verzweifelt überlegen Sie, ob Ihnen noch irgendeine plausible Ausrede einfällt um dieser Geschichte zu entgehen. Aber bevor Sie fliehen können, fordert Ihr Reitlehrer Sie auf, nachzugurten, aufzusitzen und mit dem Schritt-Reiten zu beginnen. Gut, dann werden Sie sich mal Ihrem Schicksal ergeben. Nachdem Sie ausreichend im Schritt geritten sind, fangen Sie nach Anweisung des Reitlehrers an, das Pferd im Leichttraben auf gebogenen Linien locker zu reiten. Das bedeutet, dass Sie Ihr Pferd mit häufigen Handwechseln auf dem Zirkel reiten. Diese Übung, bei der das Pferd von einer gebogenen Linie zur anderen wechselt (aus dem Zirkel wechseln), dient dazu, das Pferd zu lockern, geschmeidig zu machen und in beide Richtungen gleichmäßig zu stellen und zu biegen. Jetzt lässt der Reitlehrer Sie wieder zum Schritt durchparieren und nochmals nachgurten. Nun sollen Sie die Zügel aufnehmen und im Schritt über die rot-weiße Stange gehen. Puuh, Glück gehabt, denken Sie, im Schritt geht ja noch. Und wirklich, es ist gar nicht schwierig. Sie bemerken, dass es sich etwas anders anfühlt, als das Pferd über die Stange geht. Das liegt daran, dass es seine Hufe ein bisschen höher hebt, um die Stange nicht zu berühren. Und das kann man oben im Sattel ganz deutlich merken. Jetzt noch über die blau-weiße und dann über die gelbe Stange. Sehen Sie, sagt Ihr Reitlehrer, das war doch gar nicht so schlimm. Jetzt wollen wir das ganze einmal im Trab probieren. Er erklärt Ihnen, dass Sie ganz normal antraben sollen, dabei leichttraben und dann ganz gerade, genau im rechten Winkel wie eben im Schritt, die Stange anreiten und darüber reiten sollen. Zudem ist es wichtig, bei allen Arten von Hindernissen genau die Mitte anzupeilen. Das mittige Anreiten des Hindernisses genau im

142 Hindernisse sind zum Überwinden da

Erst einmal nur im Schritt über die Stange ...

... dann im Trab ...

... jetzt ein kleines Kreuz ...

rechten Winkel hilft dem Pferd, dieses genau zu erkennen und einzuschätzen. Wenn Sie später einmal Ludger Beerbaum Konkurrenz machen, dürfen Sie auch schräg anreiten um Hundertstel Sekunden einzusparen, aber erst dann. Also, auf geht's. Sie reiten exakt die Stange an und be-

merken, während Ihr Pferd darüber trabt, dass es seine Beine deutlich mehr anhebt. Das fühlt sich zwar ungewohnt, aber auch irgendwie aufregend an. Jetzt legt Ihr Reitlehrer alle drei Stangen mit einem gewissen Abstand hintereinander und sagt Ihnen, dass Sie die Steigbügel um zwei Loch verkürzen sollen, denn er wollte jetzt mit Ihnen den leichten Sitz, auch Entlastungssitz genannt, üben. Dadurch wird Ihr Knie etwas deutlicher gewinkelt. Jetzt ist Ihnen auch klar, warum Sie heute auf Ihrem Pferd statt eines Dressursattels einen Vielseitigkeitssattel auflegen sollten. Im Dressursattel würden Ihre Knie beim Verkürzen der Bügellänge vor die Pauschen kommen und keinen Halt mehr haben. Im Vielseitigkeitssattel liegen die Knie trotz kürzerer Bügel hinter den Pauschen und geben Ihnen bei festerem Knieschluss ein sicheres Gefühl. Was versteht man denn nun unter dem leichten bzw. Entlastungssitz? Der leichte Sitz hat viele Anwendungsgebiete. Der Reiter soll dabei den Pferderücken entlasten, wie es für das Reiten über Hindernisse notwendig ist. Aber auch beim Reiten im Gelände oder für das Anreiten junger Pferde kommt er zum Einsatz. Dabei ist der Oberkörper des Reiters nicht mehr aufrecht, sondern neigt sich aus der Hüfte heraus leicht nach vorne. Das Gesäß kommt dabei etwas aus dem Sattel (Entlastung des Pferderückens). Beim Springen über hohe Hindernisse kommt das Gesäß dann sehr deutlich aus dem Sattel heraus. Das Reitergewicht wird dabei über Oberschenkel, Knie und Absatz ausbalanciert. Die Arme und Hände gehen leicht vor in Richtung Pferdemaul und geben dem Pferd beim Überwinden des Hindernisses mehr Halsfreiheit. Nachdem das geklärt ist, reiten Sie nun die Stangen im Trab an und gehen kurz vor der ersten Stange in den leichten Sitz. Sie spüren

Hindernisse sind zum Überwinden da 143

... und so sieht es aus, wenn man es kann.

das deutlichere Abfußen Ihres Pferdes und das Schwingen des Rückens. Nachdem Sie die Stangen im Entlastungssitz mehrmals im Trab überwunden haben, dürfen Sie eine kleine Schrittpause machen. Jetzt stellt Ihr Reitlehrer die Hindernisständer auf und baut mit zwei Stangen ein kleines Kreuz. Die Stangen sind Ihnen an den Seiten viel zu hoch – aber in der Mitte, wo sie sich überkreuzen, sehen sie doch verhältnismäßig harmlos aus. Und genau die Mitte ist es ja auch, die Sie anreiten sollen. In etwa zwei Meter Abstand legt ihr Reitlehrer eine Stange auf den Boden, um Ihnen den Absprung zu erleichtern. Sagt er! Leicht finden Sie hier gerade gar nichts. Und jetzt haben Sie doch ein klein wenig Bedenken. Ihr Reitlehrer erklärt Ihnen noch mal genau was Sie machen sollen. Im Trab anreiten. Kurz vor dem Hindernis in den leichten Sitz gehen, Arme und Hände vor in Richtung Pferdemaul, weiter treiben, Kopf geradeaus und dann das Pferd einfach machen lassen. Wenn das Pferd kurz vor dem Hindernis von selbst angaloppiert, dann ist das eigentlich gut – und für das Pferd auch ein bisschen einfacher. Denn ein Sprung über ein Hindernis ist ja nichts anderes als ein etwas größerer Galoppsprung. Das Pferd, auf dem Sie sitzen, ist ein ehemaliges Springpferd; es ist früher viele Turniere gegangen, über dieses kleine Kreuz kann es sowieso nur lachen, erklärt Ihnen der Reitlehrer. Wie schön, wenigstens einer der darüber lacht, denken Sie, während Sie anfangen,

Wenn es sich gut anfühlt, ist es meistens auch gut.

zu schwitzen. Machen Sie sich mal keine Sorgen, der Calvados wird Sie schon mitnehmen, sagt der Reitlehrer. Wenn der das mal auch weiß, denken Sie. Aber, wie war das? Vertrauen gehört beim Reiten unbedingt dazu. Also, Augen zu und durch. Sie traben an, traben über die Stange, danach macht das Pferd einen Galoppsprung und springt mit einem zweiten über das kleine Kreuz, als wäre das nichts. War ja auch nichts, denkt Ihr Pferd, da bin ich schon über ganz andere Sachen gesprungen. Aber für Sie war das der erste Sprung. Nie hätten Sie noch vor einem halben Jahr gedacht, dass Sie so etwas schaffen. Sie haben das Gefühl, reiterlich wieder einen riesigen Schritt weitergekommen zu sein. Sie fühlen sich einfach großartig, wer hätte das am Anfang dieser Stunde gedacht.
==Ein kleiner Sprung für das Pferd, aber ein großer Sprung für den Reiter.==

Endlich – mein Pferd versteht mich

Die Sonne scheint, der Himmel ist blau und Sie haben Reitstunde. Was für ein schöner Tag. Da kommt Ihr Reitlehrer auf Sie zu und fragt, ob sie Lust haben, heute den Ahmun zu reiten. Der Tag wird ja immer besser, Ihr absolutes Lieblingspferd. Freudig eilen Sie Richtung Stall um den wunderschönen Fuchswallach fertig zu machen. Als Sie an seiner Box ankommen, schaut er Ihnen schon über die Stalltür entgegen. Er sieht aus, als würde er sich genauso freuen wie Sie. Beim Putzen, Satteln und Auftrensen ist er noch artiger als sonst, und während Sie mit ihm zur Reithalle gehen, sieht es aus, als würden Sie beide um die Wette strahlen. »Na, dann wollen wir doch heute mal schauen, was ihr beiden schon so alles könnt«, begrüßt Sie der Reitlehrer, als Sie in die Halle kommen. Sie steigen also auf und beginnen mit dem Schritt-Reiten. Nach dem Nachgurten nehmen Sie die Zügel auf und traben auf Anweisung des Reitlehrers an. Mit dem Leichttraben auf großen Linien (ganze Bahn, Zirkel, durch die ganze Bahn wechseln, aus dem Zirkel wechseln) fängt jede Stunde an, um Pferd und Reiter zu lockern und zu entspannen. Die Lösungsphase dient dazu, Pferd und Reiter bestmöglich auf die eigentliche Arbeit vorzubereiten. Jetzt bittet Sie Ihr Reitlehrer, aus dem Schritt an unterschiedlichen Punkten der Bahn zu halten. Wir erinnern uns: die ganze Parade! Jedesmal steht Ihr Pferd sofort ohne zu zögern und hat dabei auch noch alle vier Beine gleichmäßig belastend korrekt nebeneinander gestellt. Ihr Reitlehrer ist sehr erfreut. Danach sollen Sie Schritt-Trab-Übergänge reiten. Also vom Schritt in den Trab und wieder zurück zum Schritt. Natürlich nicht einfach irgendwo – Ihr Reitlehrer gibt Ihnen genau die Bahnpunkte vor, an denen Sie die Übergänge ausführen sollen. Mit ein, zwei halben Paraden vorbereiten und dann wieder mit halber Parade ausführen. Gar nicht so einfach. Sie geben sich große Mühe, um an alles zu denken. Wieder funktioniert es fast reibungslos. Jetzt werden verschiedene Hufschlagfiguren vorgegeben, die Sie zum Teil im Schritt und zum Teil im Trab ausführen sollen. Nachdem auch relativ schwierige Figuren, wie »einfache und doppelte Schlangenlinien an den langen Seiten« oder »durch den Zirkel wechseln« so gut wie noch nie gelingen, ist Ihr Reitlehrer total begeistert. Dann können wir ja auch den Galopp mit einbauen, sagt er, und stellt Ihnen nun nacheinander verschiedene Aufgaben. Sie reiten jetzt in allen drei Gangarten verschiedene Hufschlagfiguren und sind selbst ganz überrascht, wie gut heute alles klappt. Der Reitlehrer fordert Sie jetzt auf, Schritt zu reiten und bittet einen Reitschüler, der zugesehen hat, doch bitte aus seinem Büro das Aufgabenheft zu holen. Das Aufgabenheft wird von der Reiterlichen Vereinigung, kurz FN genannt, herausgegeben und enthält alle aktuellen Turnieraufgaben von den Anfangsklassen E und A bis hin zu den Dressuraufgaben der Klasse S und den Grand-Prix-Lektionen. Was das jetzt allerdings mit Ihnen zu

Guter Schritt.

Ein zufriedenes Pferd, ein glücklicher Reiter.

Bewegungsstudie im Galopp: die Fußfolge.

tun haben soll, ist Ihnen nicht wirklich klar, aber heute kann Sie gar nichts erschüttern. Nachdem Ihr Reitlehrer das Aufgabenheft in der Hand hat und ein wenig darin herumgeblättert hat, verkündet er Ihnen, dass er Ihnen jetzt mal eine Dressuraufgabe der Klasse E vorlesen wird. Sie wären so gut heute, dass er gerne mal sehen möchte, ob Sie imstande sind, eine komplette Turnieraufgabe zu reiten. Sie können gar nicht fassen, was Sie gerade gehört haben; meint er wirklich Sie? Oder hat hinter Ihnen gerade unbemerkt Isabell Werth die Halle betreten? Aber es ist wirklich wahr, Sie sind gemeint. Der Reitlehrer liest Ihnen erst einmal die vollständige Aufgabe vor und bespricht mit Ihnen die einzelnen Abschnitte. Danach fragt er Sie, ob Sie alles verstanden haben und bereit sind, die Aufgabe zu reiten. Sie können es zwar immer noch nicht ganz glauben, sagen aber, dass es Sie gerne versuchen würden. Danach kommen Sie die nächsten sechs Minuten überhaupt nicht zum Nachdenken. Blitzschnell müssen Sie den vorgelesenen Anweisungen folgen. Eine Schwierigkeit jagt die nächste, Sie kommen kaum zum Luftholen. Dann ist die Aufgabe fertig – und Sie auch! Und als dann noch Ihr Reitlehrer sagt, »wenn jetzt mein Handy klingelt, dann ist es wahrscheinlich der Bundestrainer auf der Suche nach neuen Talenten«, da können Sie Ihr Glück gar nicht fassen. Die schönste Reitstunde Ihres Lebens. So viel Lob haben Sie noch nie bekommen. Vergessen sind all die Fruststunden und die Probleme, von denen Sie geglaubt haben, dass Sie sie nie lösen werden. Ihr Pferd hat Sie verstanden, Sie haben Ihr Pferd verstanden – kann es etwas Schöneres geben? Sie schweben auf Wolke sieben mitsamt Ihrem Pferd in den Stall, und da werden Sie auch so schnell nicht wieder herunterklettern.

Kringel rechts, Kringel links
oder
Was man alles mit seinem Pferd machen kann

13

Inhaltsangabe einer Reitstunde

Damit Sie jetzt auch bald in den Genuss kommen, vielleicht einmal mit Ihrem Reitlehrer eine kleine Turnieraufgabe zu reiten, müssen wir uns noch einmal ausführlich mit den einzelnen Hufschlagfiguren beschäftigen. Aber auch in der täglichen Arbeit, während einer normalen Reitstunde, spielen die korrekt ausgeführten Lektionen eine große Rolle. Sie sind ja nicht nur die Straßen, auf denen wir Reiter uns bewegen, sondern dienen vor allem der gleichmäßigen Gymnastizierung (Stellung, Biegung, Geraderichten) des Pferdes. An korrekt gerittenen Hufschlagfiguren kann man das Können eines Reiters ablesen (natürlich nicht nur daran). Und auch wenn es auf dem Papier nicht allzu schwer aussieht, einem Kreisbogen oder einer Schlangenlinie zu folgen, lässt die korrekte Ausführung so manchen Reiter ins Schwitzen geraten. Denn statt des Fingers auf dem Papier haben Sie jetzt ein Pferd bei sich, dem Sie klarmachen müssen, dass ein Kreis tatsächlich rund ist. Bevor wir uns aber mit dem korrekten Reiten der einzelnen Hufschlagfiguren beschäftigen, wollen wir uns erst einmal den Aufbau einer Reitstunde ansehen. Eine Reitstunde gliedert sich in Lösungsphase, Arbeitsphase und Entspannungsphase (Cool Down). Diese Reihenfolge einzuhalten, ist wichtig für die Gesundheit eines Pferdes. Übrigens schadet es auch dem Reiter keinesfalls, sich mit ein paar Dehnübungen auf die Stunde vorzubereiten. In anderen Sportarten ist eine Aufwärmphase schließlich auch etwas völlig normales. Wenn man sein Pferd vorher gründlich geputzt hat, ist man durch die dabei entstehenden unterschiedlichen Bewegungen meist recht gut aufgewärmt. Bevor man auf sein Pferd steigt, sind ein paar Runden im Schritt an der Hand eine gute Möglichkeit für das Pferd, sich ohne Reitergewicht zu entspannen und dadurch auch dem Reiter das vor dem Aufsteigen unbedingt notwendige Nachgurten zu erleichtern. Ebenso haben ein paar Runden zu Fuß in flottem Tempo noch keinem Reiter geschadet. Ab dem Moment, wo man sich auf sein Pferd gesetzt hat, beginnt die eigentliche, reiterliche Lösungsphase. Diese dient der Erwärmung der Muskulatur des Pferdes, der Verflüssigung der Gelenkschmiere und der Vorbereitung auf das Reiten der Lektionen in der darauf folgenden Arbeitsphase. Das Gleiche gilt auch für den Reiter, denn nur ein lockerer, geschmeidiger Reiter kann seinem Pferd gute Hilfen geben.

Die Lösungsphase

Begonnen wird grundsätzlich im Schritt. Wie lange die Schrittphase dauert, richtet sich durchaus nach Alter des Pferdes, Temperament und Ausbildungsstand sowie Jahreszeit. Die Schrittphase sollte aber die Dauer von 10–15 Minuten keinesfalls unterschreiten. Älteren Pferden tut es meistens gut, wenn sie etwa länger im Schritt aufgewärmt werden. Gleiches gilt für die kalte Jahreszeit, in der die Muskeln länger brauchen, um auf Betriebstemperatur zu kommen, als im Hochsommer. Das ist ja nicht anders als bei uns. Wenn Sie die Schrittphase, die selbstverständlich gleichmäßig auf beiden Händen geritten wurde, abgeschlossen haben, dürfen Sie mit dem Traben beginnen. Natürlich nicht, ohne vorher noch einmal geprüft zu haben, ob Sie eventuell noch einmal nachgurten müssen. Ganz wichtig ist jetzt, dass in der Lösungsphase ausschließlich leicht getrabt wird. Denn wir wollen ja den Rücken des Pferdes lockern und das kann nicht wirklich gelingen, wenn sich der Reiter mit seinem ganzen Gewicht in/auf die mehr oder weniger kalte Rückenmuskulatur setzt. Dann würde sich das Pferd nämlich komplett im Rücken verspannen und nicht nur selber Schaden davon tragen, sondern auch dem Reiter ein sehr hartes und unangenehmes Gefühl vermitteln. Getrabt wird jetzt gleichmäßig auf beiden Händen, im Wechsel zwischen gebogenen und geraden Linien. Zu den Hufschlagfiguren, die während der Lösungsphase geritten werden, gehören: Ganze Bahn und Zirkel mit den jeweiligen Wechseln durch die ganze oder halbe Bahn, oder aus dem Zirkel. Genauso gehören auch einfache Schlangenlinien an den langen Seiten, sowie durch die ganze Bahn (3 Bogen) dazu. Auch der Galopp darf in der Lösungsphase schon geritten werden, aber selbstverständlich nur im leichten Sitz (wir erinnern uns an den Pferderücken mit der noch kalten Muskulatur). Welche Übungen das jeweilige Pferd am Besten lösen, kann sehr unterschiedlich sein. Natürlich richtet es sich auch nach dem Können des Reiters. Während das eine Pferd sich hervorragend mit leichtem Galopp auf den Zirkellinien und dem Wechsel mit Trab lockert, reagiert das andere Pferd besser auf das Reiten gebogener Linien im Trab, wie Schlangenlinien an den langen Seiten sowie durch die ganze Bahn. Wenn ein Reiter noch nicht galoppieren kann, ist es trotzdem selbstverständlich möglich, jedes Pferd mit Übungen im Leichttrab, auf geraden und gebogenen Linien zu lösen und so die Muskulatur zu erwärmen. Auch zwischendurch einmal die Zügel aus der Hand kauen lassen, um so zu einer Dehnungshaltung (besonders wichtig für Rücken und Hals des Pferdes) zu kommen, ist eine gute Übung in der Lösungsphase. Aber egal, auf welche Art und mit welchen Übungen wir unser Pferd lockern,

wichtig ist das Ergebnis. Wir wollen mit Hilfe der lösenden Übungen erreichen, dass der Rücken des Pferdes sich entspannt und schwingt, die Muskulatur ganz allgemein warm und gelöst ist und das Pferd mit aufmerksamem Ohrenspiel auf die weiteren Anweisungen des Reiters wartet.

Die Arbeitsphase
In der nun folgenden Arbeitsphase geht es darum, die Ansprüche für Pferd und Reiter zu steigern. Wir wollen uns wieder ins Gedächtnis rufen, dass der Motor des Pferdes hinten sitzt. Und diesen gilt es jetzt »anzuwerfen«. Wir möchten also in der Arbeitsphase eine deutliche Steigerung der Hinterhandtätigkeit erarbeiten. Denn mit dieser trägt das Pferd uns und sich selbst. Dieses erreichen wir, indem wir vermehrt Übergänge reiten (Schritt-Trab), aber auch durch Tempiwechsel innerhalb einer Gangart (Trabtritte verkürzen oder verlängern, Galoppsprünge verkürzen und verlängern). Auch ganze Paraden (zum Halten) aus dem Schritt und Trab gehören jetzt in das Programm. Jetzt wird sowohl im Trab als auch im Galopp ausgesessen. Ich höre schon, wie Sie sagen: Ich kann aber doch noch nicht solange aussitzen. Macht nichts. Das werden Sie schon noch lernen. Fakt ist jedenfalls, dass Sie es nur jetzt in der Arbeitsphase üben können, weil nun der Pferderücken locker genug ist, um Sie gut sitzen zu lassen und selbst bei unverhofftem hineinplumpsen nicht gleich Schaden nimmt. Außerdem dürfen Sie selbstverständlich jederzeit zur Lockerung von Pferd und Reiter einen Moment Leichttraben. Auch sollten Sie immer daran denken, dass Sie sich möglichst wenig verkrampfen oder gar Halt am Zügel suchen. Wenn eine Übung nicht gelingt, oder auch

noch zu schwer ist, kehrt man zu einer einfacheren Übung zurück, um sich und das Pferd wieder neu zu motivieren. Dazu gehört auch, dass man jede Lektion selbstverständlich gerne zuerst auf der »Schoki-Seite« anfangen darf. Warum sich das Reitereben schwerer machen, als es ist. Nur darf man anschließend seinen Schwächen (oder denen des Pferdes) nicht aus dem Weg gehen und muss die »schlechtere« Seite genauso trainieren.

Die Entspannungsphase (Cool Down)

Wenn Sie mit Ihrem Pferd fleißig gearbeitet haben, vielleicht etwas Neues gelernt haben, oder auch endlich etwas geklappt hat, was Sie schon lange geübt haben, kommt jetzt für Sie Beide die wohlverdiente Ruhe nach dem Sturm. Aber auch das »herunterfahren« nach der vollbrachten Leistung muss mit Sinn und Verstand erfolgen. Es wird nicht einfach nach der letzten Übung der Zügel weggeworfen, das Pferd kurz am Hals geklopft, abgesprungen und zum Stall geeilt. Vielmehr werden langsam die Anforderungen zurückgenommen, man trabt leicht und lässt den Zügel etwas länger werden (Zügel aus der Hand kauen lassen). Wenn dann das Pferd eine schöne vorwärts-abwärts Dehnung des Halses zeigt, vielleicht zufrieden schnaubt und mit lockeren Trabtritten durch die Bahn marschiert und dabei genauso zufrieden wirkt wie Sie, dann haben Sie alles richtig gemacht. Danach wird am langen Zügel Schritt geritten, genau wie am Anfang der Stunde. Erst wenn sich Puls und Atmung des Pferdes vollkommen beruhigt haben (zu sehen an Nüstern und Flankenbewegung), ist der Zeitpunkt gekommen, um abzusteigen und sein Pferd in den Stall zu bringen.

Nachdem Sie Ihr Pferd ordnungsgemäß abgewartet haben, Sattelzeug und sauber abgewaschene Trense weggehängt haben und den Platz ordentlich für den Nächsten hinterlassen haben, ist jetzt endlich auch die Zeit für ein entspanntes Getränk. Dabei können Sie in Ruhe nachlesen, wie Sie denn nun alle diese besprochenen Übungen korrekt reiten.

Ist es wirklich wichtig, genaue Hufschlagfiguren zu reiten?

Bevor wir detailliert einsteigen in das korrekte Reiten der einzelnen Hufschlagfiguren, wollen wir ganz kurz darauf eingehen, warum die exakte Ausführung überhaupt wichtig ist. Sie werden vielleicht denken, wenn der Zirkel nicht ganz rund ist, dann kann das doch nicht so schlimm sein, oder beim Wechsel durch die ganze Bahn landen Sie bisher im Schritt immer zu weit in der Ecke. War aber nicht schlimm, Sie haben das Pferd trotzdem um die Kurve gekriegt. Wo ist also das Problem? Was soll dieser Genauigkeitsfimmel? Das werde ich Ihnen jetzt mal in Ruhe erklären, dann werden Sie schnell verstehen, dass die Anfänge, die Sie sich jetzt erarbeiten, der Grundstock für Ihre ganze weitere Reiterei ist.

Vielleicht werden Sie auch argumentieren, dass Sie ja keinesfalls vorhaben, jemals auf ein Turnier zu gehen und deshalb die Bahnfiguren auch nicht brauchen. Dann werden Sie eventuell noch einwenden, dass es doch nicht so schlimm ist, wenn Sie statt exakt bei A zu halten, Ihr Pferd erst ein paar Schritte danach dazu bewegen können anzuhalten. So, und da muss ich gleich einschreiten, denn dieser Selbstbetrug kann und darf nicht ihr Ziel sein.

Orientierung im Raum: Das korrekte Reiten von Hufschlagfiguren zeigt, dass Sie das Pferd dorthin dirigieren können, wo Sie hinwollen.

Irgendwo und irgendwann mit dem Pferd zum Halten oder Antraben zu gelangen, dass kann im Prinzip jeder. Aber das ist es ja nicht, was Sie wollen. Denn egal ob Turnier oder nicht, die Bahnpunkte und vorgegeben Lektionen dienen in aller erster Linie dazu, den Leistungsstand von Pferd und Reiter zu überprüfen. Anhand festgelegter Punkte können Sie jederzeit feststellen, ob Sie schon in der Lage sind, so gut und genau mit ihrem Pferd zu kommunizieren, dass sie eben nicht irgendwo halten oder irgendwo abbiegen oder ankommen. Und genau deswegen, zur ständigen (Selbst-) Kontrolle sind die Figuren und Bahnpunkte wichtig.

Sie müssen als Erstes wissen, dass die Hufschlagfiguren (fast) alle so angelegt sind, dass man sie in allen Gangarten reiten kann. Wenn Sie also beispielsweise im Schritt zu steil in der Ecke landen (nach dem Wechsel durch die ganze Bahn), dann ist es verhältnismäßig einfach, trotzdem mit dem Pferd um die Kurve zu kommen. Sind Sie dabei allerdings im Trab, dann sieht die Sache schon anders aus. Und im Galopp möchten Sie sich das lieber nicht vorstellen. Ich sehe, wir haben uns verstanden. Es hat also seinen guten Grund, dass die Bahnpunkte dort sind, wo sie sind. Die Buchstaben K, H, M und F sind jeweils 6 Meter von der Ecke entfernt. Und genau diesen Abstand brauchen Sie auch, um mit einem Pferd jeglicher Größe (und vor allem Länge) in allen Gangarten geschmeidig die Ecke durchreiten zu können. Die Hufschlagfiguren dienen außerdem der Gymnastizierung des Pferdes, dabei hat jede Lektion eine eigene Bedeutung zum Aufbau oder zur Lockerung der Muskulatur und die ist nicht mehr gegeben, wenn Sie aus dem Zirkel eine Raute formen. Auch Schlangenlinien sind ein hervorragendes Mittel um Pferd und Reiter zu schulen, Stellung, Biegung, sowie korrektes Umsitzen (beim Reiten der Übungen im Leichttrab), an den richtigen Stellen zu erlernen. Und nur wenn Sie z.B. bei der doppelten Schlangenlinie an der langen Seite, die Punkte genau erwischen an denen Sie Ihr Pferd umzustellen haben, müssen Sie nicht anschließend feststellen, dass die Reithalle zu kurz ist. Ach, ist Ihnen schon passiert? Sehen Sie, das meine ich. Dazu kommt noch der nicht ganz unwichtige Punkt, dass man meist anhand der korrekten Stellung und Biegung genau erkennen kann, welche Hufschlagfigur gerade geritten wird, oder der Reiter demnächst vorhat zu reiten. Je besser ein Reiter und je weiter das Pferd ausgebildet, desto eher kann man die jeweilige Lektion erkennen. Und das wiederum ist wichtig, wenn viele Reiter in der Halle sind. Wenn ich nämlich deutlich erkennen kann, was die anderen Reiter vorhaben, ist es ein Leichtes ihnen aus dem Weg zu gehen (Pardon, zu reiten) und die eigenen Ziele zu verfolgen. Wenn also alle Reiter in der Bahn sowohl Bahnregeln

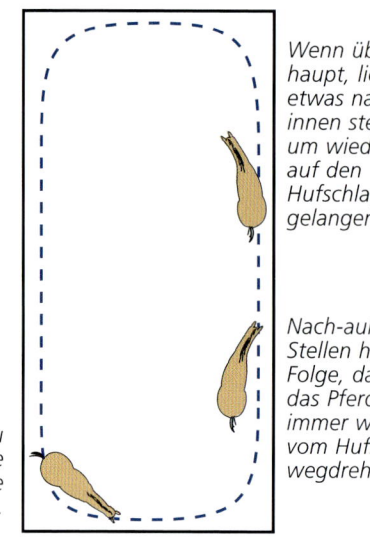

Wenn überhaupt, lieber etwas nach innen stellen, um wieder auf den Hufschlag zu gelangen.

Nach-außen-Stellen hat zur Folge, dass sich das Pferd immer weiter vom Hufschlag wegdreht.

Viel zu gerade in die Ecke geritten.

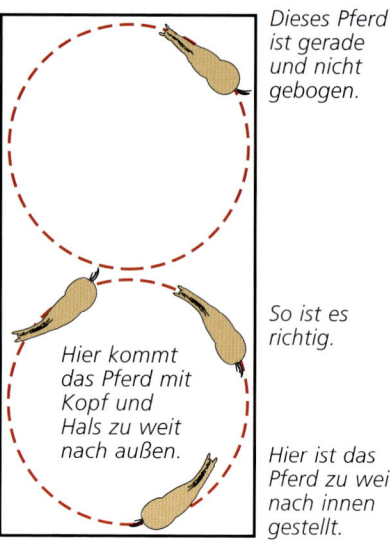

Dieses Pferd ist gerade und nicht gebogen.

So ist es richtig.

Hier kommt das Pferd mit Kopf und Hals zu weit nach außen.

Hier ist das Pferd zu weit nach innen gestellt.

als auch Hufschlagfiguren beherrschen und korrekt reiten, ist ein problemloses Arbeiten für mehrere gleichzeitig möglich.

Noch einmal kurz vorweg: Stellung, Biegung, innere und äußere Hand, innerer und äußerer Schenkel

Nein, wir sind immer noch nicht bei den Hufschlagfiguren angekommen. Denn vorher müssen wir unbedingt noch einmal über diese wichtigen Dinge sprechen. Hinterher ist nämlich zu spät. Fangen wir mal mit der Stellung und Biegung des Pferdes an. Diese brauchen wir für das Reiten jeder Art von gebogener Linie. Also sogar für jede Ecke, wenn wir ganze Bahn reiten. Sie sehen schon, Sie können der Sache nicht wirklich entkommen. Ich werde jetzt einmal versuchen es ihnen einfach und verständlich zu erklären.

Stellung ist das, was Sie mit der Hand machen (also mit den Zügeln).

Biegung ist das, was Sie mit dem Schenkel machen.

Die Stellung hat also immer mit Hals und Kopf des Pferdes zu tun und die Biegung meint den Rest des Pferdekörpers, genauer gesagt, das in seiner Mittelpositur um den inneren Schenkel des Reiters gebogene Pferd. Man sagt auch, dass das Pferd mit dem inneren Schenkel in der Rippe gebogen werden soll. So, jetzt haben es auch wirklich alle kapiert, oder etwa nicht?

Die Stellung (Hals und Kopf) dient also dazu, dem Pferd die Richtung zu zeigen in die es gehen soll und die Biegung um den inneren Schenkel bringt den Pferdekörper dazu, seine Längsachse der Längsachse der zu reitenden Figur anzupassen. Wobei es natürlich ganz wichtig ist, dass auch der Reiter seine Mittelachse der Figur anpasst. Na, verstanden? War doch ganz einfach, oder?

Also noch einmal. Wenn Sie mit der Hand, durch Verkürzen des inneren Zügels und entsprechendes Nachgeben des äußeren Zügels, dem Pferd die Richtung anzeigen, in die Sie reiten möchten, bleibt der Rest des Pferdekörpers gerade. Das ist immer dann der Fall, wenn Sie einfach nur die Richtung wechseln wollen. Beispielsweise abbiegen auf die Mittellinie oder bei B oder E rechts oder links um (natürlich haben die Profis recht, wenn Sie jetzt anmerken, dass auch dann kurzfristig eine Biegung mit vermehrt treibendem inneren Schenkel und verwahrendem Äußeren, notwendig ist), aber wir wollen erst einmal nicht zu viel Verwirrung stiften. Wenn Sie statt einfach nur die Richtung zu wechseln um danach geradeaus weiter zu gehen, aber eine Figur mit gebogener Linie (Zirkel, Volte, Schlangenlinie) reiten wollen, dann müssen Sie das Pferd für die gesamte zu reitende Linie, auch in seinem ganzen Körper biegen.

Das bedeutet, dass ein Pferd zum Beispiel auf der kompletten Zirkellinie gestellt und gebogen bleibt, bis Sie den Zirkel wieder verlassen. Und deshalb bleibt der Kreis ein Kreis und wird weder Raute noch Viereck mit abgerundeten Ecken.
Diese gleichmäßige Biegung wird grundsätzlich mit dem inneren, kurz hinter dem Gurt, liegenden, Schenkel erreicht. Dieser innere Schenkel regt das innere Hinterbein des Pferdes zum deutlicheren Vortreten an. Der äußere Schenkel wird verwahrend zurückgenommen (etwa eine Handbreit mehr als der innere), um so zu verhindern, dass die Hinterhand des Pferdes auf der gebogenen Linie, nach außen ausbricht. Gleichzeitig dreht sich auch der Oberkörper des Reiters in die Richtung in die er reiten will, ohne dabei in der Hüfte abzuknicken oder die innere Schulter tiefer zu nehmen.

Wichtige Erkenntnis hieraus ist (und unbedingt merken):
Eine Stellung ohne Biegung ist möglich, aber keine Biegung ohne Stellung.

Kommen wir noch einmal auf die inneren und äußeren Hände und Schenkel zu sprechen. Sie werden immer von der jeweiligen Stellung und Biegung des Pferdes vorgegeben und nicht von der Reitbahn! Wobei es natürlich richtig ist, wenn Sie auf der linken Hand ganze Bahn reiten, dass dann die linke Hand (die zur Bahnmitte zeigt) die innere ist. Sobald wir uns aber frei in der Bahn bewegen, ist es eben nicht mehr so offensichtlich und am Anfang schwer zu verstehen.

Deswegen spricht man, bei Hand und Schenkel, auch grundsätzlich von innen und außen und nicht von rechts oder links. Am besten lässt sich das anhand der Schlangenlinien an der langen Seite erklären. Nehmen wir an, Sie reiten auf der linken Hand und bekommen die Anweisung nach der Ecke hinter C an der nächsten langen Seite eine einfache Schlangenlinie zu reiten. Dann gehen Sie auf der linken Hand durch die Ecke, mit einem nach links gestellten und gebogenen Pferd (also ist der linke Schenkel der Innere, wie auch die linke Hand) und wenden dann, nach dem Buchstaben H, zur Schlangenlinie ab. Dabei stellen und biegen Sie Ihr Pferd nach rechts und gehen mit dem so gebogenen Pferd bis zum Buchstaben K. Während dieser Zeit ist ihr rechter Schenkel der Innere, genau wie Ihre rechte Hand. Obwohl Sie die ganze Zeit eigentlich in die gleiche Richtung reiten. Sie haben trotzdem die Hand gewechselt, wenn auch nicht so offensichtlich wie bei echten Richtungswechseln (durch die ganze Bahn wechseln, oder aus dem Zirkel wechseln). Bei K angekommen, stellen Sie Ihr Pferd wieder um und es geht nach links gestellt und gebogen durch die Ecke hinter K. Also sind Sie jetzt wieder auf der linken Hand, genau wie am Anfang der Übung und Ihr linker Schenkel ist wieder der Innere, genau wie Ihre linke Hand. Ihr linker Schenkel ist und bleibt zwar die ganze Zeit Ihr linker Schenkel (alles andere wäre ja auch merkwürdig und nur durch Operation machbar), wird aber bei dieser Lektion vom Inneren zum Äußeren und danach wieder zum Inneren.

Falls das jetzt doch verwirrend war, lesen Sie es immer wieder durch und fragen Sie Ihren Arzt oder Apotheker (Pardon, Reitlehrer).

Die ganze Bahn, der erste Hufschlag, oder immer außen herum

Die sogenannte ganze Bahn wird vermutlich das Erste sein, was Sie kennenlernen, wenn Sie erstmals ohne Longe frei reiten. Egal ob in der Abteilung oder beim Einzelunterricht ist der Hufschlag eine wichtige Linie für Sie. Das Kommando lautet entweder: auf dem Hufschlag geritten, oder ganze Bahn. Damit ist das Gleiche gemeint, mit der Ausnahme, dass ganze Bahn reiten immer den ersten Hufschlag meint, also die äußerste zu reitende Linie an der Bande entlang. Den Hufschlag gibt es gleich in mehreren Ausführungen. Der besagte erste Hufschlag (oder manchmal auch nur Hufschlag genannt) ist die äußerste Bahn. Daneben gibt es aber noch den zweiten und sogar einen dritten Hufschlag. Diese liegen etwas über eine Pferdebreite voneinander entfernt und dienen dazu auszuweichen, oder Übungen auf zwei Hufschlägen zu reiten. Sie konzentrieren sich jetzt aber erst einmal auf das korrekte Reiten auf dem Hufschlag. Dieser besteht aus zwei kurzen und zwei langen Seiten, sowie vier Ecken. Auf den geraden Linien, also lange und kurze Seiten wird auch gerade geritten. Ist doch logisch, werden Sie sagen. Logisch vielleicht, aber das Reiten gerader Linien mit einem dabei auch wirklich geraden Pferd, ist in der Praxis dann manchmal doch nicht ganz so einfach. Vor allem, wenn Ihre schönen geraden Linien immer wieder durch Ecken unterbrochen werden. Und in diesen Ecken müssen Sie Ihr Pferd stellen und biegen. Kurz danach wird das Pferd dann wieder gerade gestellt, bis die nächste Ecke lauert. Dieser Wechsel zwischen gerade gestelltem und gebogenem Pferd ist am Anfang gar nicht so einfach. Oftmals wird das Pferd in den Ecken zu stark gestellt und statt dann nach der Ecke gleich wieder geradeaus zu gehen, stellen Sie auf einmal fest, dass Sie sich mit ihrem Pferd auf dem zweiten Hufschlag befinden.

==Wenn Sie also geradeaus reiten möchten, dann muss der Körper des Pferdes so gerade wie möglich sein. Der ganze Körper, einschließlich Hals und Kopf. Dies== können Sie nur erreichen, wenn auch Sie, so gerade und gleichmäßig wie möglich sitzen. Das Zügelmaß ist gleich, die Hände werden gleichmäßig nebeneinander getragen und vor allem Ihr Gewicht muss absolut gleichmäßig auf beide Gesäßknochen verteilt sein. Ihre Schenkel treiben beidseitig gleichmäßig. Dann, und nur dann, hat auch ihr Pferd die Chance geradeaus zu gehen. Sie werden sicherlich schon selbst erlebt haben, dass die kleinste Gewichts- oder Schenkelverlagerung (ob bewusst oder unbewusst) zur Folge hat, dass ihr Pferd eine andere Richtung einschlägt. Und das, was ich beim Reiten gerader Linien auf jeden Fall vermeiden muss, hilft mir wenn es an das Reiten gebogener Linien geht. In unserem Fall (ganze Bahn) beim durchreiten der Ecken. Jede dieser Ecken ist von ihrer Form her eine Viertelvolte und muss auch als solche geritten werden. Das bedeutet in der Praxis, wenn Sie mit einem gerade gestellten Pferd von der langen Seite kommend in die Ecke reiten, müssen Sie nicht nur mit der Hand ihrem Pferd die Biegung anzeigen und vermehrt mit dem inneren Schenkel treiben und mit dem äußeren verwahrenden Schenkel aufpassen, dass es in der Ecke nicht seine Hinterhand nach außen schleudert, sondern Sie müssen außerdem durch eine Verlagerung ihres Gewichtes auf den inneren Gesäßknochen dem Pferd die Wendung ermöglichen. Ohne dabei in der inneren Hüfte oder Taille abzuknicken. Denn wenn das passiert, erreichen Sie leider genau das Gegenteil von dem was Sie eigentlich wollten. Dann nämlich wirkt Ihr Reitergewicht genau in der falschen Richtung und Sie können den äußeren Schenkel nicht in der wichtigen, verwahrenden Position halten. Das war's dann mit der schön durchrittenen Ecke. Sie merken also, auch einfach nur ganze Bahn zu reiten erfordert Konzentration und Wissen um die richtigen Hilfen zur richtigen Zeit.

In die Ecke gestellt und gebogen.

Wieder gerade auf der Diagonalen.

An der langen und kurzen Seite ist das Pferd gerade.

Und erneut gestellt und gebogen, um auf die andere Hand zu gelangen.

Bitte wechseln Sie jetzt! Durch die ganze Bahn, durch die halbe Bahn, durch die Länge der Bahn

Wenn wir ganze Bahn reiten, dann möchten und müssen wir immer wieder die Hand wechseln. Das erreichen wir, indem wir durch die ganze-, durch die halbe-, oder durch die Länge der Bahn wechseln. Es folgt also auf die jeweiligen Ecken immer wieder eine Gerade. Beim Wechsel durch die ganze Bahn, folgt auf die zweite Ecke der kurzen Seite die Gerade (Diagonale genannt), die Sie frei (ohne Bandenbegrenzung) diagonal durch die ganze Halle führt, um Sie dann in der ersten Ecke der gegenüberliegenden kurzen Seite wieder auf den Hufschlag zu bringen. Nur dass Sie jetzt anders herum reiten, Sie haben also einen Handwechsel vollzogen. Genauso läuft es ab beim Wechsel durch die halbe Bahn, nur dass Sie jetzt statt am Ende der langen Seite in der Mitte bei B oder E ankommen. Wenn Sie stattdessen durch die Länge der Bahn wechseln sollen, dann müssen Sie bei A oder C (je nachdem, von welcher Hand Sie kommen) auf die sogenannte Mittellinie abbiegen. Und wieder führt Sie Ihr Weg mitten durch die Halle, ohne dass Sie sich an der Bande orientieren können. Warum ich darauf so ausführlich hinweise, hat den Grund, dass es am Anfang gar nicht so einfach ist, frei in der Bahn zu reiten und dabei eine schnurgerade Linie einzuhalten. Denn leider, wie wir ja inzwischen wissen, sind die Linien ja nicht mit weißer Farbe aufgemalt. Und sowohl das junge Pferd, als auch der junge (unerfahrene) Reiter fühlen sich an der Bande wesentlich wohler und sicherer, als wenn sie diese verlassen müssen. ==Die wichtigste Regel, um im Nirgendwo geradeaus zu reiten==, ist richtig zu gucken. Wenn Sie beispielsweise durch die Länge der Bahn wechseln und biegen bei C ab, um über die Mittelinie zu A zu gelangen, dann müssen Sie von dem Moment an, an dem Sie bei C auf die Mittelinie abbiegen, den Punkt A anschauen und dürfen ihn nicht wieder aus den Augen lassen. Denn Sie reiten immer dorthin, wo Sie auch hinschauen. Selbst beim leichten Drehen des Kopfes, verändert sich ihr Sitz ein wenig, weil durch die Wirbelsäule ja schließlich alles miteinander verbunden ist. Und die kleinsten Bewegungen veranlassen ihr Pferd, eine andere Richtung einzuschlagen. Was glauben Sie wohl, wie krumm und schief man eine Mittellinie reiten kann, ohne es zu wollen. Nicht umsonst ist das korrekte Einreiten auf die Mittelinie mit anschließendem Halt bei X der Anfang aller Dressurprüfungen. So kann der Richter, der genau dort sitzt wo der Reiter ankommen soll, schon mal die Spreu vom Weizen trennen. Mit einer gut oder schlecht gerittenen Mittelinie hat sich schon so manche Dressurprüfung am Anfang entschieden. Das Gleiche gilt natürlich auch für das Wechseln durch die ganze oder halbe Bahn. Auch hier ist der ständige Blickkontakt zum Zielpunkt die halbe (oder vielleicht sogar die ganze) Miete. Wenn Sie diese Lektion im Leichttrab reiten, wird immer kurz vor Erreichen des neuen Hufschlages umgesessen. Die Wechsellinien gehören demnach immer zur »alten« Hand. Beim Wechsel durch die ganze Bahn wird also, je nachdem von welcher Hand man kommt, bei F, K, H oder M umgesessen. Beim Wechsel durch die halbe Bahn bei B oder E und wenn man durch die Länge der Bahn wechselt, beginnt die neue Hand bei C oder A. Eine Ausnahme gibt es nur bei dem Kommando: »durch die Länge der Bahn geritten«. Hierbei gibt es keinen Handwechsel, sondern der Reiter bleibt nach beenden der Mittellinie auf der Hand, auf der er angefangen hat. Diese Übung eignet sich hervorragend um Anfänger zu verwirren, denn die meisten überhören im Eifer des Gefechtes, dass das Wort »geritten« anstelle des »wechseln« verwendet wurde. Das Wegreiten oder Ankommen vom oder am Hufschlag geschieht, wenn sich das Pferd mit seiner Schulter am jeweiligen Bahnpunkt befindet. Außer beim Wechsel auf die Mittellinie. Man muss nämlich fast eine Pferdelänge vor C oder A von der kurzen Seite abwenden um die Linie auch wirklich zu treffen. Anders ist es nicht möglich mit einem Pferd einen rechten Winkel zu reiten. Ganz wichtig beim Reiten der ganzen Bahn mit seinen diversen Handwechseln, ist das Durchreiten der Ecken. Denn die sollen nicht so aussehen wie im nächsten Kapitel. Eine korrekt durchrittene Ecke sieht nämlich nicht aus wie Teil einer Zirkellinie. Obwohl Sie das wahrscheinlich schon häufig gesehen, oder selber so geritten haben. Beim ganze Bahn reiten wird wesentlich tiefer in die Ecke geritten als beim Zirkel, was im Positiven zur Folge hat, dass es wesentlich einfacher wird, die Bahnpunkte auch genau dort zu verlassen (oder zu erreichen) wo es verlangt wird. Denn würden Sie die Ecken wie bei einem Zirkel durchreiten, dann lägen die Bahnpunkte gar nicht auf ihrer Linie. Sie merken schon, bevor man Sie wirklich mit

Zirkel, aus dem Zirkel wechseln und durch den Zirkel wechseln

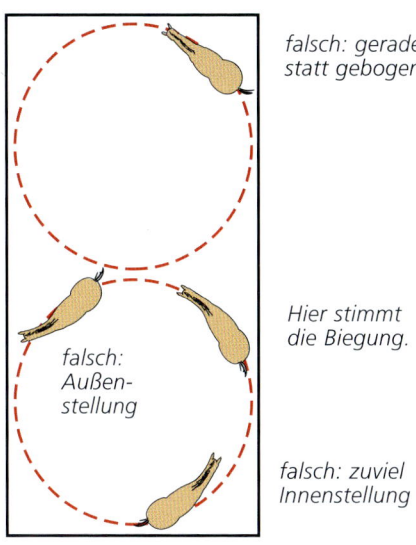

falsch: gerade statt gebogen

falsch: Außenstellung

Hier stimmt die Biegung.

falsch: zuviel Innenstellung

einem Pferd auf die Hufschlagfiguren loslassen kann, ist es ratsam, sich immer wieder die Figuren anzuschauen und einzuprägen.

Warum müssen Kreise immer rund sein? Zirkel, aus dem Zirkel wechseln und durch den Zirkel wechseln

Wie Sie schon ganz richtig vermuten, handelt es sich bei diesem Kapitel um das richtige Reiten von Zirkeln. Zirkel sind Kreise und wie wir alle schon in der Schule gelernt haben, sind diese verflixten Dinger immer rund. Denn ein Zirkel, wie es ihn bei uns in der Reiterei gibt, ist von seiner Form her, erst einmal ein ganz normaler Kreisbogen. Genau wie eine Volte, nur größer. Also können wir als Erstes feststellen, beim Zirkel handelt es sich um den größtmöglichen zu reitenden Kreis, den wir als Bahnfigur kennen. Im Klartext bedeutet das, da ein Reitplatz oder eine Reithalle (wenn sie über das korrekte Maß verfügen) immer eine Breite von 20 Metern hat (unabhängig von der Länge) ergibt sich daraus, dass der Zirkel immer einen Durchmesser von 20 Metern hat. Er wird also von Bande zu Bande geritten. Wir sprechen bei einer Hallengröße von 20x40 Metern von drei Zirkeln, die dort geritten werden können. Es gibt den Zirkel bei A, den Zirkel bei C und den Mittelzirkel, der bei diesem Hallenmaß die anderen beiden Zirkel überschneidet. Bei einer Hallengröße von 20x60 Metern gibt es demzufolge drei nebeneinander liegende Zirkel. Die Zirkel bei A und C unterscheiden sich von dem Mittelzirkel dadurch, dass sie über drei geschlossene Seiten verfügen, was das Reiten dieser Zirkel einfacher macht. Der Mittelzirkel hingegen liegt, wie der Name schon sagt, frei in der Mitte der Bahn und hat eigentlich nur offene Seiten, wenn man davon absieht, dass er selbstverständlich bei B und E an die Bande stößt. Da sind wir auch schon beim Thema Zirkelpunkte. Diese Punkte geben dem Zirkel gewissermaßen seine Form. Jeder Zirkel besitzt vier solche Zirkelpunkte.

Für den Zirkel bei A sind das: A, Zirkelpunkt nach F und nach K, sowie X

Für den Zirkel bei C sind das: C, Zirkelpunkt nach H und nach M, sowie X

Für den Mittelzirkel sind das: B und E sowie die Punkte auf der Mittellinie, die durch Kreuzung mit einer Linie entstehen, die aus der Verbindung der vorher genannten Zirkelpunkte resultiert.

Das haben Sie doch jetzt sofort begriffen, oder etwa nicht? Sie müssen sich einen Zirkel am Besten vorstellen wie einen gigantischen Hula-Hoop-Reifen den jemand so in die Halle gelegt hat, dass er an genau den Zirkelpunkten die Wand (Bande) berührt. Und genau auf diesem Hula-Hoop-Reifen sollen Sie jetzt entlang reiten. Und das ist wirklich leichter gesagt als getan. Denn mit einem Pferd exakt auf einer gigantischen Kreislinie zu reiten ohne diese irgendwo auch nur einen halben Meter zu verlassen und dabei das Pferd so zu stellen und zu biegen, dass es von oben so aussieht, als würde der Kreisbogen durch das Pferd hindurch gehen, ist alles andere als einfach. Dann wollen wir mal versuchen, die Sache langsam und verständlich anzugehen.

Fangen wir noch einmal damit an, wie es aussehen kann und sollte, wenn ein Zirkel korrekt geritten wird. Das Pferd wird in seiner Längsachse so gestellt und gebogen, dass die Zirkellinie und die so entstandene Längsachse des Pferdes deckungsgleich sind. Das Pferd ist also vom Genick bis an die Schweifrübe genauso gebogen wie es die Zirkellinie vorgibt. Wenn man die aber doch nicht sehen kann, werden Sie sagen. Ja, genau das ist das Problem. Dieses Problem kennt man natürlich von allen Hufschlagfiguren, denn mit deutlich sichtbarer weißer Farbe auf den Hallenboden aufgemalt, ist leider keine von ihnen. Schade eigentlich, aber es ist ja auch kein Tennisplatz. Nun gibt es aber einfacher und schwieriger zu reitende Hufschlagfiguren. Und der Zirkel gehört für den Anfänger schon zu den Schwierigeren. Da kann man dann mehr oder weniger schön geformte Dreiecke sehen, oder auch Vierecke mit leicht abgerundeten Ecken. Aber auch Fantasiegebilde befinden sich oft darunter. Ach, das kommt Ihnen bekannt vor? Dann wollen wir mal Abhilfe schaffen.

Als Erstes und Wichtigstes ist Ihre Vorstellungskraft gefragt. Sie müssen sich den Zirkel wirklich vorstellen können. Ihn vor sich sehen, obwohl er nicht zu sehen ist. Denn nur dann haben Sie eine Chance, ihn auch reiten zu können. Dann prägen Sie sich die vier Zirkelpunkte gut ein und nehmen sich fest vor, diese auch zu berühren. Und zu guter Letzt versuchen Sie dann auch noch zwischen den einzelnen Zirkelpunkt Viertelkreise zu reiten und keine Geraden. Nehmen Sie Abschied von der Aussage: der kürzeste Weg zwischen zwei Punkten ist eine Gerade. Denn hier ist nicht der Kürzeste Weg gefragt, sondern der Korrekteste.

Gehen wir den zu reitenden Zirkel nun mal Schritt für Schritt durch. Apropos Schritt, zum besseren Verständnis empfiehlt es sich den Zirkel erst einmal im Schritt genau zu reiten bevor Sie sich daran machen es im Trab zu versuchen (oder gar im Galopp).

Nehmen wir mal an, Sie befinden sich auf der linken Hand und haben die Anweisung bekommen, bei A einen Zirkel zu reiten. Die genaue Anweisung lautet: bei A auf dem Zirkel geritten, einmal herum, danach ganze Bahn.

Der Zirkel fängt also bei A an und hört bei A auf. Das bedeutet für Sie, dass die Ecke nach K noch ganz normal ausgeritten wird, dann wird das Pferd gerade gestellt bis Sie A erreichen und erst dann wird das Pferd auf den zu reitenden Kreisbogen, gestellt und gebogen. Und diese Stellung und Biegung müssen Sie jetzt für die gesamte Zirkelrunde durchhalten. Erst wenn Sie wieder bei A angekommen sind, stellen Sie Ihr Pferd gerade, um dann anschließend in gewohnter Manier die Ecke zu durchreiten. Wenn Sie aus dem Zirkel wechseln wollen, dann fängt die Figur damit an, dass Sie beispielsweise bei A auf den Zirkel gehen, einmal herum reiten und danach noch einen halben Zirkel bis X reiten. Hier an diesem wichtigen Punkt, beginnt der neue Zirkel. Das bedeutet, dass hier der Moment ist, um sein Pferd von der einen auf die andere Hand umzustellen und wenn Sie leichttraben, auch umzusitzen. Danach wird erst der halbe Zirkel bis C geritten und dann noch einmal ein Ganzer. Erst wenn Sie danach wieder bei C angekommen sind, ist die Lektion beendet. Etwas schwieriger ist für die meisten, das wechseln durch den Zirkel. Eine kleine Hilfe um sich die Figur überhaupt vorzustellen, ist sich zu überlegen wie das Ying und Yang Zeichen aussieht. Weggeritten wird immer am Zirkelpunkt der langen Seite und zwar immer an dem Punkt, der hinter dem Buchstaben liegt, also immer zur offenen Bahnseite hin. Dann reitet man einen Bogen bis zur Mitte des Zirkels. Hier ist wieder der Punkt (Wie X, beim aus dem Zirkel wechseln) wo das Pferd umgestellt wird und der Reiter (falls im Leichttrab) umsitzt. Ankommen werden Sie dann, wenn alles gut geht, an dem Zirkelpunkt der gegenüberliegenden langen Seite, von wo aus die normale Zirkellinie weiter geritten wird. Dies ist am Anfang einer relativ schwierig zu reitende Figur, aber Sie werden damit ja auch sicherlich nicht anfangen.

Das habe ich jetzt alles begriffen, werden Sie sagen. Und ich mache auch alles genauso, wie man es machen soll. Aber warum werden meine Zirkel dann trotzdem nicht rund?
Das kann ich Ihnen sagen, auch wenn Sie es vielleicht nicht so gerne hören. Leider machen Sie nicht die ganze Zeit genau das, was man machen muss. Denn die meisten Fehler beim Reiten passieren unbewusst. Vielleicht haben Sie für einen kleinen Moment den äußeren Zügel durchhängen lassen, oder den Inneren viel zu stark angenommen. Vielleicht haben Sie auch unbewusst die Gewichtsverlagerung auf den inneren Gesäßknochen, wieder auf Beide verlagert, oder sogar auf den Äußeren. Vielleicht ist auch ihr äußeres, verwahrendes Bein aus seiner Position gerutscht und ihr Pferd konnte daraufhin mit der Hinterhand ausweichen. Und das Alles, ohne dass Sie es bemerkt haben. Denn natürlich haben Sie sich bemüht es richtig und genau zu machen. Nur leider hat Ihnen ihr Körper das eine oder andere Mal einen Streich gespielt. Woher ich das alles weiß?
Na, ganz einfach. Ihr Zirkel ist nämlich nicht wirklich rund geworden.

Kleine Kreise kann man auch reiten, Volten, Kehrtvolten, aus der Ecke kehrt

Wie, die Kreise werden jetzt noch kleiner? Jep, genau so ist es. Volten nennt man die Dinger und es gibt sie gleich in mehreren Größen zur Wahl. Volten haben entweder 10 Meter, 8 Meter oder sogar nur 6 Meter Durchmesser. Aber

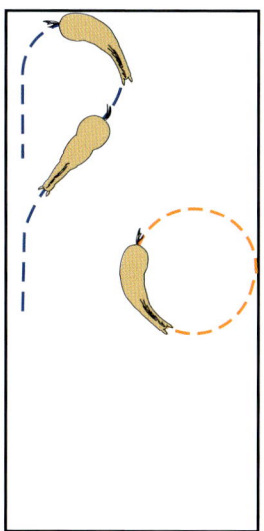

Aus der Ecke kehrt: von der rechten Hand kommend rechts gestellt und gebogen durch die Ecke, danach gerade und schließlich leicht links gebogen. Bei Erreichen des Hufschlages linke Hand.

Volte: Das Pferd soll sich auch in der kleinen Volte entsprechend der Figur stellen und biegen.

keine Angst. Die ganz kleinen Volten lasse ich Sie auf keinen Fall schon reiten. Das, was Ihnen als erste Volte begegnet, wird fast immer die 10 Meter Volte sein. Am einfachsten zu reiten von B oder E aus. Weil Sie dann wissen, dass die Volte genau bis zum Punkt X geht. Der ja den Mittelpunkt einer jeden Reitbahn markiert und genau 10 Meter von dem Punkt an dem Sie losreiten sollen entfernt ist und genau auf der Mittellinie liegt. Dann haben wir das mit der Größe und wie man sie feststellt, ja schon mal geklärt. Bleibt noch das Reiten dieses kleinen Kreises. Immerhin ist er nur noch halb so groß wie ein Zirkel. Und das war ja schon nicht einfach, wie wir uns erinnern. Wie wird denn nun ein so kleiner Kreis korrekt geritten? Im Prinzip genauso wie ein Großer. Nur dass Sie ihr Pferd noch etwas mehr stellen und biegen müssen. Und sich selbst mit ihrem Oberkörper in Richtung dieses kleinen Kreisbogens drehen. Ein ganz wichtiger Punkt liegt auch auf dem gleichmäßigen Treiben. Jedes Pferd ist einfacher geradeaus als in der Wendung zu reiten. Es läuft von sich aus flotter und gleichmäßiger. Sie können das mal mit sich selbst vergleichen. Was würde Ihnen leichter fallen? Geradeaus in gleichmäßigem, flotten Tempo zu laufen oder im Kreis. Sehen Sie, geradeaus geht leichter. Und genauso geht es auch ihrem Pferd. Also müssen Sie vor allem darauf achten, je kleiner der zu reitende Kreis(oder generell die Biegung) ist, desto wichtiger ist es, gut und gleichmäßig vorwärts zu treiben. Sonst »verhungert« ihnen ihr Pferd auf der Hälfte der Volte. Nein, ich habe nicht heimlich zugesehen, als sie neulich Ihre ersten Volten geritten sind. Ich weiß es, weil das am Anfang ganz vielen Reitern passiert. Und das ist doch irgendwie auch beruhigend, nicht wahr?

Ein häufiger Fehler beim Reiten der Volten ist, außer dass sie nicht rund werden, die Sache mit dem Anfang und Ende. Oftmals enden die Volten nicht dort wo man sie angefangen hat, sondern versetzt, mehrere Meter hinter dem Punkt. Und ähneln dann einem sehr langen Oval (auch Osterei genannt). Abhilfe schafft wieder einmal das genaue Hinsehen. Wenn man in dem Moment am Punkt abwendet, an dem die Pferdeschulter diesen Punkt berührt, dann sollte man auf dem Scheitelpunkt der Volte mit seinem Blick zum Punkt zurück gehen und diesen nicht wieder aus dem Auge lassen, bis man ihn erreicht hat. Funktioniert wirklich, glauben Sie mir.

Die Kehrtvolte und das »aus der Ecke kehrt«, sind Varianten der normalen Volte. Bei der Kehrtvolte wird, wie der Name schon sagt, gleichzeitig ein Handwechsel vollzogen. Genauso wie bei der Lektion »aus der Ecke kehrt«. Nur bei der normalen Volte, egal wo sie geritten wird, bleibt man danach auf derselben Hand. Dann man viel Spaß beim »Kringel«-Reiten.

Schon mal eine Schlange in der Reitbahn gesehen? Einfache und doppelte Schlangenlinien an der langen Seite

Mit den Schlangen ist das so eine Sache. Sie haben bestimmt immer geglaubt, es bei dieser Sportart nur mit Pferden zu tun zu haben. Und nun müssen Sie feststellen, dass es auch um Schlangen geht. Aber keine Angst, beißen tun die Dinger nicht. Aber ansonsten sind sie durchaus tückisch. Es handelt sich hier allerdings eher um die Spuren einer Schlange, als um die Schlange selbst, nämlich um einfache und dop-

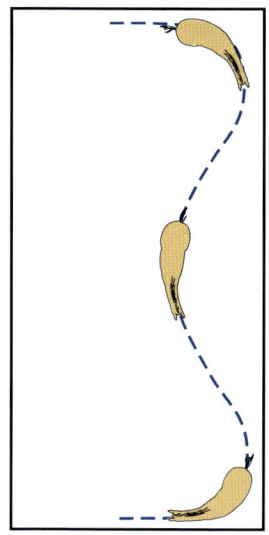

Schlangenlinien

Rechte Hand durch die Ecke

Umstellen nach links, links gestellt und gebogen

Umstellen in der Ecke nach rechts, rechts gestellt und gebogen

pelte Schlangenlinien an der langen Seite. Schlangenlinien heißen sie vermutlich, weil es sich um weiche Bögen handelt, die dazu dienen, das Pferd geschmeidig von einer Hand auf die andere umzustellen. Sie haben ja schon beim Thema Stellung und Biegung gelernt, was es mit Innen und Außen auf sich hat. Bei den Schlangenlinien an den langen Seiten handelt es sich um eine lösende Übung (einfache Schlangenlinie), die einerseits das Pferd gymnastiziert und gleichzeitig vom Reiter eine gute und klare Hilfengebung fordert, um das Pferd geschmeidig von einer Hand auf die andere umzustellen. Gar nicht einfach ist am Anfang das Wegreiten vom Hufschlag, bei gleichzeitiger Umstellung auf die andere Hand. Oft wird am Anfang das Pferd mit völlig geradem Körper (oder noch schlimmer, in entgegengesetzter Stellung) durch die Schlangenlinie geritten. Eine gleichmäßige, geschwungene Linie zu reiten, bei der das Pferd am Scheitelpunkt (B oder E) genau 5 Meter vom Hufschlag entfernt ist und davor bzw. danach größer und wieder kleiner in

seinem Anstand zum Hufschlag zu werden, ist wirklich nicht leicht. Dazu sollte man die Wechselpunkte genau erwischen, rechtzeitig umsitzen und sein Pferd 3x an der langen Seite umstellen und in die neue Richtung biegen. Und das ist erst die einfache Schlangenlinie. Bei der Doppelten haben Sie nämlich auch den doppelten Spaß (oder Frust). Hier müssen Sie ihr Pferd insgesamt 5 x ! an einer langen Seite umstellen und in die neue Richtung biegen. Und genauso wie hier das Pferd gefordert ist, sind Sie als Reiter gefordert. Das bedeutet, dass auch Sie 5 x an der langen Seite (also auf nur 40 Metern!) dem Pferd mit dem Zügel die neue Stellung vorgeben müssen und dabei gleichzeitig sowohl ihr Gewicht, wie auch ihre Schenkel neu belasten bzw. umlegen müssen. Dazu dürfen Sie die Linie nicht aus den Augen verlieren, denn jetzt sind Sie an ihren Scheitelpunkten (Mitte zwischen Wechselpunkt und E oder B) nur noch 2,50 Meter vom Hufschlag entfernt. Gutes Einschätzen der Abstände, überaus korrektes Reiten der Figur sowie eine gute räumlich Vorstellung sind nötig, um dieser Figur ihr richtiges Aussehen zu geben. Bleiben Sie ruhig, versuchen Sie ihre Angst vor Schlangen in den Griff zu bekommen und denken Sie immer daran: auch Isabell Werth hat irgendwann einmal, zum ersten Mal, vor der gleichen Aufgabe gestanden und es bestimmt auf Anhieb auch nicht viel besser gemacht.

Große Schlangen oder Schlangenlinien durch die ganze Bahn in drei, vier oder fünf Bogen

Jetzt sind Sie schon bei den kleinen Schlangen reiterlich am verzweifeln gewesen. Und nun komme ich Ihnen auch noch mit den Großen. Aber es ist hier wie im richtigen Leben. Die kleinen Schlangen sind oft die gefährlichen und die Großen die harmlosen. Bei den Schlangenlinien durch die ganze Bahn wird immer parallel zur kurzen Seite, vom Hufschlag der einen langen Seite hin zum Hufschlag der anderen langen Seite geritten. Dabei ist darauf zu achten, dass die einzelnen Bögen immer gleich groß sind. Bei drei Bögen hat man also zwar den meisten Platz, da man aber wenige Anhaltspunkte hat, sind vier Bögen erheblich leichter zu reiten, da hierbei jeder Bogen genau 10 Meter Abstand zum Nächsten hat und durch Zirkelpunkte, sowie E oder B genau vorgegeben ist, wo sich die ==einzelnen Bogen befinden. Beim allerersten Bogen entscheidet sich schon, wie die ganze Figur wird. Denn wenn sie den ersten Bogen zu klein oder zu groß anlegen, passen die letzten entweder nicht mehr in die Bahn, oder Sie haben noch ganz viel von der Bahn übrig, aber keinen Bogen mehr.== Die Figur fängt immer entweder bei A oder C an und endet dementsprechend auch bei A oder C. Der erste Bogen geht dann von z.B. A, bis zu dem Punkt, an dem Sie, im rechten Winkel die Mittellinie überqueren. Hier beginnt dann der zweite Bogen. Gleichzeitig ist das überqueren der Mittellinie auch der Punkt an dem der Reiter umsitzt, wenn Sie diese Lektion im Leichttrab reiten. Die Figur ist ein ständiges Wechseln zwischen kurzen, geraden Abschnitten und Halbkreisen, die bei jedem Bogen einen Handwechsel zur Folge haben. Sie müssen also immer wieder vom gleichmäßigen, auf beide Gesäßknochen verteilten Gewicht, umstellen auf eine Gewichtsverteilung die vermehrt auf dem inneren Gesäßknochen liegt. Gleichzeitig treibt dann auch vermehrt der innere Schenkel und der äußere

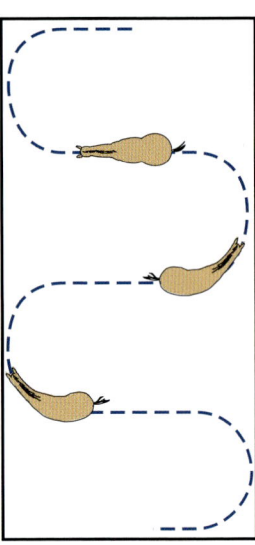

Schlangenlinien in vier Bogen durch die ganze Bahn …

… mit ständigem Wechsel zwischen rechts und links gebogenem und geradem Pferd.

liegt verwahrend hinter dem Gurt, um in den Halbkreisen ein Ausbrechen der Hinterhand zu verhindern. Mit dem jeweils inneren Zügel, geben Sie dem Pferd die Richtung (Stellung) vor, in die Sie reiten möchten, und mit dem Äußeren verhindern Sie ein Ausbrechen der äußeren Schulter. Sie merken also, dass was Hand und Schenkel tun ist sehr ähnlich und erfüllt fast den gleichen Zweck, nur mit dem Unterschied, dass sie für verschiedene Bereiche des Pferdekörpers zuständig sind. Und wenn sich die Zusammenarbeit Ihrer Gliedmaßen eingespielt hat, dann sind Sie auch imstande entsprechend gleichmäßig und gleichzeitig auf Ihr Pferd einzuwirken. Dann kann ich Ihnen jetzt nur noch viel Spaß beim Üben von kleinen und großen Kreisen oder dem »Kampf« mit kleinen und großen ==Schlangen wünschen. Und denken Sie immer daran: das korrekte Reiten von Hufschlagfiguren ist nicht einfach sinnlose »Kringel-Reiterei« oder nur etwas für Turnierreiter, sondern immer ein Beweis für das Können und die Ausbildung von Reiter und Pferd.==

Von den ersten Schritten zum richtigen Reiten
oder
Olympia ruft!

14

13. Von den ersten Schritten zum richtigen Reiten
oder Olympia ruft!

Ausreiten ist wunderschön

Sie haben gar keine großen Ansprüche an die Reiterei, sagen Sie. So etwas wie eine eventuelle spätere Turnierteilnahme interessiert Sie überhaupt nicht. Große Dressur- oder gar Springansprüche haben Sie auch nicht. Im Gegenteil. Vor dem Springen haben Sie Angst und einen schnellen Galopp müssen Sie auch nicht haben. Was Sie sich wünschen, ist einfach nur mit einem Pferd durch Wald und Feld zu streifen. Lange Ausritte, vielleicht auch nur im Schritt, sind das, was Sie sich vorstellen. Dafür brauchen Sie doch nicht so extrem gut reiten zu lernen, oder? Vorsicht vor dieser Fehleinschätzung! SIE möchten vielleicht nur im Schritt ausreiten, aber Ihr Pferd, das liebste, beste und ruhigste Tier überhaupt, beschließt an einem schönen Herbsttag, dass man dem Hasen, der unverhofft aus dem Gebüsch geschossen kam, nun doch endlich einmal folgen könnte. Und schon befinden Sie sich auf einem rasend schnell galoppierenden Pferd, das zudem noch einen fröhlichen Bocksprung einlegt. Wer da nicht sattelfest ist, wird den Heimweg wahrscheinlich zu Fuß antreten. Oder Sie sind auf einem Rundweg, kurz vor dem heimischen Stall, als ein kleiner, erst kürzlich umgefallener Baum, den Reitweg versperrt. Rechts und links begrenzt von mit Stacheldraht eingezäunten Weiden. Und nur, weil Sie sich nicht trauen, und es auch nie probiert und geübt haben, über so ein kleines Hindernis zu springen, müssen Sie umkehren und eine Stunde zurückreiten. Und an der viel befahrenen Straße, die Sie leider immer erst überqueren müssen, um in das herrliche Waldgebiet zu kommen, haben Sie,

Allein mit dem Pferd in der Natur.

wie so oft, riesige Probleme, Ihr Pferd lange genug still stehen zu lassen. Wie oft haben Sie hier schon Blut und Wasser geschwitzt, weil immer noch ein Auto oder sogar Lkw vorbei fuhr. Wollen Sie das alles wirklich? Oder wäre es nicht viel schöner, ein gut gerittenes, gehorsames Pferd zu haben, das auf jede Ihrer Hilfen reagiert und so die Ausritte zu einem reinen Vergnügen werden lässt. Reitet es sich nicht viel entspannter, wenn Sie wissen, dass »Kleinigkeiten« wie Straßenüberquerungen oder im Weg liegende Baumstämme Sie und Ihr Pferd nicht aus der Ruhe bringen? Also: Lernen Sie richtig und gut reiten – in Ihrem eigenen Interesse. Obwohl, oder gerade weil Sie hauptsächlich nur im Gelände unterwegs sind:

Ein schreckhaftes, ungehorsames und nicht gut gerittenes Pferd, sowie ein ängstlicher, schlecht ausgebildeter Reiter sind im Gelände viel gefährdeter als in Halle oder Bahn und gehören dort eigentlich nicht hin. Verzichten Sie nicht auf eine gute und gründliche Ausbildung für sich und Ihr Pferd. Nur dann ist Ausreiten wunderschön und ungefährlich.

Draußen ist alles aufregend.

Galopp am Strand, Ritt durch Lavendelfelder. Reiterurlaub, ich komme!

Darauf haben Sie gewartet. Dass Sie endlich reiterlich so weit sind, um auch in anderen Ländern, auf ganz fremden Pferden, in vielleicht spektakulärer Landschaft, Ihrem neuen Hobby nachzugehen. Praktisch zwei Ihrer Hobbys dadurch zusammenführen zu können: Reiten und Reisen. Sie sind durch Familie oder Beruf immer so stark begrenzt in Ihrer Zeit, dass ein regelmäßiges Reiten ein- bis zweimal pro Woche einfach nicht möglich ist? Von späterer Reitpartnerschaft oder gar eigenem Pferd gar nicht zu reden? Dann bieten sich Reiturlaube an. Dass Sie natürlich trotzdem erst einmal einigermaßen reiten können sollten, ist Ihnen natürlich klar. Aber nachdem Sie jetzt aus dem Gröbsten raus und kein Anfänger mehr sind, können Sie nun auf Ihre Art, Ihrem Hobby nachgehen. Ein- bis zweimal im Jahr wollen Sie sich für ein paar Wochen voll und ganz auf die Pferde und die Reiterei konzentrieren. Und das möglichst in traumhafter Umgebung. Kann es etwas Besseres geben? Die ganze Welt steht Ihnen reiterlich offen. Und nach einem Blick in die Prospekte einiger Anbieter von Reiterreisen oder dem Internet, stellen Sie fest, dass auch tatsächlich fast alles möglich ist. Von einem Trecking mit Islandpferden über deren Heimatinsel bis zum Reiten auf stolzen Andalusiern in ihrem Ursprungsland. Safaris zu Pferd in Afrika sind genauso möglich, wie einmal auf einem

Gibt es etwas Schöneres als einen Ritt am Meer?

echten Wüstenaraber zu reiten. Es bleiben praktisch keine Wünsche offen. Bedenken Sie nur beim Auswählen Ihres Traumurlaubes, dass Sie sich das Ziel und die vorhandenen Pferde meistens nicht vorher ansehen können. Um hinterher nicht enttäuscht zu sein, sollten Sie einen Reiterurlaub sehr sorgfältig planen. Fragen Sie lieber zu viel als zu wenig. Erkundigen Sie sich im Internet nach den Erfahrungen anderer Urlauber. Und denken Sie vor allem immer daran, dass Sie sich bei der reiterlichen Selbsteinschätzung, die fast immer gefordert wird, ehrlich einschätzen. Stapeln Sie lieber etwas tiefer und freuen sich dann, wenn Sie besser mit dem fremden Pferd klarkommen, als Sie gedacht hatten. Und vergessen Sie nicht, dass Sie die Maßstäbe aus Ihrem heimischen Stall nicht auf alle Urlaubsregionen anwenden können. Es muss einem Pferd nicht schlecht gehen, nur weil auf einem Auslauf im heißen Andalusien kein Gras wächst. Aber deswegen sollen Sie natürlich trotzdem kritisch sein, zum Wohle der Pferde. Gut genährt, gut gepflegt mit ordentlichem Sattelzeug müssen Ihre Urlaubspferde natürlich sein. Nachdem Sie nun alles bedacht haben und sicher sind, den richtigen Reiterurlaub für sich herausgefunden zu haben, kann ich eigentlich nicht mehr tun, als Ihnen ganz viel Spaß und Freude mit Ihrem Urlaubspferd zu wünschen. Genießen Sie Ihren Galopp am Strand und erholen Sie sich beim Ritt durch die Lavendelfelder.

Springen macht Spaß

Soso, das was Generationen von Reitern schon Respekt eingeflößt oder gar Angst gemacht hat,

Reiterurlaub im wilden Westen, Montana, USA.

das macht Ihnen also Spaß. Sie finden Springen toll. Seit Sie das erste Mal über ein kleines Cavaletti gesprungen sind, haben Sie Blut geleckt und wollen mehr davon. Können Sie haben. Ich werde Sie bestimmt nicht davon abhalten. Es muss schließlich auch Springreiter geben. Dass Sie trotzdem oder gerade als Springreiter eine gute Dressurgrundlage brauchen, ist Ihnen inzwischen sicherlich klar. Denn ein Pferd, das sich vor einem Hindernis oder in einem Springparcours nicht regulieren lässt, kann für Sie viel gefährlicher werden, als wenn es Ihnen in der Bahn mal nicht gehorcht. Durchlässigkeit und Gehorsam, Rittigkeit und Aufmerksamkeit sind wichtige Voraussetzungen für ein Springpferd. Ein Springpferd ohne Dressurausbildung ist kein gutes Springpferd und ein Springreiter ohne dieselbe wird dauerhaft keinen Erfolg haben. Wenn Ihnen das Springen Freude machen soll, müssen Sie daran arbeiten, dass Ihr Pferd punktgenau reagiert. Das eigentliche Springen macht im täglichen Training von Springpferden nur einen kleinen Teil der Arbeit aus. Übergänge, fliegende Galoppwechsel sowie extreme Wendigkeit sind die Dinge, die

Springen macht Spaß: Von den ersten Springversuchen zu Hause …

trainiert werden. Wenn Ihr Pferd Sie aufgrund mangelnder Ausbildung und Rittigkeit im Parcours im Stich lässt, dann fliegen Ihnen eventuell die Stangen um die Ohren. Und noch wichtiger ist die Dressurgrundlage bei festen Geländesprüngen, wenn Ihnen die Stangen nicht um die Ohren fliegen können. Mit einem gut gerittenen und gehorsamen Pferd kann das Springen viel Spaß machen. In vielen Reitställen und Reitschulen werden feste Springstunden angeboten. Das Angebot reicht von Stangentraining über Cavaletti-Arbeit bis hin zum richtigen Springen über größere Hindernisse und Parcourstraining. Viele Ferienreiterhöfe oder Landesreitschulen bieten spezielle Springkurse für interessierte Reiter an. Sie sehen also, die Auswahl ist groß. Wenn Sie der Springsport gepackt hat, gibt es für Sie viele Möglichkeiten, sich in dieser Sparte des Reitsports weiter fortzubilden.

Und vielleicht muss sich dann ja auch irgendwann Ludger Beerbaum warm anziehen.

So, und nun genießen Sie den Nervenkitzel beim Überwinden kleinerer und größerer Hindernisse.

Sie können Isabell Werth zu mir sagen

Tja, am Anfang war das mit der Dressur so eine Sache. Funktioniert hat eigentlich lange fast gar nichts. Sich vorzustellen, dass die ganze Quälerei auch irgendwann einmal Spaß machen könnte, war für Sie nicht wirklich denkbar. Aber je häufiger einzelne Übungen während des Unterrichts funktioniert haben, desto größer wurde Ihr Wunsch, noch besser zu werden. Dann hatten Sie vor einiger Zeit ein echtes

... bis zum Turnier.

Schlüsselerlebnis. Ihr Reitlehrer hatte Ihnen schon oft von dem geradezu unglaublichen Gefühl erzählt, das man als Reiter hat, wenn man wirklich mit dem Pferd eins ist. Nicht mehr aus zwei Lebewesen zu bestehen, wovon das eine mehr schlecht als recht auf dem anderen sitzt und sich mal mehr, mal weniger durchschütteln lässt. Stattdessen das Gefühl der absoluten Einheit: wie ein Körper, wie ein Lebewesen, fast zentaurisch. Davon hat er Ihnen schon oft vorgeschwärmt. Dass sich nichts mit diesem Gefühl vergleichen ließe und Sie genau wüssten, wovon die Rede ist, wenn Sie es das erste Mal erleben. Und neulich ist es doch tatsächlich passiert. Auf Ihrem Lieblingspferd, im Trab. Sie haben ausgesessen und Ihr Reitlehrer sagte: »Versuchen Sie doch mal an der nächsten langen Seite die Tritte zu verlängern«. Also einen Mitteltrab zu reiten. Und da ist es dann passiert. Sie hatten nicht, wie sonst, Probleme, den vermehrten Schwung im Mitteltrab auszusitzen, sondern das Pferd hat Sie »mitgenommen«; Sie haben auf einmal die ganze Kraft der Bewegung gespürt, als ob Sie mit dem Pferd verwachsen wären. Es war fast ein schwebendes Gefühl. Einmalig, und mit nichts zu vergleichen. Worte werden diesem Gefühl nicht wirklich gerecht. Jetzt wissen Sie erst wirklich, warum Sie reiten. Dieses Gefühl der Einheit möchten Sie in Zukunft so häufig wie möglich erleben. Es ist wie eine Droge, wie ein ungeheures Glückshormon, es spornt Sie an und weckt in Ihnen einen Ehrgeiz, den Sie bei sich gar nicht vermutet hätten. Dafür hat sich der ganze Frust gelohnt, den Sie immer und immer wieder in den Unterrichtsstunden erlebt haben. Jetzt wissen Sie, warum Sie nicht aufgegeben haben. Gibt es etwas Schöneres, als auf einem gut gerit-

Dressurimpressionen: vom Abreiteplatz vor der E- oder A-Dressur ...

tenen Pferd solche reiterlichen Höhepunkte zu erleben? Das Dressurreiten hat Sie mit allen Fasern gepackt. Besser und besser möchten Sie werden. Und jetzt wissen Sie auch sicher: Nichts wird Sie davon abhalten können, irgendwann einmal, vielleicht mit einem eigenen Pferd, eine Dressurprüfung auf einem Turnier zu reiten. Olympia ruft!

Teilnahme am Hausturnier – wer hätte das gedacht?

Morgen ist der große Tag! Sie können es selbst noch kaum glauben. Sie nehmen tatsächlich an dem Hausturnier in Ihrem Reitstall teil. Nicht als Zuschauer oder Helfer wie in den letzten Jahren, sondern tatsächlich als Teilnehmer. Sie werden eine Reiterprüfung und eine E-Dressur reiten. Seit Wochen sind Sie schon extrem nervös, weil Sie sich das Ganze immer noch nicht wirklich vorstellen können. Als Sie vor einiger Zeit von Ihrem Reitlehrer angesprochen wurden, ob Sie nicht Lust hätten, am diesjährigen Hausturnier teilzunehmen, hatten Sie erst gedacht, dass Sie sich verhört hätten. Er meinte Sie? Es ist doch gefühlt noch gar nicht lange her, da hatten Sie noch allergrößte Probleme mit dem Aussitzen. Vom Galopp ganz zu schweigen. Und jetzt sollen Sie schon zwei kleine Dressurprüfungen reiten? Unvorstellbar. Aber Ihr Reitlehrer hat wirklich gemeint, Sie wären schon soweit. Das hätten Sie nie gedacht, als Sie vor ein paar Jahren angefangen haben, reiten zu lernen. Und die Vierzig haben Sie ja auch schon etwas länger hinter sich. Dass so

... bis zur S-Dressur.

etwas möglich ist, wenn man erst so spät einsteigt in die Reiterei, hätten Sie sich wirklich nicht vorstellen können. Nachdem Sie sich von dem Schock erholt hatten, haben Sie sich aber unheimlich gefreut, dass Ihr Reitlehrer Ihnen so etwas schon zutraut. Von dem Moment an wurde im Reitunterricht noch fleißiger geübt. Denn es gibt einen großen Unterschied zwischen Training und Turnier: Im Training kann man die Übungen zwanglos nacheinander reiten, verpatzte Übungen ohne Stress wiederholen und zwischendurch eine kleine Schrittpause einlegen. In der Prüfung müssen Sie ca. 5–7 Minuten lang eine festgelegte Aufgabe in einem Stück reiten. Ohne Pause, ohne Möglichkeit zu wiederholen. Alle Lektionen müssen an genau festgelegten Bahnpunkten erfolgen, und nicht da wo es Ihnen oder Ihrem Pferd gerade am besten passt. Da gibt es dann keine Ausreden mehr, nach dem Motto: Auf der linken Hand kann ich aber nicht so gut galoppieren, oder, bei A kann ich jetzt nicht halten, mein Pferd ist so hibbelig. Kann ich die Volte noch mal bei B reiten? Die Schwierigkeit besteht darin, alles genau in der vorgegebenen Reihenfolge zu reiten. Ohne Wenn und Aber. Deswegen sind Sie ja auch so nervös. Die einzelnen Aufgabenteile können Sie inzwischen, und zum Glück haben Sie die Aufgabe ja auch ein paar Mal im Unterricht geübt. Aber jetzt, mit dieser Nervosität, in der ungewohnten Turnierbekleidung und dann auch noch mit Zuschauern! Ogottogott, wenn das mal bloß gutgeht. Es geht gut! Sogar sehr gut, wie Ihr Reitlehrer Ihnen bescheinigt. Stolz ist er auf Sie. Na und Sie erst, Sie sind so stolz auf sich wie schon lange nicht mehr. Gut ist es

Vielfalt im Pferdesport: Da ist für jeden etwas dabei.

gegangen und es hat auch noch Spaß gemacht. Ein tolles Erlebnis und ein tolles Gefühl, das Sie sicherlich noch lange begleiten und anspornen wird.

Pferdevirus für immer

Mich hatten die Pferde schon sehr früh gepackt, meine Eltern konnten ein Lied davon singen. Kein Pony auf irgendeiner Wiese war vor meinen Streichelattacken sicher. Später, mit beginnendem Reitunterricht und dann noch später, mit eigenen Pferden, war an ein Kurieren dieser »Krankheit« nicht mehr zu denken. Gute Reitlehrer, von denen ich lernen durfte, haben die Krankheit eher verstärkt. Ich möchte hier die Gelegenheit nutzen, mich bei ihnen zu bedanken. Mein allererster Reitlehrer, Herr Walter Hildebrandt, war ein Reitlehrer von altem Schrot und Korn. Der Unterricht entsprechend im Kasernenhof-Stil. Dann Alexander von Beerenberg-Goßler: er hat mir auf meinem unvergessenen Holsteiner Larion die Faszination des Dressurreitens vermittelt. Michael Thieme vom Landgestüt Redefin ist nicht nur selbst ein hervorragender Dressurreiter, sondern auch ein exzellenter Ausbilder. Und last but not least, Hans-Heinrich Meyer zu Strohen und Dirk Meier von der Landesreitschule Hoya in Niedersachsen. Euch habe ich ganz viel zu verdanken. Danke noch mal für alles. Wenn Sie auch das große Glück haben, einen hervorragenden Ausbilder oder tolle Ausbilderin zu finden, lassen Sie ihn/sie nicht mehr los und lernen Sie so viel wie möglich von ihnen.

Nun geben Sie es zu, die Pferde haben auch Sie mit Leib und Seele gepackt. Und wie wir Pferdeleute alle aus eigener Erfahrung wissen, werden die Sie auch nicht wieder loslassen. Denn der Pferdevirus ist eine Krankheit, gegen die es kein Heilmittel gibt. Und was das Erstaunliche daran ist, im Gegensatz zu allen anderen Krankheiten, wollen die vom Pferdevirus Befallenen auch gar nicht geheilt werden. Haben Sie es nun bereut, sich auf die Pferde eingelassen zu haben? Mit Sicherheit nicht. Sie waren übrigens wirklich sehr tapfer. Sowohl beim Reiten-Lernen, als auch beim Lesen dieses Buches. Keine Ahnung, was Ihnen schwerer gefallen ist. Darum, vielen Dank, dass ich Sie von den Anfängen bis hierher begleiten durfte. Ich hoffe, es hat Ihnen genauso viel Spaß gemacht wie mir. Vielleicht sehen bzw. sprechen wir uns wieder, wenn Sie sich irgendwann entschließen, Ihr erstes eigenes Pferd zu kaufen. Oder Sie begleiten mich auf Reiterreisen um die ganze Welt.

Abschließen möchte ich dieses Buch mit dem Satz eines Mannes, der wie kein Zweiter die Gabe gehabt hat, seine tiefe, innige Pferdeliebe, gepaart mit unendlicher Sachkenntnis, über den Bildschirm in die Wohnzimmer zu transportieren. Wenn auch mir mit diesem Buch ein klein wenig davon gelungen ist, bin ich mehr als zufrieden. Bis dahin möchte ich mich von Ihnen mit den Worten des unvergessenen und von mir sehr verehrten Pferdesport-Kommentatoren Hans-Heinrich Isenbart verabschieden:
… und vergessen Sie die Pferde nicht!

Die Autorin

Sabine Nägler ist seit über vierzig Jahren den Pferden und dem Reitsport aufs Engste verbunden. Durch Ranchaufenthalt in den USA, Arbeit auf einem Islandpferde-Gestüt, Erwerb des Fahrabzeichens, Richtertätigkeit sowie langjährigen Betrieb eines eigenen Dressurstalls erwarb sie tiefe Einblicke in die unterschiedlichen Sparten des Reitsports.

Heute betreibt die selbstständige Reitlehrerin eine Reitschule in der Lüneburger Heide. Zu ihrem Team gehören sechs Pferde sowie Hund und Katze. Durch ihre Spezialisierung auf erwachsene Reitanfänger entstand die Idee zu diesem Buch.

Sie können sich gerne mit Ihren Fragen an Sabine Nägler wenden: s.naegler@gmx.net

Sabine Nägler mit ihrem ersten eigenen Pferd Afra 1976 bei ihrer ersten Turnierteilnahme.

Sabine Nägler
Endlich ein EIGENES PFERD
Expertenrat zum Pferdekauf

176 Seiten, 202 Bilder
ISBN 978-3-275-02123-9
€ 24,90 / € (A) 25,60

Der Reitsport, insbesondere mit einem eigenen Pferd, gehört zu den kosten- und zeitintensivsten Hobbys, dennoch ist es das erklärte Ziel beinah jedes Reiters, einmal ein eigenes Pferd zu besitzen. Sabine Nägler hilft dabei, sich über alle anfallenden Fragen klar zu werden und zeigt Lösungswege auf, wie man auch ohne eigenes Pferd glücklich werden kann. Den zukünftigen Pferdebesitzern versucht sie, möglichst viele Stolpersteine aus dem Weg zu räumen. Von der Auswahl des richtigen Stalls, über die Qual der Wahl beim eigentlichen Pferdekauf, bis zur Suche nach dem richtigen Tierarzt bleibt die Autorin an Ihrer Seite.

Änderungen in Preis und Lieferfähigkeit vorbehalten

Überall, wo es Bücher gibt, oder unter
WWW.MUELLER-RUESCHLIKON.DE
Service-Hotline: 0711 / 78 99 21 51